mit Download

Ihr **Bonusmaterial** im Download-Bereich!

Zu Ihrem Buch **Gb-Schulung (2023/2024)** stellen wir Ihnen aus Umfangsgründen das Kapitel **4 Vorschriften für den Verkehrsträger See (weiterer VT)** zum Download zur Verfügung. Im Buchtext erkennen Sie es am Symbol 🖥.

Ihr Bonusmaterial können Sie auf www.ecomed-storck.de/mein-konto herunterladen.

Wichtig: Sie müssen das Bonusmaterial dort zunächst **einmalig** mit Ihrem persönlichen Download-Code freischalten (siehe unten „So geht's"). Danach steht es Ihnen im Bereich **„Mein Konto"** bis zur nächsten Auflage des Buches zur Verfügung.

> Ihr **persönlicher Download-Code** lautet: **p23-gbs-a57**

So geht's:

1. Haben Sie bereits **Zugangsdaten** für die Website www.ecomed-storck.de?
   Wenn **nein**: Bitte weiter mit **Schritt 2.**
   Wenn **ja**: Bitte weiter mit **Schritt 3.**
2. Bitte legen Sie sich ein **Konto** an unter: www.ecomed-storck.de/konto-eroeffnen.
3. Loggen Sie sich mit Ihren Zugangsdaten im Bereich **„Mein Konto"** ein: www.ecomed-storck.de/mein-konto
4. Klicken Sie dort bitte auf den Punkt **„Download-Code einlösen"**. Tragen Sie nun **Ihren persönlichen Download-Code** ein, bestätigen Sie die AGB und Datenschutzhinweise und klicken Sie auf **„Einlösen"**.
5. Unter **„Online-Produkte & Downloads"** steht Ihnen jetzt Ihr Bonusmaterial zur Verfügung.

ecomed
S I C H E R H E I T

Im Download finden Sie:

G. Lücke · J. Holzhäuser

Gb-Schulung

7. Auflage 2023

Bibliografische Informationen der Deutschen Nationalbibliothek

Die Deutsche Nationalbibliothek verzeichnet diese Publikation in der Deutschen Nationalbibliografie; detaillierte bibliografische Daten sind im Internet über www.dnb.de abrufbar.

Gb-Schulung
7. Auflage 2023

© 2023 ecomed SICHERHEIT, ecomed-Storck GmbH, Landsberg am Lech
Justus-von-Liebig-Str. 1, 86899 Landsberg am Lech
E-Mail: kundenservice@ecomed-storck.de
Telefon: 089/2183-7922, Telefax: 089/2183-762
Verfasser: G. Lücke, J. Holzhäuser

Satz: abavo GmbH, 86807 Buchloe
Druck: CPI books GmbH, Leck

ISBN 978-3-609-69547-1
02/2023

Vorwort

In der Verordnung über die Bestellung von Gefahrgutbeauftragten in Unternehmen (Gefahrgutbeauftragtenverordnung – GbV) vom 11.3.2019 (GBBl. I S. 304), zuletzt geändert durch Art. 3 V vom 26.3.2021 (BGBl. I S. 475) wird für den Gefahrgutbeauftragten ein Schulungsnachweis gefordert.

Dieser Schulungsnachweis wird erstmals erteilt, wenn der Betroffene an einer Schulung nach GbV teilgenommen und eine Prüfung mit Erfolg abgelegt hat. Ein Schulungsnachweis gilt 5 Jahre. Verlängerungen setzen eine erneute erfolgreiche Prüfung voraus.

Die Durchführungsvorschriften für die Schulungen, Prüfungen und Erteilung des Schulungsnachweises sind in das Satzungsrecht der IHK übertragen worden. Die entsprechenden Satzungen der verschiedenen IHK sind auf der Grundlage einer einheitlichen Mustersatzung des DIHK erlassen.

Beim sachlichen Umfang der Schulungsinhalte wird zwischen der Schulung des ersten Verkehrsträgers und der Schulung des ersten und jedes weiteren Verkehrsträgers unterschieden.

Dabei müssen Inhalte vermittelt werden, die sowohl verkehrsträgerübergreifende Geltung und Wirkung haben, sowie weitergehend und zusätzlich die zutreffenden verkehrsträgerspezifischen Vorschriften.

In den Satzungen kommt es bei der Beschreibung der sachlichen Inhalte in der Reihenfolge zu Doppelnennungen bzw. zur Trennung von Schulungsinhalten: beispielsweise bei Klassifizierung, Kennzeichnung, Beschriftung und Bezettelung und bei den Anforderungen an Gefahrgutumschließungen.

Diese Sachverhalte können im Zusammenhang erheblich anschaulicher und eingängiger vermittelt und erfasst werden und sind deshalb in der vorliegenden Schulungsunterlage zusammenhängend bzw. in der von den verkehrsträgerspezifischen Vorschriften ADR, RID und ADN vorgegebenen Reihenfolge der einzelnen Teile, Kapitel, Abschnitte, Unterabschnitte usw. dargestellt und beschrieben.

Zu jedem Sachgebiet sind anschauliche Folienbilder aus der CD „Schulungs- und Unterweisungsfolien für Gefahrgutbeauftragte", die auch bei der Schulung Verwendung finden sollte, eingefügt, sowie entsprechende Fragen aus dem offiziellen Fragenfundus des DIHK, um ein sicheres Gefühl für die Prüfung und ihre Inhalte zu vermitteln. Natürlich konnte aus dem umfangreichen Fragenfundus nur ein kleiner, dafür aber zielführender Teil von Fragen ausgewählt werden. Sämtliche Prüfungsfragen und dazu noch Musterantworten und Lösungswege finden Sie in der Broschüre „Gb-Prüfung" von ecomed SICHERHEIT.

Um mit dieser Schulungsunterlage arbeiten zu können, muss eine Vorschriftensammlung mit den einschlägigen Vorschriftentexten, wie sie auch bei der Prüfung verwendet werden darf, zur Hand sein, z. B. die Softcover-Ausgabe „ADR 2023" von ecomed SICHERHEIT. Der Umgang mit diesen Vorschriftentexten wiederum ist leichter zu erlernen mit Hilfe der vorliegenden Unterlage.

Wie jeweils nach 2 Jahren üblich, wurden die Änderungen in den Regelwerken der Verkehrsträger auf Grundlage der UN-Modellvorschriften und relevante daraus resultierende Änderungen der nationalen Regelwerke in die „Gb-Schulung" Ausgabe 2023/2024 eingepflegt.

Gerhard Lücke
Jörg Holzhäuser

Februar 2023

Hinweis des Verlags: Bei Interesse an Mengenbestellungen der Teilnehmerhefte wenden Sie sich bitte an keyaccount@ecomed-storck.de.

Hinweise zum Gebrauch

Das Heft ist grob gegliedert in die Teile

1   Verkehrsträgerübergreifender Teil

2   Verkehrsträger Straße

3   Verkehrsträger Eisenbahn

4   Verkehrsträger See (Download)

5   Anhang

6   Stichwortverzeichnis

Darunter finden sich zwei weitere Gliederungsebenen, z. B.

1.2   Nationale Rechtsvorschriften und

1.2.1 Gesetz über die Beförderung gefährlicher Güter,

zur Einteilung der verschiedenen Themen.

Diese Gliederungsnummern mit den zugehörigen Überschriften sind in Orange gedruckt.

Gliederungsnummern und Überschriften aus den besprochenen Gefahrgutvorschriften, z. B.

§ 20 Empfänger oder

Abschnitt 2.2.8 Ätzende Stoffe,

sind zur Unterscheidung von der Gliederung des Hefts in **Schwarz** gedruckt.

Dem schnelleren Zurechtfinden dienen die Symbole

   Verweis

   Zitat, z. B. aus Vorschriften

   Hinweis oder Achtung!

   Musterfragen aus dem Fragenfundus des DIHK
(Die Musterlösungen dazu finden Sie im Anhang 5.2.)

Inhalt

Inhalt

1 Verkehrsträgerübergreifender Teil

1.1 Internationale Zusammenhänge

Die Vorschriften für den Gefahrguttransport mit allen Verkehrsträgern haben weltweit einen hohen, nahezu vollständigen Harmonisierungsgrad erreicht. Grundlage dafür sind die erstmals im Jahr 1956 von den Vereinten Nationen (UN) und hier durch den Wirtschafts- und Sozialausschuss (ECOSOC) herausgegebenen UN-Empfehlungen.

Für den Transport radioaktiver Stoffe (Klasse 7) wurden die entsprechenden Empfehlungen (SSR 6) von der Internationalen Atomenergie Organisation (IAEO) herausgegeben.

Die UN-Empfehlungen sind zusammen mit den IAEO-Empfehlungen in einem Gesamtwerk, das heute **UN-Modellvorschriften** genannt wird, veröffentlicht. Wegen des orangefarbenen Einbandes nennt man die UN-Modellvorschriften branchenüblich auch „Orange Book".

Ausgehend vom „Orange Book" werden die internationalen Vorschriften von den UN-Sonderorganisationen, wie z.B. ICAO und IMO, von der ECE und der Organisation für den Internationalen Eisenbahnverkehr OCTI (OTIF) beraten und bestimmt.

Diese internationalen Vorschriften, z.B. ADR, ADN, RID, IMDG-Code bzw. ICAO-TI, werden von den einzelnen Nationalstaaten in deren nationale Regelungen aufgenommen.

In Deutschland geschieht dies über die einzelnen Verordnungen, die für die verschiedenen Verkehrsträger erlassen sind. Für die Straße, die Eisenbahn und die Binnenwasserstraßen werden das ADR, das RID und das ADN mit der **GGVSEB** als rechtsverbindlich bestimmt. Der IMDG-Code wird über die **GGVSee** national umgesetzt. Für den Bereich des Luftverkehrs wird auf die internationalen Bestimmungen für den Gefahrgut-Lufttransport verwiesen.

Die Europäische Union (EU) übt in Bereichen, die den sicheren Transport gefährlicher Güter betreffen, ihren Einfluss aus. Dies beruht auf der gemeinsamen Verkehrspolitik, zu der sich die EU-Staaten im EG-Vertrag verpflichtet haben.

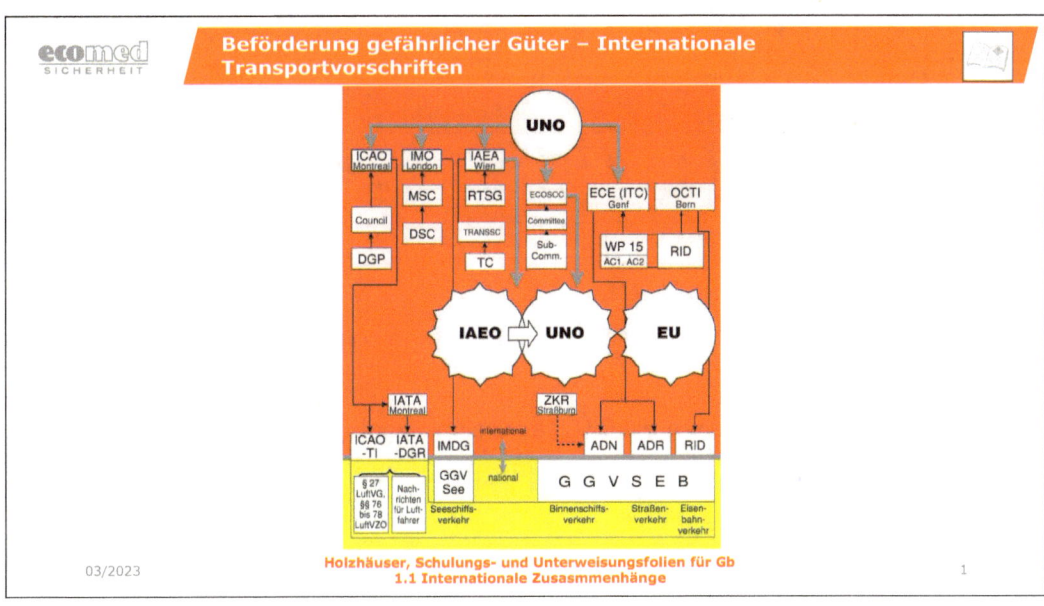

Dieser Einfluss schränkt die eigene Regelungshoheit der Mitgliedsstaaten erheblich ein. Sie wird entweder direkt über **EU-Verordnungen** oder indirekt über **EU-Richtlinien**, die von den Mitgliedsstaaten in nationale Verordnungen überführt werden müssen, ausgeübt. **Einzelfallentscheidungen** und **Empfehlungen** kommen hinzu.

Im Gefahrgutbereich gab es bisher nur Richtlinien und keine direkt gültigen EG-Verordnungen, wie sie im Bereich der Straßenverkehrs-Sozialvorschriften vorhanden sind.

Ein Beispiel ist die **Richtlinie 2008/68/EG (Gefahrgutrichtlinie Binnenland).** ADR, RID und ADN werden über diese Richtlinie in den Mitgliedsstaaten auch für den innerstaatlichen Gefahrguttransport zur Grundlage gemacht.

1.2 Nationale Rechtsvorschriften für die Gefahrgutbeförderung

1.2.1 Gesetz über die Beförderung gefährlicher Güter (GGBefG)

Das GGBefG ist das zentrale nationale Gesetz, das den Rechtsverordnungen und zugehörigen Begleitregelungen vorgeschaltet ist. Solche Rechtsverordnungen sind beispielsweise die GGVSEB, die GGVSee, die GbV, die GGAV oder die GGKostV.

§ 1 Geltungsbereich

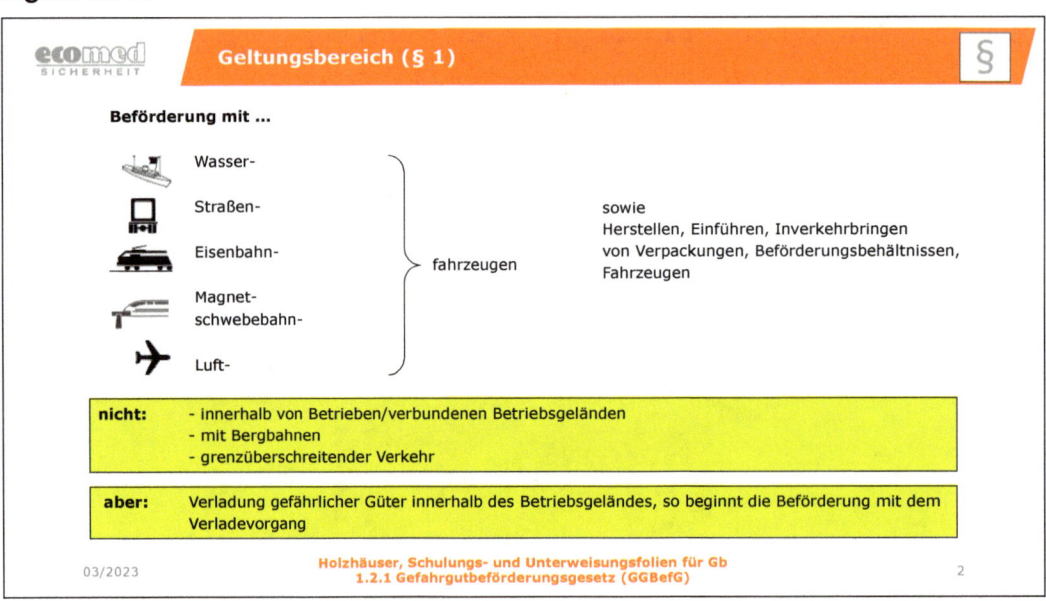

Verbundene Betriebsgelände sind z. B. Industrieparks. Die Abgeschlossenheit zu öffentlichen Verkehrsflächen muss gegeben sein.

Im grenzüberschreitenden Verkehr gelten die internationalen Regelungen (wie ADR, RID, ADN ...) direkt.

§ 2 Begriffsbestimmungen

Abs. 1 – Was sind **gefährliche Güter**?

Abs. 2 – Was gehört alles zu einer **„Beförderung"** im Sinne dieses Gesetzes?

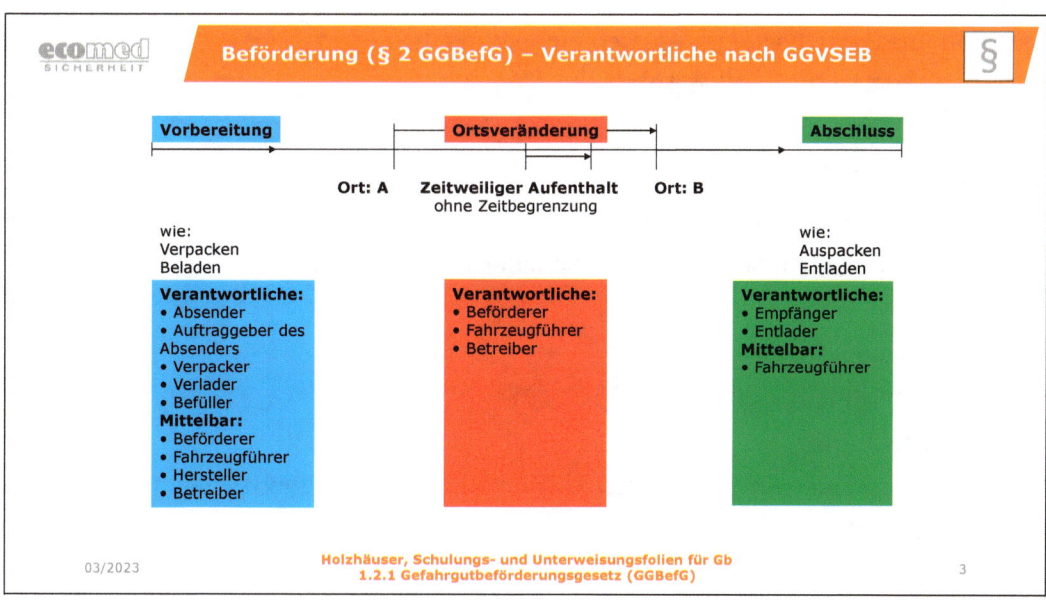

Der hier genannte „zeitweilige Aufenthalt" im Lauf der Beförderung umfasst z. B. den Wechsel der Beförderungsart oder des Beförderungsmittels und andere transportbedingte Gründe.

Eine konkrete Zeitbegrenzung, wie z. B. die 24-Stunden-Regel der GefStoffV beim Bereitstellen von Gefahrstoffen zur Beförderung in Abgrenzung zur Lagerung, gibt es hier nicht.

Es muss jedoch auf Verlangen jederzeit ein **Beförderungspapier** mit Versand- und Empfangsort vorlegbar sein und es besteht während des „zeitweiligen Aufenthaltes" ein striktes **Öffnungsverbot** für die Umschließung bzw. das Transportmittel (Container, Tank, Kesselwagen).

§ 3 Ermächtigung

Das BMDV wird ermächtigt, Rechtsverordnungen (wie GGVSEB, GbV, GGVSee, GGAV, GGKontrollV, GGKostV) und allgemeine Verwaltungsvorschriften (wie RSEB) zu erlassen, soweit dies zum Schutz gegen die von der Beförderung gefährlicher Güter ausgehenden Gefahren erforderlich ist und um den Gefahrguttransport mit allen Verkehrsmitteln einheitlich zu regeln.

Frage 1:

Nennen Sie zwei auf § 3 Abs. 1 des Gefahrgutbeförderungsgesetzes beruhende Rechtsverordnungen!

Antwort: _____

§ 5 Zuständigkeiten

Der Bund ist zuständig für die Eisenbahnen des Bundes, für den Luftverkehr sowie für die See- und Binnenschifffahrt. Er ermächtigt Bundesbehörden zum Vollzug der Gefahrgutvorschriften bei der Bundeswehr, ausländischen Streitkräften, der Bundespolizei und dem BND.

Das BMDV*) wird ermächtigt, unter festgelegten Voraussetzungen weitere Behörden für bestimmte Aufgaben für zuständig zu erklären:

✓ Bundesamt für die Sicherheit der nuklearen Entsorgung (BASE)

✓ Bundesinstitut für Risikobewertung (BfR)

✓ Bundesanstalt für Materialforschung und -prüfung (BAM)

✓ Eisenbahnbundesamt (EBA)

✓ Bundesamt für Logistik und Mobilität (BALM)

✓ Bundesamt für Verbraucherschutz und Lebensmittelsicherheit (BVL)

✓ Umweltbundesamt (UBA)

✓ Kraftfahrt-Bundesamt (KBA)

✓ Physikalisch-Technische Bundesanstalt (PTB)

✓ Robert Koch-Institut (RKI)

✓ Bundesamt für Ausrüstung, Informationstechnik und Nutzung der Bundeswehr (BAAINBw)

✓ Industrie- und Handelskammern (IHK) für Ausbildung

✓ Sachverständige und sachkundige Personen für Prüfung, Überwachung und Bescheinigung

§ 6 Allgemeine Ausnahmen

Die Eröffnung der Möglichkeit für das BMDV, allgemeine Ausnahmen von den Einzelvorschriften **per Rechtsverordnung** für Straßenfahrzeuge, Eisenbahn, Wasserfahrzeuge und Luftfahrzeuge zu erlassen. Aber diese Möglichkeit wird durch das EU-Recht eingeschränkt, da alle Ausnahmeregelungen von der EU-Kommission (KOM) genehmigt werden müssen.

---

*)   BMDV – *Bundesministerium für Digitales und Verkehr*

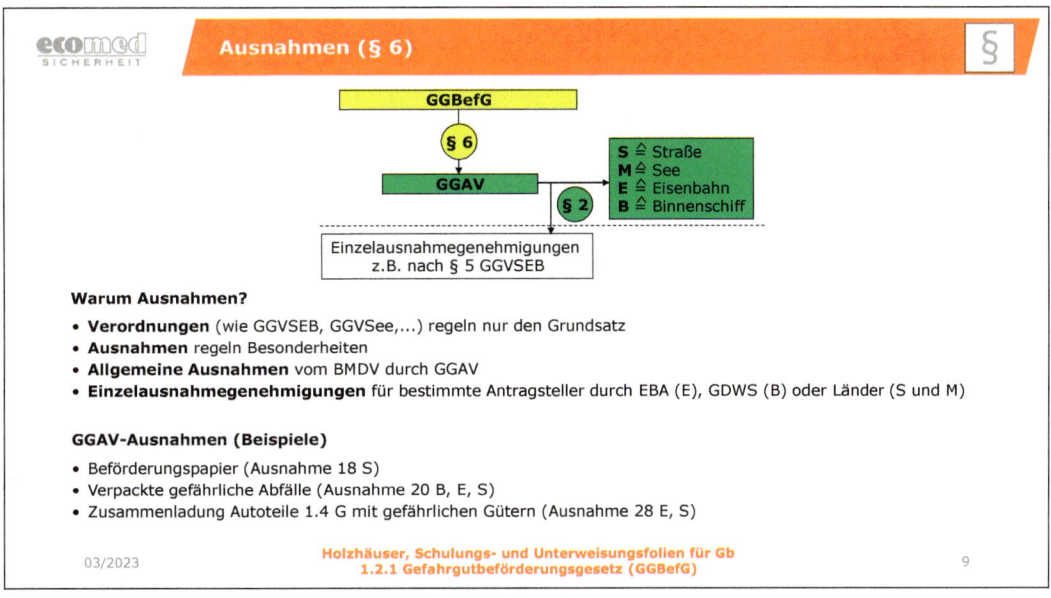

§ 7 Sofortmaßnahmen

Das BMDV kann bei unzureichenden Sicherheitsvorschriften oder wenn dringender Handlungsbedarf besteht, Sofortmaßnahmeverordnungen erlassen, die bestimmte Transporte untersagen oder nur unter Auflagen gestatten.

Derzeit ist keine Sofortmaßnahmenverordnung in Kraft.

§ 7a Anhörung und § 7b Beirat

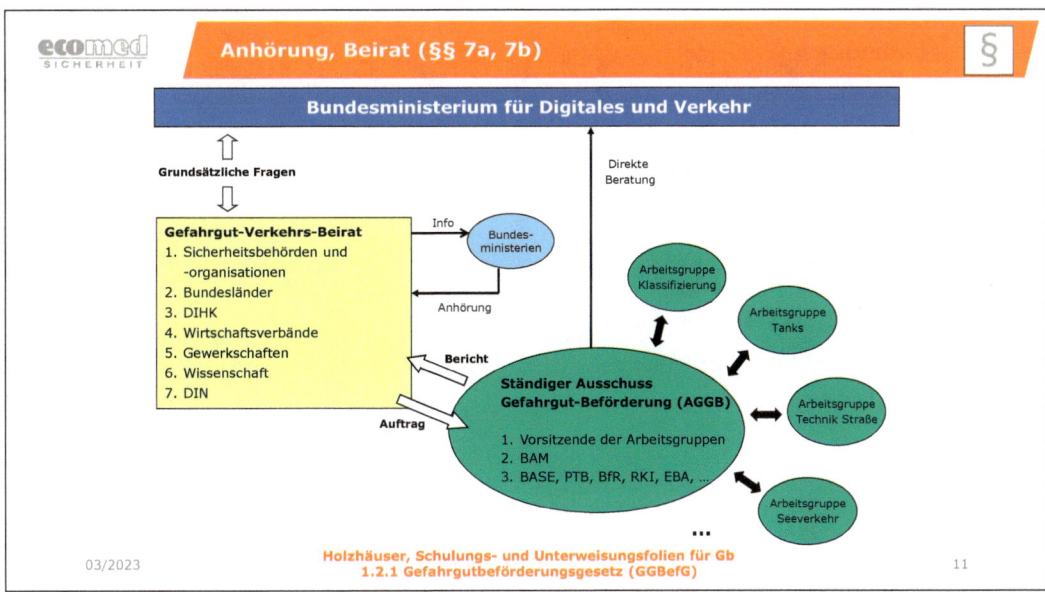

§ 8 Maßnahmen der zuständigen Behörden

Rechtsgrundlage für die Überwachungsbehörden, bestimmte Maßnahmen durchzusetzen, wenn bei Gefahrgutkontrollen Fahrzeuge oder Ladung nicht den Vorschriften entsprechen.

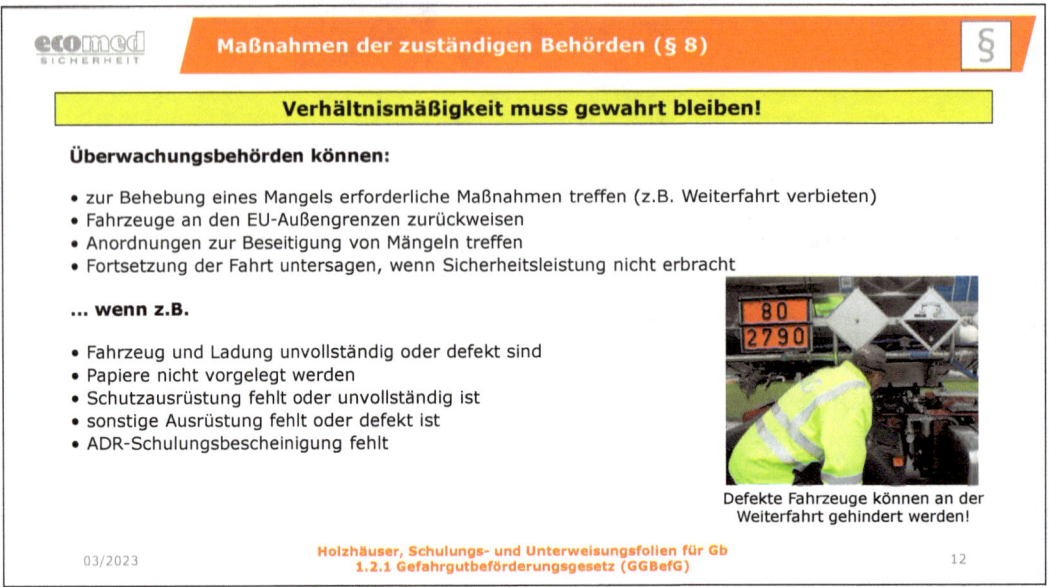

§ 9 Überwachung

Überwachungsbefugnisse für die Überwachungsbehörden und Pflichten der Verantwortlichen für die Beförderung gefährlicher Güter im Rahmen von Überwachungsmaßnahmen durch die zuständigen Behörden des Bundes und der Länder.

Die Länder sind zuständig:

✓ Gewerbeaufsichtsämter, Ämter für Arbeitsschutz oder „Ortspolizei" sowie WSP'n in **Betrieben**

✓ Polizei im **Straßenverkehr**

✓ Wasserschutzpolizei auf **Wasserstraßen**

Der Bund ist zuständig:

✓ **BPol/Zoll** – Bundespolizei und Zoll an EU-Außengrenzen

✓ **BALM** – Bundesamt für Logistik und Mobilität

✓ **LBA** – Luftfahrtbundesamt im Luftverkehr

✓ **EBA** – Eisenbahnbundesamt im Eisenbahnverkehr

§ 9 Abs. 5: Wer ist Verantwortlicher für die Beförderung gefährlicher Güter?

Wer als **Unternehmer oder Betriebsinhaber** gefährliche Güter **verpackt, verlädt, versendet, befördert, entlädt, empfängt oder auspackt** oder Verpackungen, Beförderungsbehältnisse oder Fahrzeuge zur Gefahrgutbeförderung herstellt oder in den Verkehr bringt.

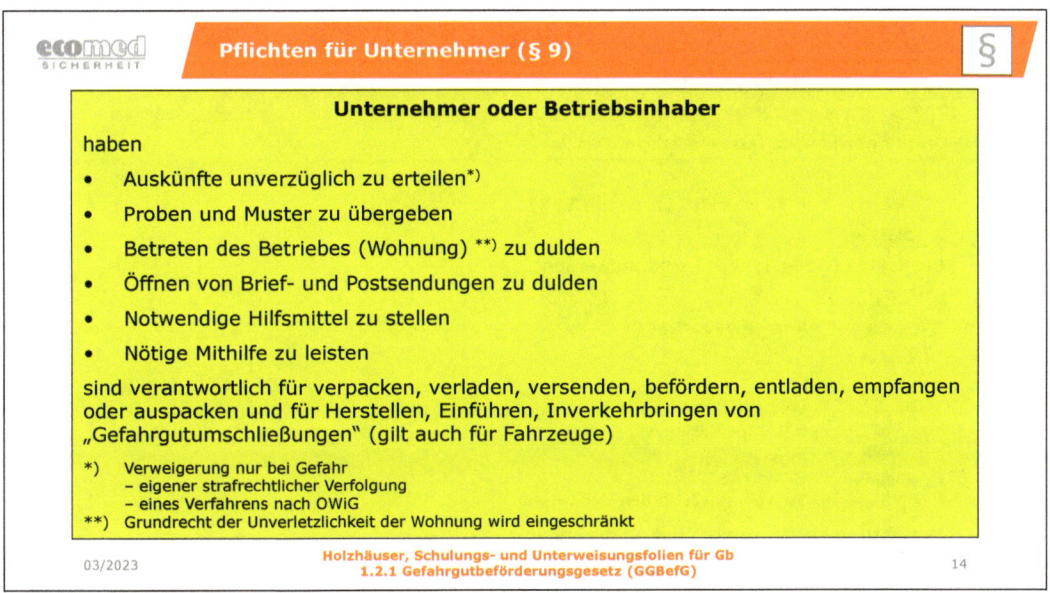

Verstöße gegen diese Mitwirkungspflichten sind Ordnungswidrigkeiten nach § 10 Abs. 1 Nr. 3 – 5 GGBefG (Bußgeldrahmen hier „nur" 1000 € anstatt 50 000 € und 6 Monate Verjährungsfrist anstatt 3 Jahre).

Das in **§ 9 Abs. 4** enthaltene **Auskunftsverweigerungsrecht** wird von Gefahrgutbeauftragten und Verantwortlichen bei Ermittlungen gegen die Unternehmen oft fehlinterpretiert und es werden dadurch Auskünfte rechtswidrig verweigert. Dies führt dann regelmäßig zu vermeidbaren weiteren Ordnungswidrigkeitsverfahren gegen die Verantwortlichen.

Höhere Gerichte haben festgestellt, dass das **Auskunftsverweigerungsrecht** des § 9 Abs. 4 GGBefG **nicht** die Verpflichtung zur Vorlage von geschäftlichen Unterlagen, aus denen die Verantwortlichkeiten ersichtlich sind, erfasst.

Das Auskunftsverweigerungsrecht gem. § 9 Abs. 4 GGBefG stellt keine Freistellung von der Verpflichtung zur Mitteilung der Verantwortlichkeiten in dem Unternehmen dar, selbst wenn sich der Unternehmer/Inhaber selbst als die für den jeweiligen Aufgabenbereich zuständige und verantwortliche Person bezeichnen müsste.
(AG Passau v. 12.07.07, Az. 8 Owi 106 Js 1509/07, bestätigt durch OLG Bamberg v. 06.11.07, Az. 3 Ss Owi 1346/2007. Bezug: Bundesverfassungsgericht, Beschluss vom 07.09.84, Az. 2BvR 159/84)

So müssen z. B. nach ISO zertifizierte Unternehmen über ein Qualitätsmanagement-Handbuch (QMH) verfügen, aus dem die Organisation und Aufgabenwahrnehmung im Unternehmen ersichtlich ist. Der Überwachungsbehörde muss Einsicht ermöglicht werden.

§ 9a Amtshilfe und Datenschutz

Dieser Paragraph regelt u. a. die Amtshilfe innerhalb der EU/des Europäischen Wirtschaftsraums bei schwerwiegenden oder wiederholten Verstößen gegen Vorschriften über die Beförderung gefährlicher Güter. Mitteilungen und Ersuchen sind im Straßenverkehr über das Bundesamt für Logistik und Mobilität (BALM) zu leiten.

§ 10 Ordnungswidrigkeiten

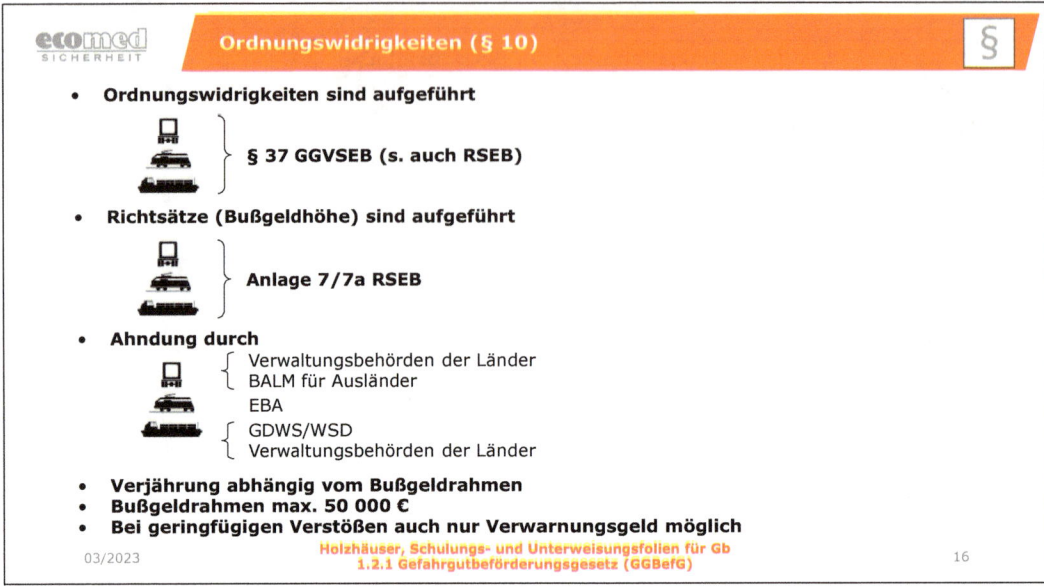

Der **Bußgeldrahmen** für vorsätzliche und fahrlässige Ordnungswidrigkeiten gegen Rechtsvorschriften, die aufgrund des GGBefG erlassen wurden, beispielsweise die GGVSEB, beträgt **50 000 €**, deshalb ist die Verjährungsfrist nach OWiG 3 Jahre.

§ 11 Strafvorschriften

Die hier genannten Verstöße werden durch den § 328 StGB, der strafrechtliche Regelungen zur Ahndung von Tatbeständen im Zusammenhang mit der Beförderung gefährlicher Güter enthält, nicht abgedeckt. Deshalb wurde der § 11 GGBefG geschaffen.

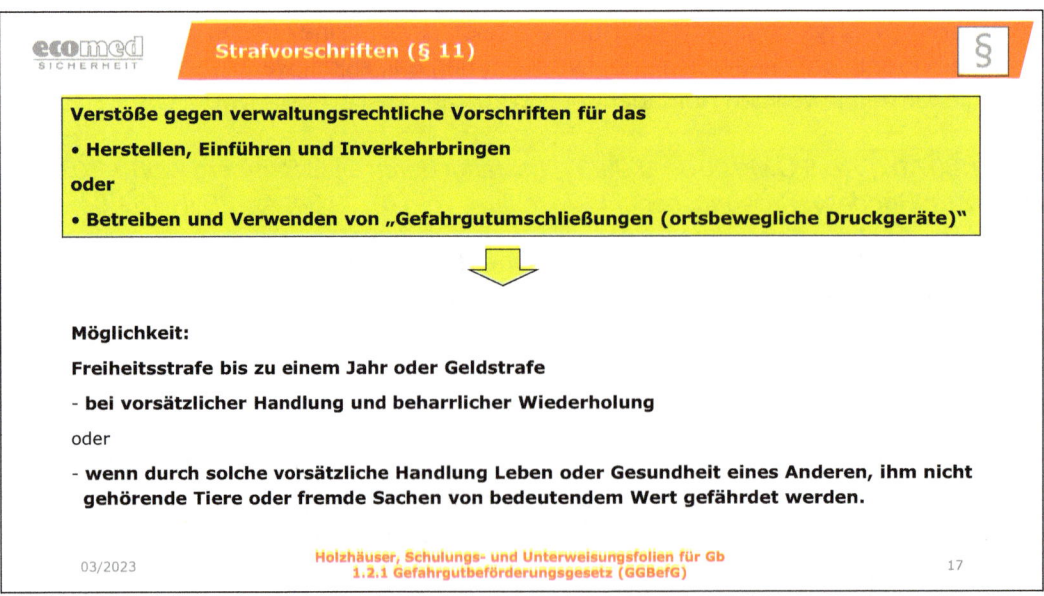

§ 12 Kosten

Dieser Paragraph ist die Grundlage für die Gefahrgutkostenverordnung (GGKostV).

1.2.2 Verordnung über die Bestellung von Gefahrgutbeauftragten in Unternehmen (Gefahrgutbeauftragtenverordnung – GbV)

Einführung

Die GbV ist eine ursprünglich 1989 in Deutschland „erfundene" Vorschrift mit Wirkung für alle Verkehrsträger (damals auch Luft), deren Sinn und Inhalt mit den EG-Richtlinien 96/35/EG und 2000/18/ EG weitgehend in die EU-Länder übertragen wurde. Nachdem zwischenzeitlich entsprechende Regelungen für Sicherheitsberater im Abschnitt 1.8.3 der internationalen Vorschriften ADR/RID/ADN Eingang gefunden und für alle Unterzeichnerstaaten Gültigkeit haben, wurde die bestehende EG-Richtlinie mit der Richtlinie 2008/68/EG wieder aufgehoben.

Die deutsche GbV will keine Anforderungen stellen, die über diese internationalen Vorgaben hinausgehen. Deshalb wurde im Jahr 2011 die GbV neu gefasst und „schlanker" als bisher gestaltet. Die Gefahrgutbeauftragtenprüfungs-VO entfiel ebenfalls komplett und die Anerkennung und Überwachung von Schulung und Prüfung wurde in das Satzungsrecht der Industrie- und Handelskammern (IHK) übertragen.

Der DIHK aktualisiert und veröffentlicht in regelmäßigen Abständen einen Fragenfundus für die Prüfung der Gefahrgutbeauftragten in Deutschland.

Für die Seeschifffahrt sind im IMDG-Code derzeit keine Regelungen für Gefahrgutbeauftragte enthalten, daher wird in der GbV bestimmt, dass für den Gefahrgutbeauftragten im Bereich Seetransport die Regelungen der Abschnitte 1.8.3 ADR/RID/ADN anzuwenden sind.

Für den Luftverkehr wird in der neuen GbV auf die Bestellung eines Gefahrgutbeauftragten verzichtet, da das Schulungssystem und die Kontrollen nach den Luftverkehrsvorschriften ICAO-TI und IATA-DGR als ausreichend angesehen werden.

Der im § 6 der ehemaligen GbV vorkommende Begriff der **„Beauftragten Person"** und die dort genannten Schulungsverpflichtungen konnten in der Neufassung entfallen, weil durch die Vorgaben des **§ 9 Abs. 2 OWiG (Handeln für einen anderen) bzw. gleichlautend § 14 Abs. 2 StGB** sichergestellt ist, dass eine Übertragung von Unternehmerpflichten auf leitende oder andere beschäftigte Personen nur unter den dort genannten Bedingungen wirksam werden kann.

▶ *Siehe Text des § 9 OWiG im Anhang 5.1*

Schulungs- und Unterweisungsregelungen für die beschäftigten Personen sind in Kap. 1.3 ADR/RID/ADN sowie den IMDG-Code enthalten. Die GGVSEB regelt die Pflicht zur entsprechenden Unterweisung dieses Personenkreises für die Beteiligten (derzeit § 27 Abs. 5 GGVSEB sowie Hinweis zu Kapitel 1.3 in der RSEB).

Das ADR/RID/ADN spricht im Kapitel 1.4 von **„Beteiligten"**, denen Pflichten im Zusammenhang mit der Gefahrgutbeförderung zufallen.

Solche Pflichten werden in Deutschland über die §§ 17 bis 36b GGVSEB bzw. für den IMDG-Code über die §§ 17 bis 26 GGVSee den einzelnen Beteiligten zugeordnet. Bei Abweichungen zu Kap. 1.4 ADR/ RID/ ADN gelten in Deutschland die Pflichten nach GGVSEB.

Die **Begriffsbestimmungen** der einzelnen Beteiligten (Pflichteninhaber) sind im **Abschnitt 1.2.1** des ADR zu finden. Hiervon abweichende Begriffsbestimmungen für den deutschen Rechtsbereich (z. B. beim Absender, Verlader, Befüller etc.) werden im **§ 2 der GGVSEB** beschrieben.

> ⚠ Jedes Unternehmen, dem solche Pflichten zugewiesen werden und das keine Befreiung in Anspruch nehmen kann, muss einen Gefahrgutbeauftragten bestellen, es sei denn, der Unternehmer nimmt die Funktion des Gefahrgutbeauftragten selbst wahr.

§ 1 Geltungsbereich

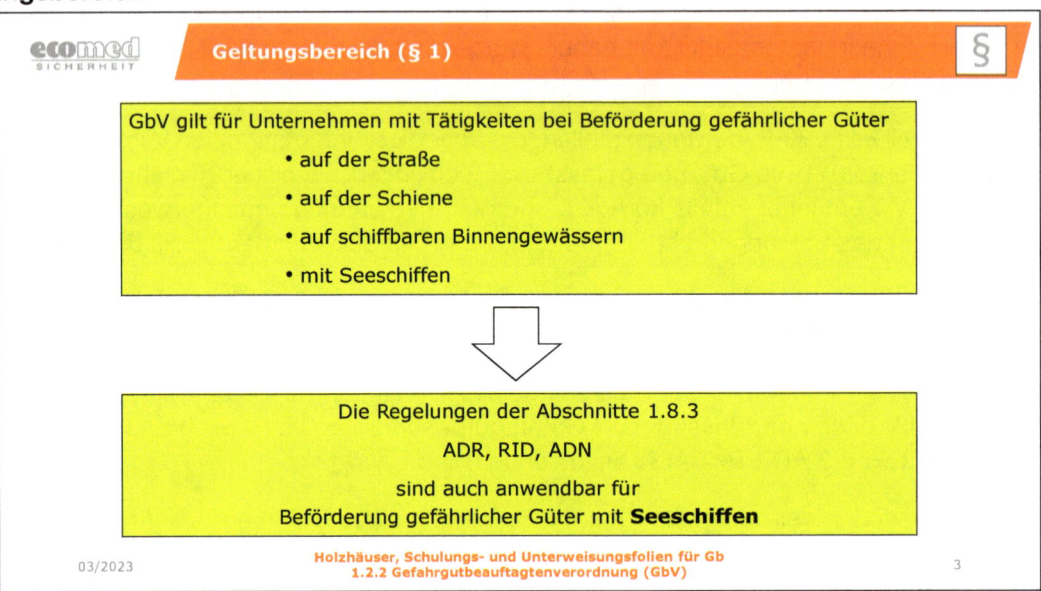

Geltungsbereich (§ 1) §

GbV gilt für Unternehmen mit Tätigkeiten bei Beförderung gefährlicher Güter
- auf der Straße
- auf der Schiene
- auf schiffbaren Binnengewässern
- mit Seeschiffen

Die Regelungen der Abschnitte 1.8.3

ADR, RID, ADN

sind auch anwendbar für
Beförderung gefährlicher Güter mit **Seeschiffen**

03/2023   Holzhäuser, Schulungs- und Unterweisungsfolien für Gb
1.2.2 Gefahrgutbeauftagtenverordnung (GbV)   3

§ 2 Befreiungen

(1) Die Vorschriften dieser Verordnung gelten nicht für Unternehmen,

1. denen ausschließlich Pflichten als Fahrzeugführer, Triebfahrzeugführer, Schiffsführer, Besatzung in der Binnenschifffahrt, Betreiber einer Annahmestelle in der Binnenschifffahrt, Empfänger, Reisender, Hersteller und Rekonditionierer von Verpackungen, Wiederaufarbeiter von Verpackungen und Großpackmitteln (IBC) und als Stelle für Inspektionen und Prüfungen von IBC zugewiesen sind,

2. denen ausschließlich Pflichten als **Auftraggeber des Absenders** zugewiesen sind und die an der Beförderung gefährlicher Güter von nicht mehr als 50 Tonnen netto je Kalenderjahr beteiligt sind, ausgenommen radioaktive Stoffe der Klasse 7 und gefährliche Güter der Beförderungskategorie 0 nach Absatz 1.1.3.6.3 ADR,

3. denen ausschließlich Pflichten als Entlader zugewiesen sind und die an der Beförderung gefährlicher Güter von nicht mehr als 50 Tonnen netto je Kalenderjahr beteiligt sind,

4. deren Tätigkeit sich auf die Beförderung gefährlicher Güter erstreckt, die von den Vorschriften des ADR/RID/ADN/IMDG-Code freigestellt sind,

5. deren Tätigkeit sich auf die Beförderung gefährlicher Güter im Straßen-, Eisenbahn-, Binnenschiffs- oder Seeverkehr erstreckt, deren Mengen die in Unterabschnitt 1.1.3.6 ADR festgelegten höchstzulässigen Mengen nicht überschreiten,

6. deren Tätigkeit sich auf die Beförderung gefährlicher Güter erstreckt, die nach den Bedingungen des Kapitels 3.3, 3.4 und 3.5 ADR/RID/ADN/IMDG-Code freigestellt sind, und

7. bei der Beförderung gefährlicher Güter von nicht mehr als 50 Tonnen netto je Kalenderjahr für den Eigenbedarf in Erfüllung betrieblicher Aufgaben, wobei dies bei radioaktiven Stoffen nur für solche der UN-Nummern 2908 bis 2911 gilt.

(2) Die Befreiungstatbestände nach Absatz 1 können auch nebeneinander in Anspruch genommen werden.

 Frage 2:

In welchen Fällen muss ein Unternehmer keinen Gefahrgutbeauftragten bestellen? Nennen Sie zwei Möglichkeiten gemäß Gefahrgutbeauftragtenverordnung!

Antwort: _____

§ 3 Bestellung von Gefahrgutbeauftragten

Sobald Pflichten zugewiesen sind nach GGVSEB oder GGVSee:
> **schriftliche Bestellung** mindestens **eines** Gefahrgutbeauftragten (Gb)

Wenn **mehrere** Gefahrgutbeauftragte bestellt werden:
> Aufgabenabgrenzung mit **schriftlicher Festlegung**

Wenn der Unternehmer selbst die Funktion des Gb wahrnimmt, ist keine Bestellung erforderlich.

Zur **Person** des Gb wird auf Unterabschnitt 1.8.3.4 ADR/RID/ADN verwiesen.

✓ Unternehmensleiter,

✓ Unternehmensangehöriger mit anderen Aufgaben,

✓ unternehmensfremde Person

sind als Gb möglich, wenn sie tatsächlich in der Lage sind, die Aufgaben eines Gb zu erfüllen.

Der **Name** des Gb muss den Mitarbeitern schriftlich bzw. durch schriftlichen Aushang bekanntgegeben werden.

Bestellung eines Gefahrgutbeauftragten oder Funktionsausübung durch den Unternehmer selbst ist **nur mit gültigem Schulungsnachweis** nach § 4 GbV möglich.

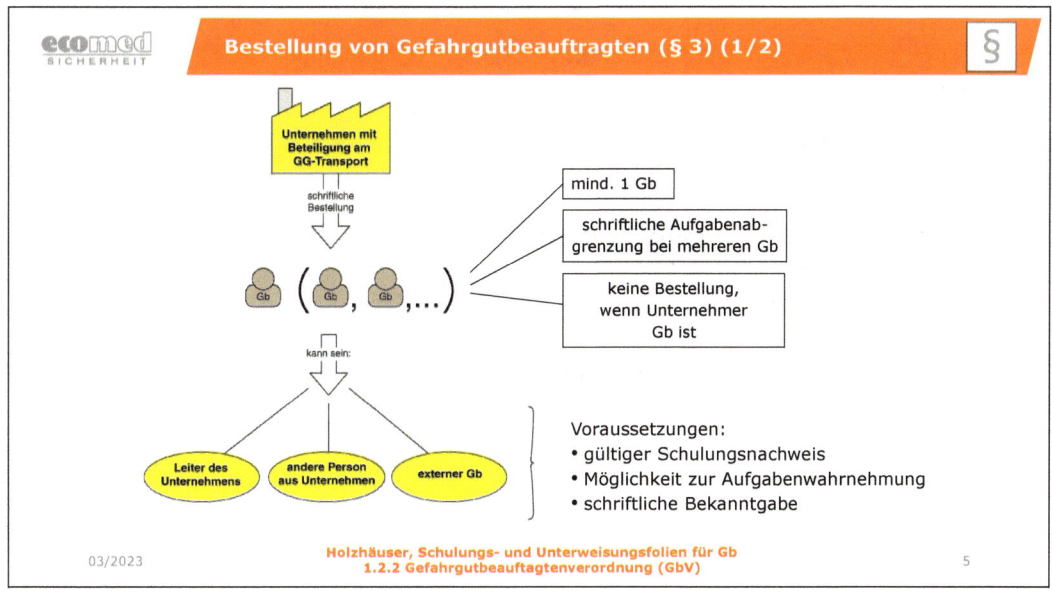

Die zuständige Behörde **kann**

✓ **befreite Unternehmen** bei wiederholten oder schwerwiegenden Verstößen gegen Gefahrguttransportvorschriften zur Bestellung eines Gb **verpflichten**,

✓ **Anordnungen** zur Einhaltung der GbV treffen; insbesondere kann sie bestellte Gb **abberufen** und die Bestellung eines anderen Gb verlangen.

§ 4 Schulungsnachweis

✓ Zu den **Mindestangaben** Verweis auf Unterabschnitt 1.8.3.18 ADR/RID/ADN

✓ **Erstausstellung** nur nach **Schulung** (§ 5) und **Prüfung** (nach § 6 Abs. 1 GbV)

✓ Gültigkeitsdauer 5 Jahre

✓ **Verlängerung** lediglich nach **Prüfung** (nach § 6 Abs. 4 GbV = reduzierte Punkte)

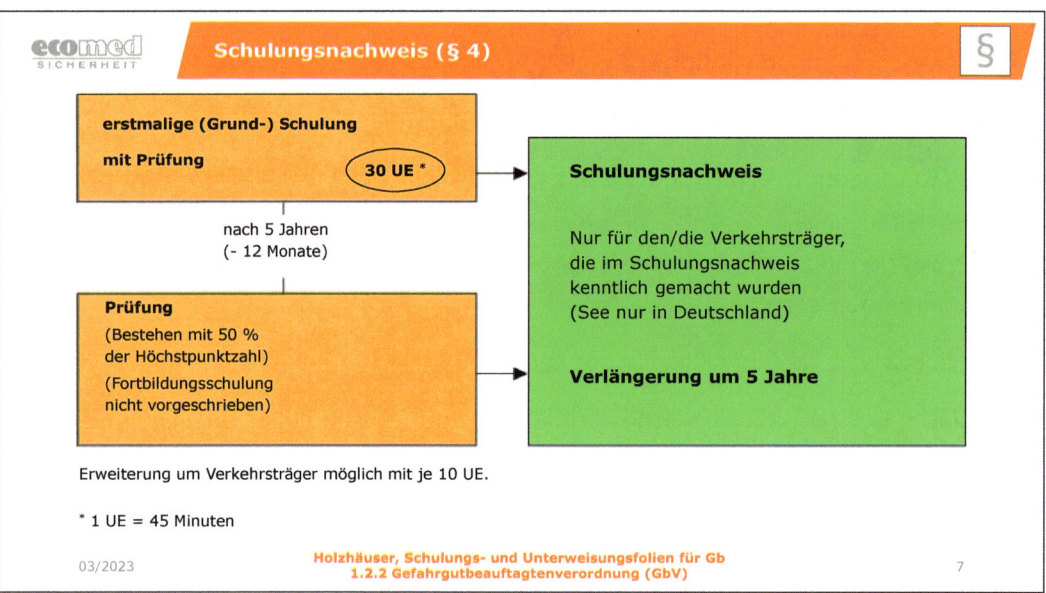

§ 5 Schulungsanforderungen*)

Veranstalter dürfen Schulungen nur durchführen, wenn folgende Voraussetzungen erfüllt sind:

1. Von der IHK anerkannter Lehrgang
2. Die Sachgebiete und Pflichten aus **Unterabschnitt 1.8.3.3 und 1.8.3.11** ADR/RID/ADN
   ▶ *(siehe Seiten 24–26)*
   sowie die Pflichten des Gb nach **§ 8 GbV** wurden behandelt.
3. Die Schulungssprache ist Deutsch (Englisch auf Antrag bei der IHK).
4. Die Dauer der Schulung für den ersten Verkehrsträger beträgt 30 Unterrichtseinheiten (UE) mit jeweils 45 Min. = 22 Std. 30 Min. Gesamtdauer.
5. Die Dauer für jeden weiteren Verkehrsträger 10 UE × 45 Min. = 7 Std. 30 Min.
6. Ein Schulungstag darf nicht mehr als 10 UE × 45 Min. umfassen.

---

*) Schulungen in digitaler Form sollen ermöglicht werden.

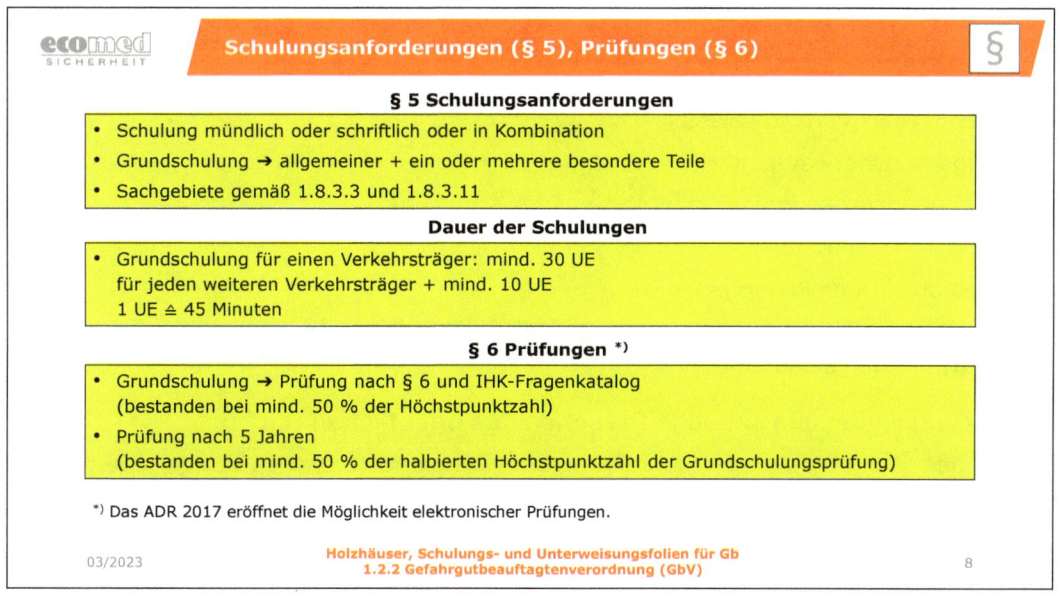

§ 6 Prüfungen

Die Prüfung darf nur durchgeführt werden, wenn folgende Voraussetzungen erfüllt sind:

1. Schriftliche Prüfung, die ganz oder teilweise auch elektronisch durchgeführt werden kann, nach den Grundsätzen in Absatz 1.8.3.12.2 bis 1.8.3.12.5 ADR/RID/ADN, z. B. nur Verwendung der einschlägigen Gesetzestexte der internationalen und nationalen Vorschriften; mindestens 20 offene und Multiple-Choice-Fragen sowie verknüpfte Fragen zu Aufgabenbeschreibungen (Fallbeispiele)

2. Prüfung nach **Erstschulung**
   - nur einmalige Wiederholung ohne nochmalige Schulung möglich
   - Von der durch die IHK festgelegten Höchstpunktezahl (derzeit 60 Punkte + 30 Punkte für jeden weiteren Verkehrsträger) müssen 50 % erreicht werden, um die Prüfung zu bestehen.

3. Prüfung zur **Verlängerung** der Schulungsbescheinigung
   - unbegrenzte Anzahl von Wiederholungen innerhalb der Geltungsdauer der Schulungsbescheinigung möglich
   - Von der um die Hälfte reduzierten IHK-Höchstpunktezahl (derzeit sind das 30 Punkte + 15 Punkte für jeden weiteren Verkehrsträger) müssen 50 % erreicht werden, um die Prüfung zu bestehen; bei Verlängerungsprüfung keine Fallbeispiele in den Fragen.

4. Prüfungssprache ist Deutsch (Englisch auf Antrag bei der IHK möglich).

5. Fragen aus dem offiziellen Fragenkatalog des DIHK zur GbV-Prüfung

▶ *Die Mustersatzung des DIHK betreffend die Schulung, die Prüfung und die Erteilung des Schulungsnachweises für Gefahrgutbeauftragte ist online von den Webseiten des DIHK und bei www.ecomedstorck.de/gb-schulung abrufbar.*

§ 7 Zuständigkeiten

Die IHK ist zuständig für:

✓ Erteilung des Schulungsnachweises

✓ Anerkennung und Überwachung der Lehrgänge

✓ Erteilung von Ausnahmen (derzeit offen)

✓ Durchführung von Prüfungen

✓ Bekanntgabe des Fragenkataloges

✓ Umschreibung des Schulungsnachweises bei abweichenden Schulungen und Prüfungen nach § 7 Abs. 3 GbV (Behörden siehe unten)

Bund, Länder, Gemeinden und sonstige Personen des öffentlichen Rechts

✓ Im hoheitlichen Aufgabenbereich können eigene Schulungen und Prüfungen durchgeführt sowie eigene Schulungsbescheinigungen ausgestellt werden.

Zuständige Behörde (z. B. in Bayern die Gewerbeaufsicht)

✓ Anordnungen nach § 3 Abs. 4 GbV

✓ Überwachungsmaßnahmen nach § 3 Abs. 5 GbV inkl. Anordnungen dazu

§ 8 Pflichten des Gefahrgutbeauftragten

1. Verweis auf die **in Unterabschnitt 1.8.3.3 ADR/RID/ADN aufgelisteten umfangreichen Aufgaben des Gefahrgutbeauftragten**

▶ *Der Text des Unterabschnitts 1.8.3.3 ADR/RID/ADN ist auf Seite 25 abgedruckt, Beispiele verschiedener Überwachungsmaßnahmen sind dort zusätzlich dargestellt.*

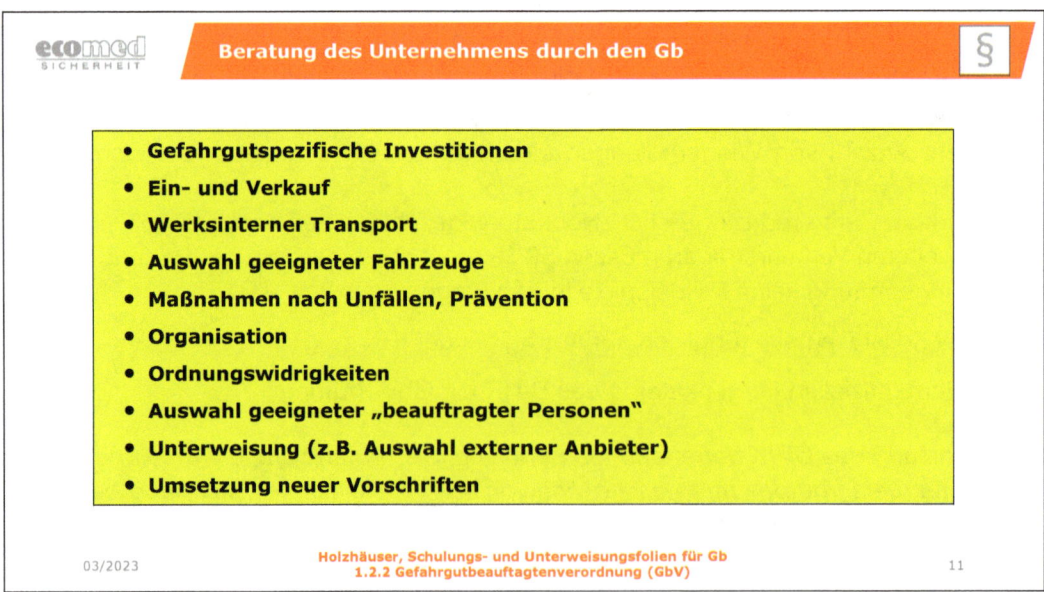

2. Schriftliche Aufzeichnungen über die Überwachungstätigkeit mit Angabe von Zeitpunkt, Name und überwachter Tätigkeit des Überprüften

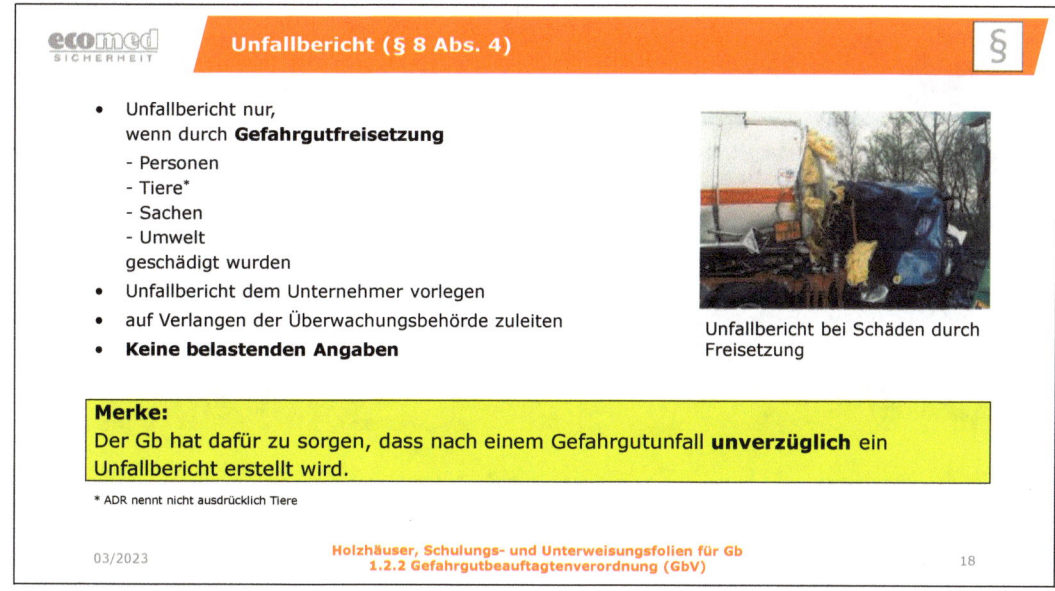

3. Aufbewahrungsfrist für solche Überwachungsaufzeichnungen 5 Jahre und Vorlagepflicht in Schriftform auf Verlangen der Überwachungsbehörden

4. Erstellung des Unfallberichts nach Unterabschnitt 1.8.3.6 ADR/RID/ADN

5. Erstellung eines Jahresberichts über die Unternehmenstätigkeit bei Gefahrgutbeförderungen (innerhalb eines halben Jahres nach Ablauf des Geschäftsjahres) mit folgendem Mindestinhalt:
   - Art der Gefahrgüter unterteilt nach Klassen
   - Gesamtmenge nach einem vierstufigen Grobraster in Tonnen
   - Zahl und Art von Unfällen, über die ein Unfallbericht nach Unterabschnitt 1.8.3.6 ADR/RID/ADN erstellt wurde
   - Sonstige, nach Auffassung des Gb für die Sicherheitslage wichtige Angaben
   - Angaben, ob das Unternehmen an der Beförderung von Gefahrgut mit hohem Gefährdungspotenzial nach 1.10.3 ADR/RID/ADN oder 1.4.3 IMDG-Code beteiligt war bzw. ist

- Der Jahresbericht muss keine Angaben über die Beförderung gefährlicher Güter im Luftverkehr enthalten. Die **anzugebende Gesamtmenge** der gefährlichen Güter schließt **auch die empfangenen gefährlichen Güter** ein.

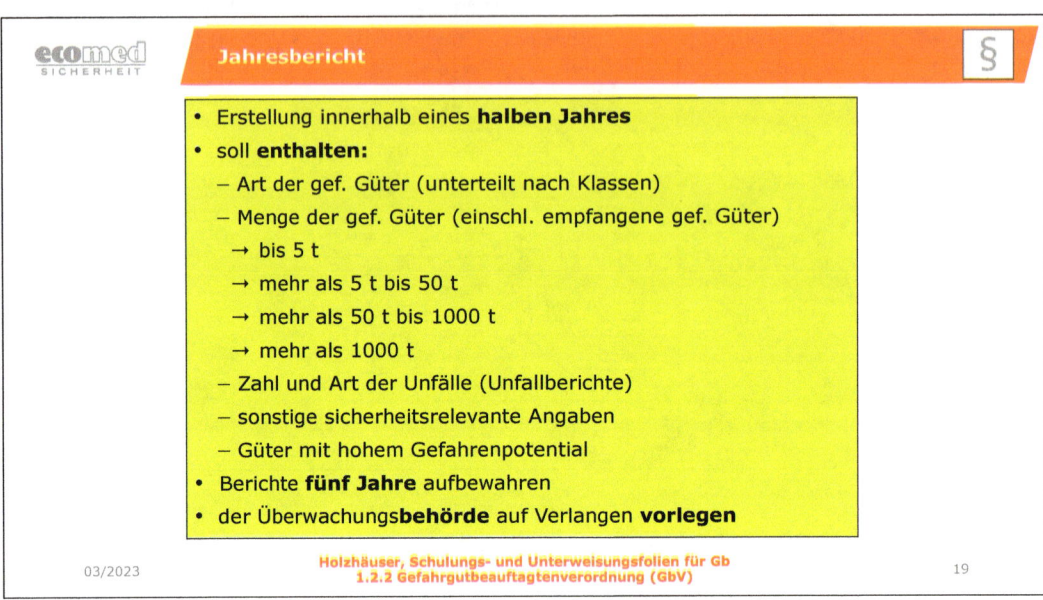

6. Gb muss seinen Schulungsnachweis auf Verlangen der zuständigen Überwachungsbehörde vorlegen und muss dafür Sorge tragen, dass dieser Schulungsnachweis rechtzeitig verlängert wird.

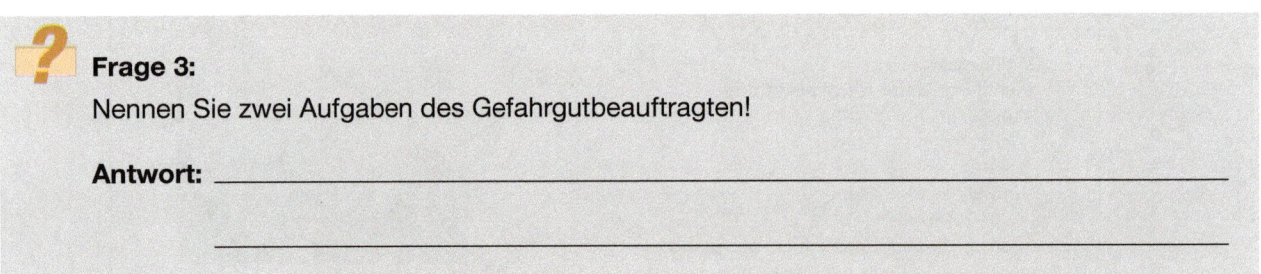

? Frage 3:

Nennen Sie zwei Aufgaben des Gefahrgutbeauftragten!

Antwort: _____

_____

§ 9 Pflichten der Unternehmer

1. Benachteiligungsverbot der Gefahrgutbeauftragten wegen ihrer Aufgabenerfüllung
2. Sorge dafür tragen, dass der Gefahrgutbeauftragte

   - vor Bestellung einen Schulungsnachweis besitzt
   - alle erforderlichen Auskünfte und Unterlagen erhält
   - notwendige Mittel zur Aufgabenwahrnehmung erhält
   - jederzeitiges Vortragsrecht von Vorschlägen und Bedenken bei den Entscheidern des Unternehmens hat
   - Stellung nehmen kann zu vorgesehenen Änderungsvorschlägen oder Abweichungsanträgen
   - seine Aufgaben nach § 8 erfüllen kann

3. Aufbewahrungspflicht für den Jahresbericht 5 Jahre und der Aufzeichnungen der Überwachungstätigkeit des Gb sowie Vorlagepflicht bei der zuständigen Behörde auf Verlangen
4. Namensbekanntgabe des Gefahrgutbeauftragten an die zuständige Behörde
5. Übergabe der Unfallberichte an die zuständige Behörde – nur auf Verlangen

Frage 4:

Ein Unternehmen versendet 100 t eines gefährlichen Gutes per Schiff nach Übersee. Der Gefahrgutbeauftragte des Unternehmens besitzt den Schulungsnachweis für Straßen- und Binnenschiffsverkehr. Ist dies ausreichend? Begründen Sie Ihre Antwort!

Antwort: _____

§ 10 Ordnungswidrigkeiten

In Verbindung mit dem § 10 Abs. 1 Nr. 1b des GGBefG handelt ordnungswidrig, wer vorsätzlich oder fahrlässig

1. als Unternehmer,
2. als Schulungsveranstalter,
3. als Gefahrgutbeauftragter

die bei jedem der Betroffenen explizit aufgelisteten Pflichten nach GbV nicht erfüllt.

Neu ist hier, dass auch der Schulungsveranstalter ordnungswidrig handeln kann, wenn er die Schulungsanforderungen des § 5 GbV nicht erfüllt.

Die Unternehmerpflichten nach § 9 Abs. 1 GbV (Benachteiligungsverbot) und nach § 9 Abs. 2 Nr. 2 bis 5 GbV (bestimmte Besorgungen für den Gefahrgutbeauftragten) sind nicht bußgeldbewehrt.

Beim Gefahrgutbeauftragten ist die im § 8 Abs. 1 vorgesehene Pflicht zur Wahrnehmung der umfangreichen Aufgaben nach Unterabschnitt 1.8.3.3 ADR/RID/ADN ebenfalls nicht bußgeldbewehrt.

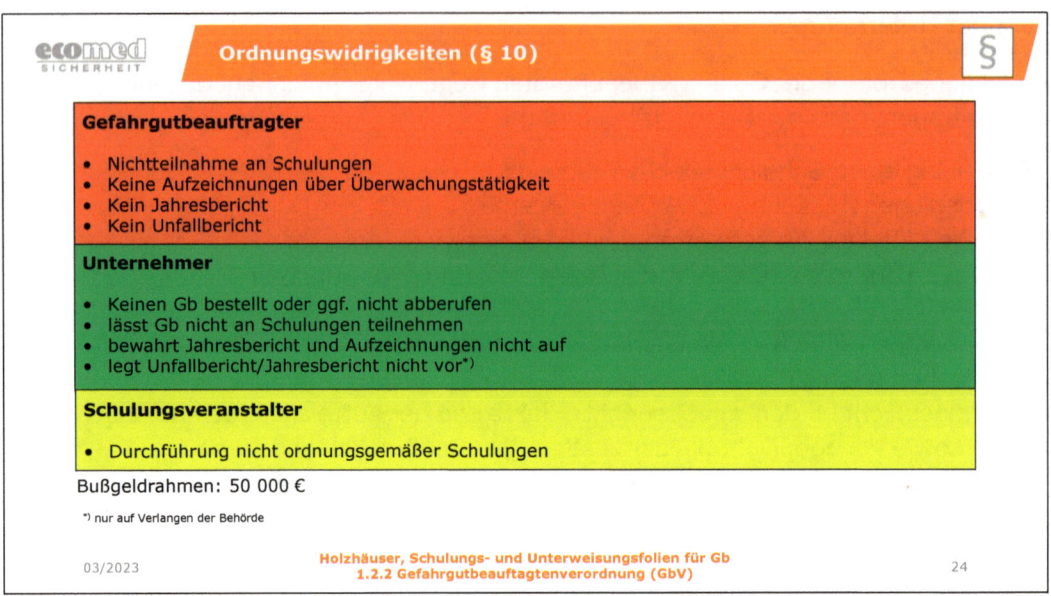

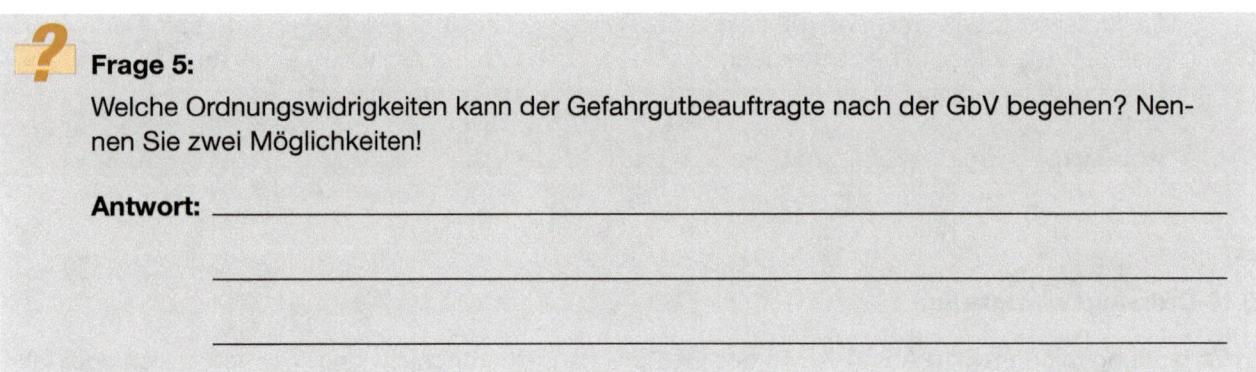

Frage 5:

Welche Ordnungswidrigkeiten kann der Gefahrgutbeauftragte nach der GbV begehen? Nennen Sie zwei Möglichkeiten!

Antwort: _____

_____

_____

– Unterabschnitt 1.8.3.3 und 1.8.3.11 ADR/RID/ADN

In der GbV wird sowohl im **§ 5 Schulungsanforderungen** als auch im **§ 8 Pflichten des Gefahrgutbeauftragten** auf diese beiden Unterabschnitte verwiesen, in denen zum einen die zu schulenden Sachgebiete und zum anderen ein Großteil der Pflichten des Gefahrgutbeauftragten aufgelistet sind.

Diese Texte aus ADR/RID und ADN stehen daher im engen Zusammenhang mit der nationalen GbV.

Unterabschnitt 1.8.3.3 Aufgaben des Gb

1.8.3.3 [Aufgaben]

Der Gefahrgutbeauftragte hat unter der Verantwortung des Unternehmensleiters im Wesentlichen die Aufgabe, im Rahmen der betroffenen Tätigkeiten des Unternehmens nach Mitteln und Wegen zu suchen und Maßnahmen zu veranlassen, die die Durchführung dieser Tätigkeiten unter Einhaltung der geltenden Bestimmungen und unter optimalen Sicherheitsbedingungen erleichtern.

Seine den Tätigkeiten des Unternehmens entsprechenden Aufgaben sind insbesondere:
- Überwachung der Einhaltung der Vorschriften für die Beförderung gefährlicher Güter;
- Beratung des Unternehmens bei den Tätigkeiten im Zusammenhang mit der Beförderung gefährlicher Güter;
- Erstellung eines Jahresberichts für die Unternehmensleitung oder gegebenenfalls für eine örtliche Behörde über die Tätigkeiten des Unternehmens in Bezug auf die Beförderung gefährlicher Güter. Die Berichte sind fünf Jahre lang aufzubewahren und den einzelstaatlichen Behörden auf Verlangen vorzulegen.

Darüber hinaus umfassen die Aufgaben des Gefahrgutbeauftragten insbesondere die Überprüfung des nachstehenden Vorgehens bzw. der nachstehenden Verfahren hinsichtlich der betroffenen Tätigkeiten:
- Verfahren, mit denen die Einhaltung der Vorschriften zur Identifizierung des beförderten gefährlichen Guts sichergestellt werden soll;
- Vorgehen des Unternehmens, um beim Kauf von Beförderungsmitteln den besonderen Erfordernissen in Bezug auf das beförderte gefährliche Gut Rechnung zu tragen;
- Verfahren, mit denen das für die Beförderung gefährlicher Güter oder für das Verpacken, Befüllen, Be- oder Entladen verwendete Material überprüft wird;
- ausreichende Schulung der betreffenden Arbeitnehmer des Unternehmens einschließlich zu Änderungen der Vorschriften und Vermerk über diese Schulung in der Personalakte;
- Durchführung geeigneter Sofortmaßnahmen bei etwaigen Unfällen oder Zwischenfällen, die unter Umständen die Sicherheit während der Beförderung gefährlicher Güter oder während des Verpackens, Befüllens, Be- oder Entladens gefährden;
- Durchführung von Untersuchungen und, sofern erforderlich, Erstellung von Berichten über Unfälle, Zwischenfälle oder schwere Verstöße, die während der Beförderung gefährlicher Güter oder während des Verpackens, Befüllens, Be- oder Entladens festgestellt wurden;
- Einführung geeigneter Maßnahmen, mit denen das erneute Auftreten von Unfällen, Zwischenfällen oder schweren Verstößen verhindert werden soll;
- Berücksichtigung der Rechtsvorschriften und der besonderen Anforderungen der Beförderung gefährlicher Güter bei der Auswahl und dem Einsatz von Subunternehmern oder sonstigen Dritten;
- Überprüfung, ob das mit dem Versenden, der Beförderung, dem Verpacken, Befüllen, Verladen oder Entladen der gefährlichen Güter betraute Personal über ausführliche Arbeitsanleitungen und Anweisungen verfügt;
- Einführung von Maßnahmen zur Aufklärung über die Risiken bei der Beförderung gefährlicher Güter oder beim Verpacken, Befüllen, Verladen oder Entladen der gefährlichen Güter;
- Einführung von Maßnahmen zur Überprüfung des Vorhandenseins der im Beförderungsmittel mitzuführenden Papiere und Sicherheitsausrüstungen sowie der Vorschriftsmäßigkeit dieser Papiere und Ausrüstungen;
- Einführung von Verfahren zur Überprüfung der Einhaltung der Vorschriften für das Verpacken, Befüllen, Be- und Entladen;
- Vorhandensein des Sicherungsplanes gemäß Unterabschnitt 1.10.3.2.

▶ *Eine Checkliste für die Überwachungstätigkeit des Gb finden Sie im Anhang 5.3.*

Unterabschnitt 1.8.3.11 Sachgebiete (für die Prüfung)

1.8.3.11 [Sachgebiete]

Ziel der Prüfung ist es festzustellen, ob die Kandidaten über den erforderlichen Kenntnisstand zur Erfüllung der Aufgaben eines Gefahrgutbeauftragten gemäß Unterabschnitt 1.8.3.3 und somit zum Erhalt des in Unterabschnitt 1.8.3.7 vorgesehenen Schulungsnachweises verfügen; die Prüfung muss mindestens folgende Sachgebiete umfassen:

a) Kenntnisse über Unfallfolgen im Zusammenhang mit der Beförderung gefährlicher Güter und Kenntnisse der wichtigsten Unfallursachen;

b) Bestimmungen in einzelstaatlichen Rechtsvorschriften sowie in internationalen Übereinkommen, die insbesondere folgende Bereiche betreffen:
   - Klassifizierung der gefährlichen Güter (Verfahren zur Klassifizierung von Lösungen und Gemischen, Aufbau des Stoffverzeichnisses, Klassen der gefährlichen Güter und Klassifizierungskriterien, Eigenschaften der beförderten gefährlichen Güter, physikalische und chemische sowie toxikologische Eigenschaften der gefährlichen Güter);
   - allgemeine Vorschriften für Verpackungen, Tanks und Tankcontainer (Typen, Codierung, Kennzeichnung, Bau, erste und wiederkehrende Prüfungen);
   - Kennzeichnung, Bezettelung, Anbringen von Großzetteln (Placards) und Kennzeichnung mit orangefarbenen Tafeln (Kennzeichnung und Bezettelung von Versandstücken, Anbringen und Entfernen der Großzettel (Placards) und der orangefarbenen Tafeln);
   - Vermerke im Beförderungspapier (erforderliche Angaben);
   - Versandart und Versandbeschränkungen (geschlossene Ladung, Beförderung in loser Schüttung, Beförderung in Großpackmitteln (IBC), Beförderung in Containern, Beförderung in festverbundenen Tanks oder Aufsetztanks);
   - Beförderung von Fahrgästen;
   - Zusammenladeverbote und Vorsichtsmaßnahmen bei der Zusammenladung;
   - Trennung von Gütern;
   - begrenzte Mengen und freigestellte Mengen;
   - Handhabung und Sicherung der Ladung (Verpacken, Befüllen, Be- und Entladen – Füllungsgrad, Stauen und Trennen);
   - Reinigung bzw. Entgasung vor dem Verpacken, Befüllen und Beladen sowie nach dem Entladen;
   - Fahrpersonal bzw. Besatzung: Ausbildung;
   - mitzuführende Papiere (Beförderungspapiere, schriftliche Weisungen, Zulassungsbescheinigung des Fahrzeugs, Bescheinigung über die Schulung der Fahrzeugführer, Kopie der etwaigen Ausnahme oder Abweichung, sonstige Papiere);
   - schriftliche Weisungen (Durchführung der Anweisungen sowie Schutzausrüstung für die Fahrzeugbesatzung);
   - Überwachungspflichten (Halten und Parken);
   - Verkehrsregeln und -beschränkungen;
   - Freiwerden umweltbelastender Stoffe auf Grund eines Betriebsvorgangs oder eines Unfalls;
   - Vorschriften für Beförderungsausrüstungen.

1.2.3 Gefahrgutverordnung Straße, Eisenbahn und Binnenschifffahrt (GGVSEB)

Durch die GGVSEB werden die Richtlinie 2008/68/EG (sog. Binnenrichtlinie) und deren Anpassungen in Deutschland umgesetzt.

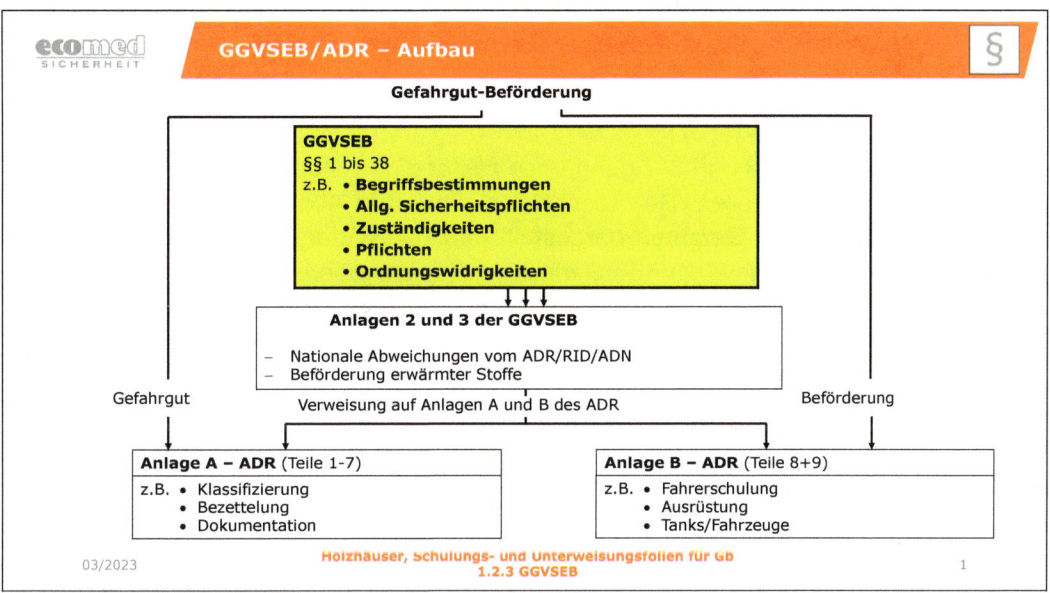

§ 1 Geltungsbereich

Für die **innerstaatliche, innergemeinschaftliche und grenzüberschreitende** Beförderung gefährlicher Güter im Straßenverkehr, im Eisenbahnverkehr und der Binnenschifffahrt in Deutschland gültig, jedoch nicht mit Seeschiffen auf Seeschifffahrtsstraßen und in den angrenzenden Seehäfen.

Hier sind die Hinweise auf die Geltung des ADR, des RID und des ADN zu finden, die **Gültigkeit der Anlage 2** zur GGVSEB für den innerstaatlichen Verkehr sowie der **Anlage 3** zur GGVSEB für den innerstaatlichen und grenzüberschreitenden incl. innergemeinschaftlichen Verkehr.

§ 2 Begriffsbestimmungen

Wichtige Begriffsbestimmungen zu verschiedenen Verantwortlichkeiten (z. B. Auftraggeber des Absenders, Absender, Verlader, Befüller) für den deutschen Rechtsbereich sowie Begriffe, die nicht bereits wortgleich im ADR/RID oder ADN (jeweils Abschnitte 1.2.1) enthalten sind. Die umfangreichen Begriffsbestimmungen dort werden hierdurch ergänzt. Besonderer Hinweis auf den vom ADR abweichenden Begriff des Fahrzeugs in Nr. 6.

§ 3 Zulassung zur Beförderung

Nach den Vorschriften der Gefahrklassen klassifizierte Gefahrgüter, deren Beförderung in den einschlägigen Fundstellen (z. B. Unterabschnitt 2.2.x.2 der verschiedenen Gefahrklassen, in Tabelle A oder Kap. 3.3 ADR/RID/ADN bzw. Anlage 2 GGVSEB) nicht ausgeschlossen wird und die unter Einhaltung der anwendbaren Vorschriften des ADR/RID/ADN erfolgt.

§ 4 Allgemeine Sicherheitspflichten

Alle Beteiligten werden hier zu größter Sorgfalt, zur Schadensvermeidung und Schadensminderung bei einem Schadenseintritt verpflichtet.

✓ Meldung und Informationsfluss an die nächstgelegene zuständige Behörde (im Straßenverkehr i. d. R. die Polizei) bei Gefährdungen und Produktaustritt durch den Fahrzeug- bzw. Schiffsführer oder das jeweilige Eisenbahnstrukturunternehmen im Schienenverkehr

✓ Verpflichtung zur Anhaltung der Sendung bei Sicherheitsmängeln und Verbot der Weiterbeförderung, bevor nicht die Vorschriften erfüllt oder die Anweisungen der zuständigen Behörden erfüllt sind (bußgeldbewehrt!)

§ 5 Ausnahmen

Möglichkeit für die in den Abs. 1–3 und 6–7 genannten zuständigen Stellen und Ministerien, Einzelausnahmen von den Vorschriften zu erteilen. Bei Ausnahmen nach den Abs. 1–3 muss durch Gutachten die Beherrschung der verbleibenden Gefahren dargestellt und begründet werden. Zulässigkeit (wie bei der GGAV) wird durch die EG-Richtlinie 2008/68/EG mit ihren Anpassungen bestimmt. Anerkennung durch die EG-Kommission (KOM) und Mitteilung an das BMDV *(siehe dazu § 5 Abs. 5)*.

Die multilateralen Vereinbarungen (grenzüberschreitende Ausnahmen) für den Straßenverkehr (ADR) und die Beförderung auf Binnenwasserstraßen (ADN) bzw. die Sondervereinbarungen für den Schienenverkehr (RID) finden Sie hier:

http://www.unece.org/trans/danger/multi/multi.html

http://www.unece.org/trans/danger/publi/adn/multilateral-agreements.html

http://otif.org/de/?page_id=176

Die Vereinbarungen sind nach ihrer Zeichnung sofort im Verkehr mit den anderen Zeichnerstaaten, aber **auch im innerstaatlichen Verkehr** anwendbar. Das ergibt sich aus § 5 Absatz 9 GGVSEB.

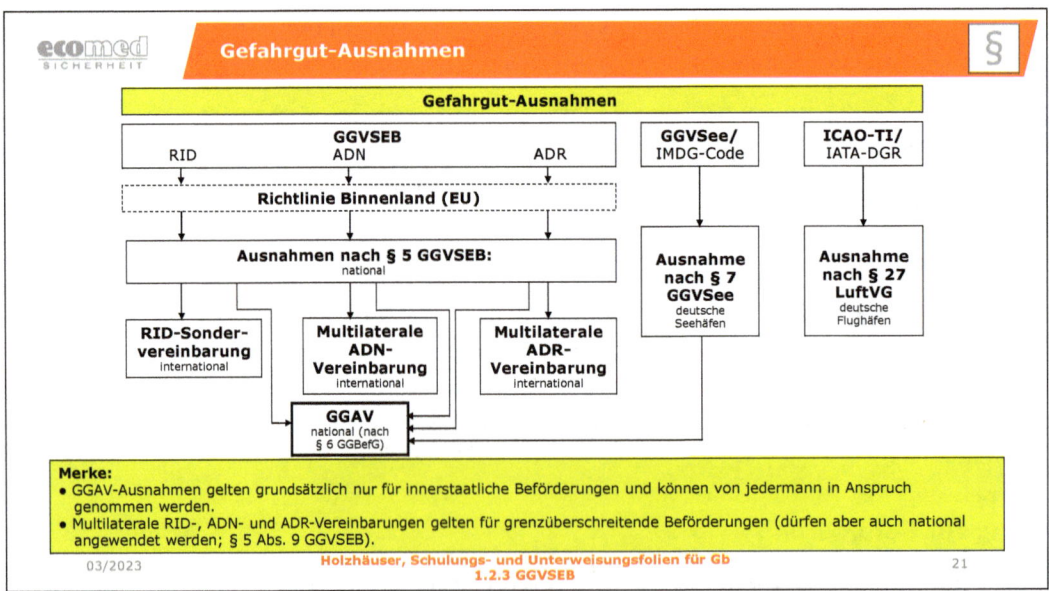

Nach Abs. 10 können die Ausnahmen der deutschen GGAV bei grenzüberschreitenden Beförderungen auf dem innerstaatlichen Teil in Deutschland angewendet werden (Nutzung der GGAV auch für nichtdeutsche Beförderer möglich).

Abs. 11 regelt, in welcher Form Bescheide nach den Abs. 1–2 mitgeführt werden können.

§§ 6 bis 16 Zuständigkeiten und besondere Zuständigkeiten

In den §§ 6-13 werden die Zuständigkeiten von diversen Bundesbehörden, Überwachungs- und benannten Stellen für verschiedene, den verkehrsträgerübergreifenden Bereich betreffende Verwaltungsaufgaben bestimmt. Besondere Zuständigkeiten bzw. ergänzende Zuständigkeiten werden in §§ 12, 13 und 13a für die Umsetzung der ODV sowie in § 14 für den Straßenverkehr, in § 15 für den Eisenbahnverkehr und in § 16 für die Binnenschifffahrt aufgelistet.

Zu §§ 17 bis 36b Pflichten der Beteiligten

Die GGVSEB definiert eine Reihe von Rechtsfiguren, denen als verantwortliche Personen (Unternehmen) bestimmte Pflichten zugeordnet sind. Pflichten der Beteiligten werden in den §§ 17 bis 36b aufgeführt *(Siehe dazu auch Vorbemerkungen zur GbV)*.

Werden diese Unternehmerpflichten **auf Beschäftigte übertragen**, so kommt § 9 Abs. 2 OWiG zur Anwendung *(Text siehe Anhang)*. Dort wird zwischen zwei Kategorien unterschieden: einmal den Beschäftigten mit Leitungsfunktionen (Betriebsleiter, Abteilungsleiter etc.) und den **ausdrücklich** beauftragten Personen, die bestimmte Unternehmeraufgaben **in eigener Verantwortung** wahrnehmen sollen (z. B. Vorarbeiter, Schichtführer, Lademeister etc.). Diese müssen entsprechend unterwiesen sein *(siehe hierzu RSEB zu 1.3)*.

Während die Personen in **Leitungsfunktion automatisch als beauftragt** gelten, weil sie über die dazu notwendige Entscheidungsbefugnis verfügen, bedarf es bei den **sonstigen beauftragten Personen**

✓ **einer ausdrücklichen Beauftragung,**
✓ **der Möglichkeit, eigenverantwortlich handeln und entscheiden zu können.**

Das heißt, der übertragene Aufgabenbereich muss **klar umrissen** sein und die Person muss in diesem Bereich **eigenverantwortlich Entscheidungen und Maßnahmen treffen** können, ohne z. B. vorher noch mit einem Vorgesetzten Rücksprache nehmen zu müssen. Die Übertragung der Unternehmerverantwortung muss **sozialadäquat** sein, d. h. sie muss im Rahmen dessen liegen, was bei der Aufteilung von Aufgaben und Pflichten in der arbeitsteiligen Wirtschaft allgemein üblich ist (z. B. keine Auszubildenden).

Die Pflicht, diesen Personenkreis ausreichend zu schulen und zu unterweisen, ist im § 27 Abs. 5 GGVSEB verankert.

 Achtung! Auch aus den §§ 35 und 35a (Verlagerung und Fahrweg im Straßenverkehr) und § 36b in Verbindung mit Anlage 3 (Beförderung erwärmter Stoffe) ergeben sich Pflichten, die bußgeldbewehrt sind, z. B. für den Fahrzeugführer.

Es wurde vom Gesetzgeber versucht, die Pflichten für den Straßen-, Schienen- und Binnenschiffsverkehr möglichst zusammenzufassen. Wenn verschiedene Paragraphen die Pflichten für alle **drei Verkehrsträger (S, E, B)** enthalten, so wurde **folgende Struktur** verwendet.

	Straße	Eisenbahn	Binnenschiff
Absatz 1	X	X	X
Absatz 2	X		
Absatz 3		X	
Absatz 4			X

 Verstöße gegen **jede** dieser Pflichten stellen nach § 37 eine Ordnungswidrigkeit dar.

§ 17 Auftraggeber des Absenders

Auftraggeber des Absenders ist das Unternehmen, das einen Absender beauftragt, als solcher aufzutreten und Gefahrgut selbst oder durch einen Dritten zu versenden (z. B. Abschluss eines Speditionsvertrages mit einer Spedition).

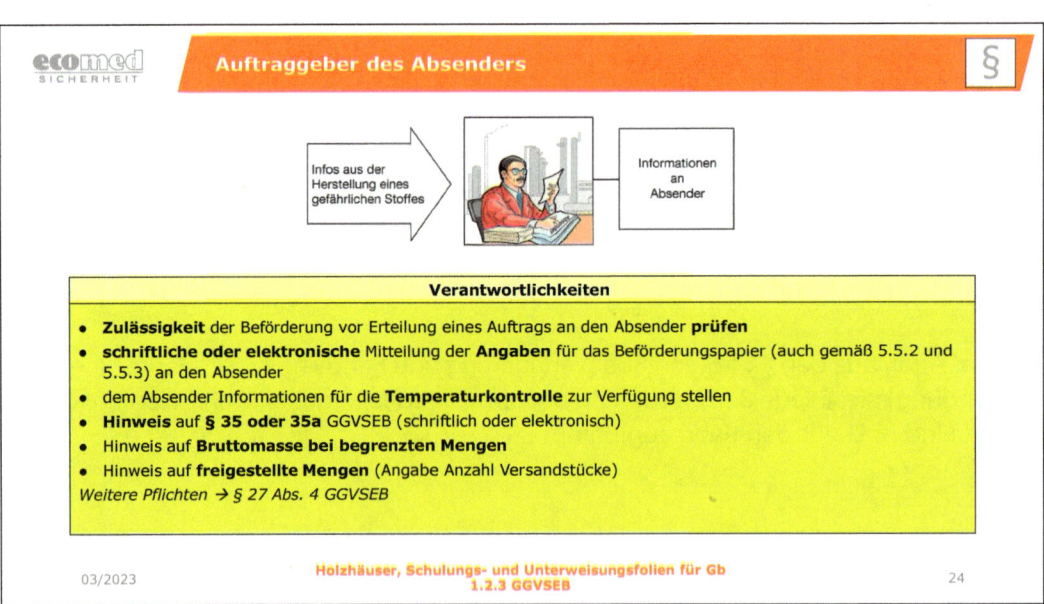

§ 18 Absender

Absender ist das Unternehmen, das selbst oder für einen Dritten gefährliche Güter versendet (z. B. die Spedition). Erfolgt die Beförderung auf Grund eines Beförderungsvertrages, gilt als Absender der Absender nach diesem Vertrag (auch die Spedition im sog. Selbsteintritt).

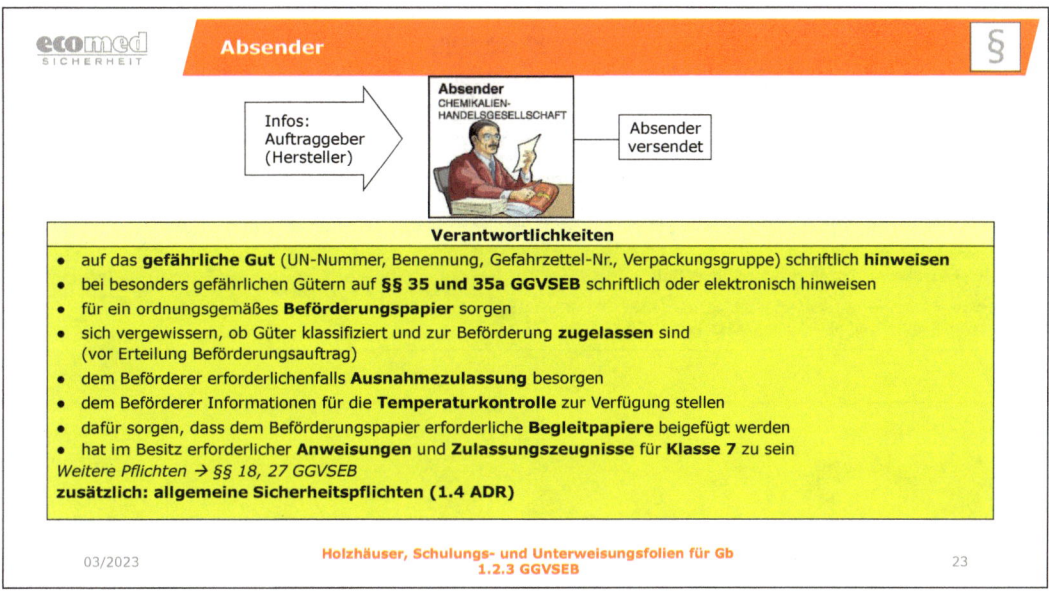

§ 19 Beförderer

Beförderer ist das Unternehmen, das die Beförderung mit oder ohne Beförderungsvertrag durchführt (Werkverkehr, Spedition im Selbsteintritt, Transportunternehmer). Seit dem ADR 2009 wurden auch alle Halterpflichten (Technik) dem Beförderer übertragen.

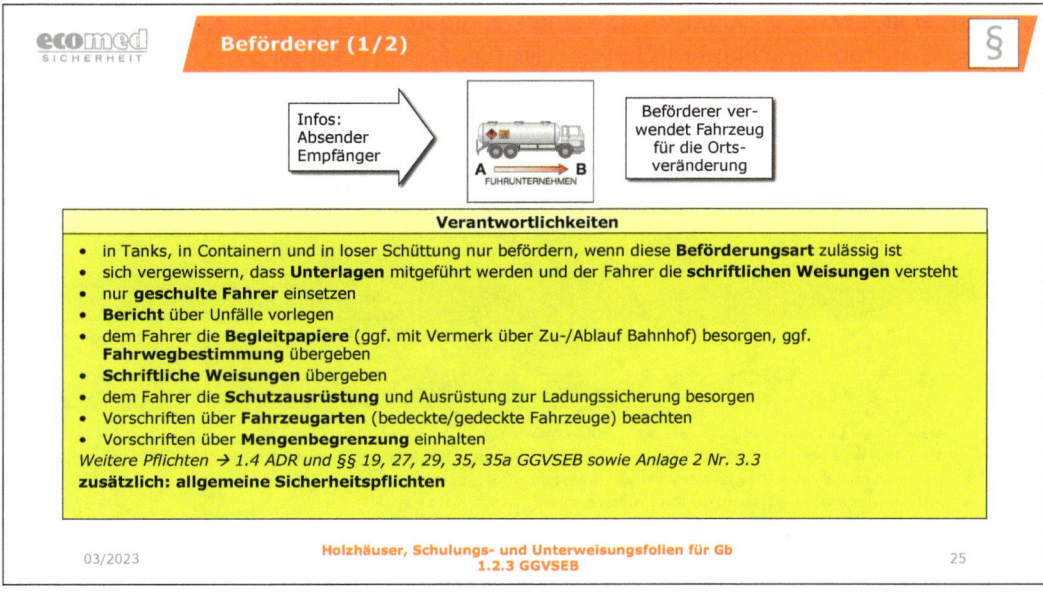

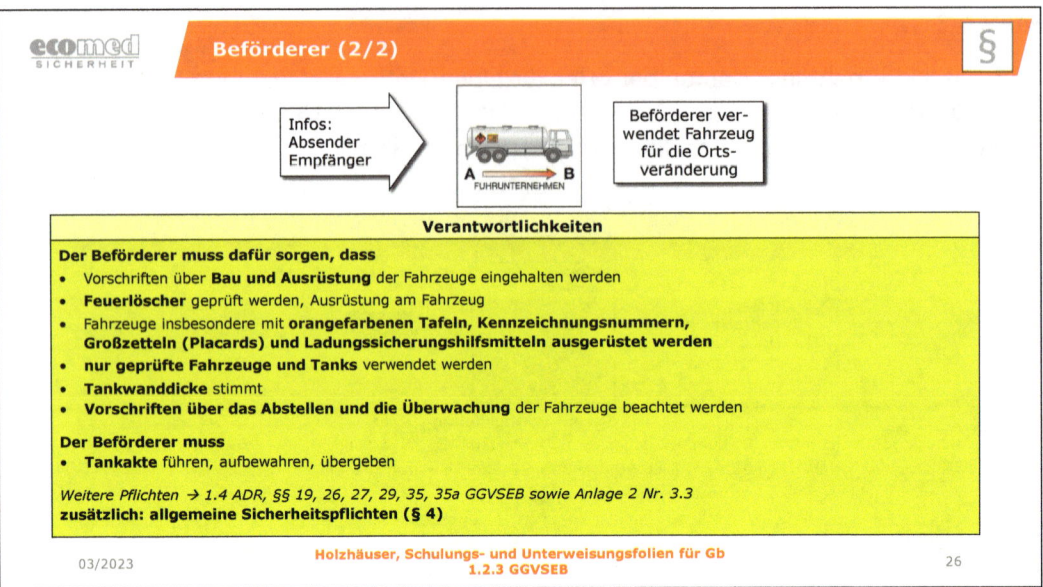

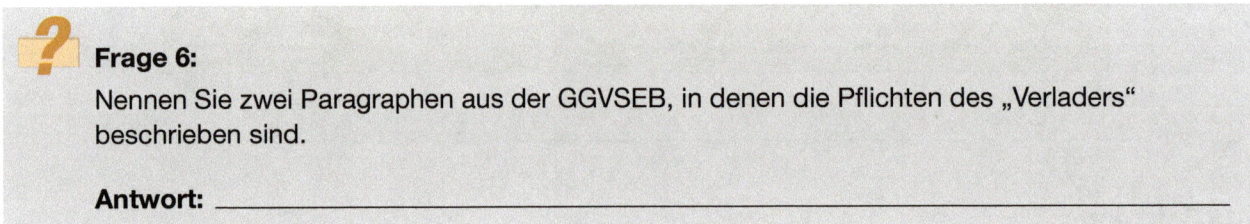

Frage 6:

Nennen Sie zwei Paragraphen aus der GGVSEB, in denen die Pflichten des „Verladers"
beschrieben sind.

Antwort: _____

§ 20 Empfänger

Empfänger ist das Unternehmen, das die gefährlichen Güter im Anschluss an den Transport übernimmt
bzw. der Empfänger laut Beförderungsvertrag (siehe Definition in 1.2.1 ADR).
Mit dem ADR 2011 wurden bestimmte Pflichten, die bisher dem Empfänger oblagen, auf den Entlader
übertragen.

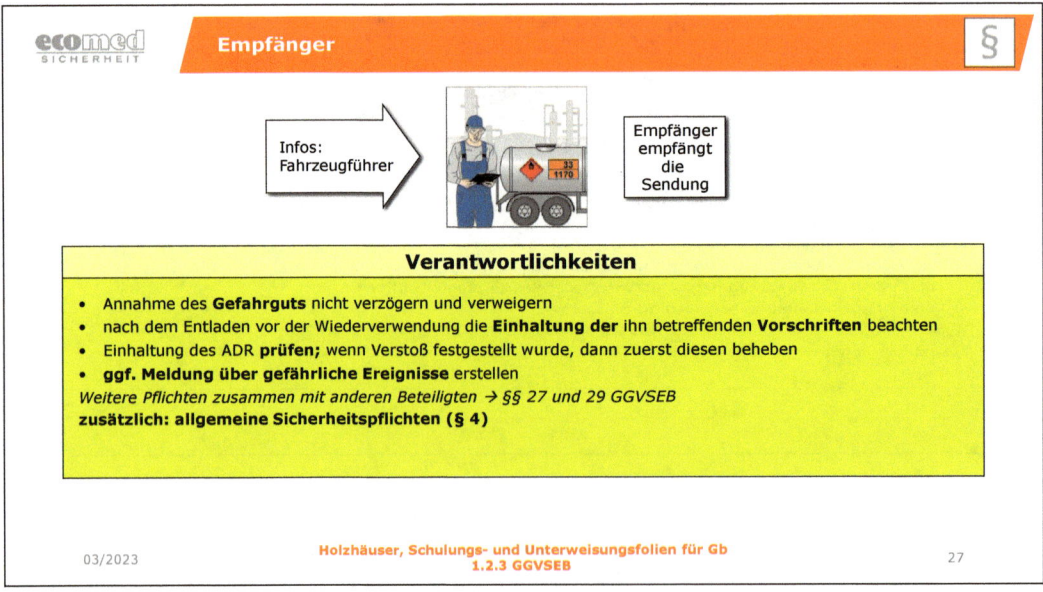

§ 21 Verlader

Verlader ist das Unternehmen, das die **Versandstücke** in ein Fahrzeug, einen Wagen, ein Schiff, einen Großcontainer oder einen Kleincontainer verlädt, sowie das Unternehmen, das als **unmittelbarer Besitzer** des Gefahrgutes dieses an den Beförderer zur Beförderung übergibt oder selbst befördert (z. B. im Werksverkehr). Der Verlader muss nicht Eigentümer des Gutes sein.

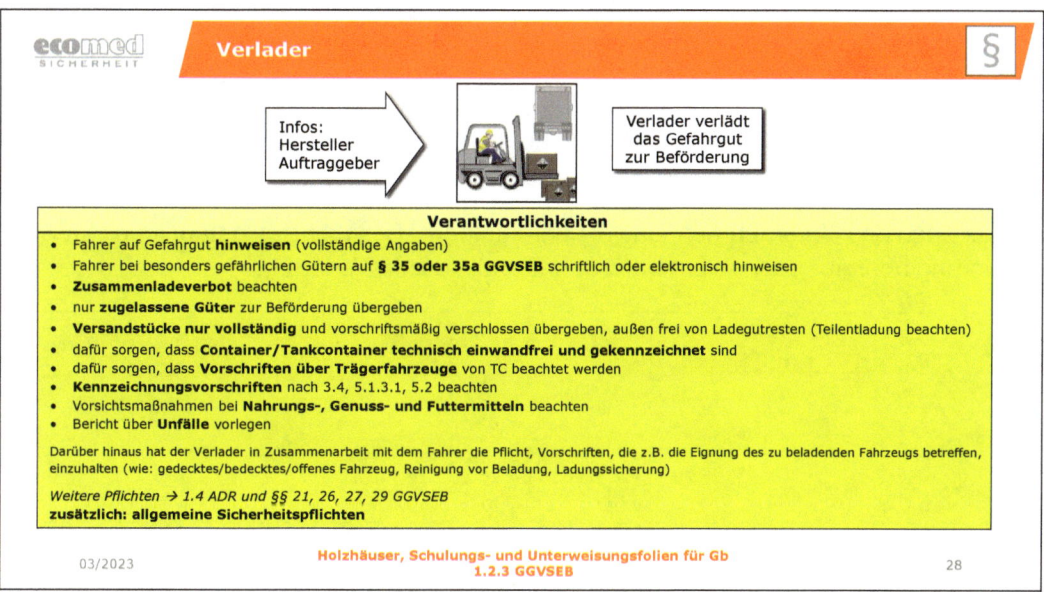

§ 22 Verpacker

Verpacker ist das Unternehmen, das die gefährlichen Güter in Verpackungen einschließlich Großverpackungen und IBC einfüllt oder die Versandstücke zur Beförderung vorbereitet (dazu gehört auch das Anbringen von Kennzeichnungen oder Herstellen von Umverpackungen sowie das Zusammenpacken mit anderen Gütern).

Verpacker ist aber auch das Unternehmen, das gefährliche Güter verpacken lässt oder das Versandstücke oder deren Kennzeichnung oder Bezettelung ändert oder ändern lässt (z. B. Auftragsvergabe an Subunternehmer oder sonstige Dienstleister).

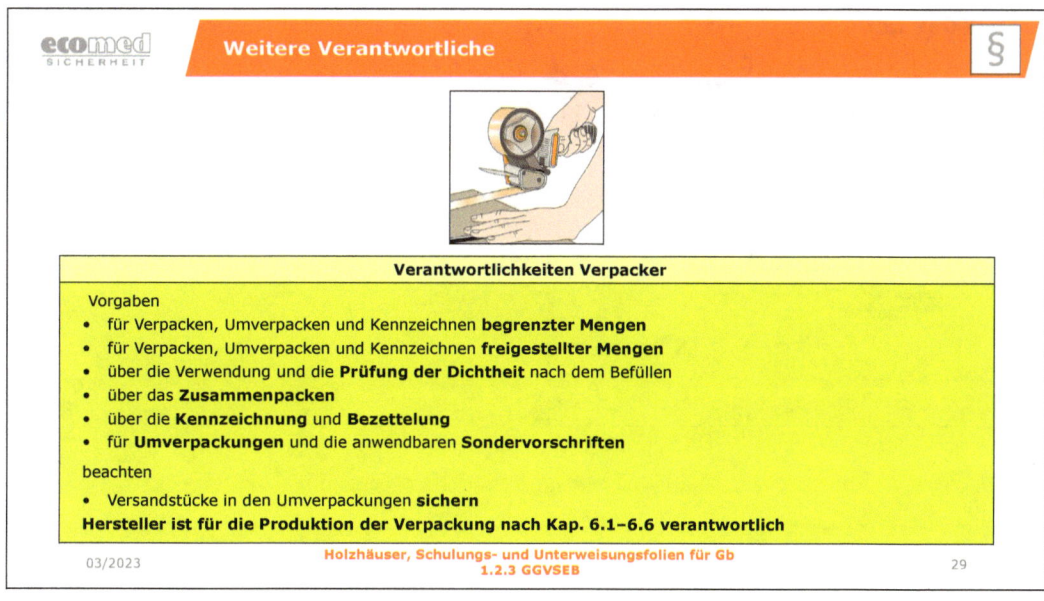

 Frage 7:

Wer muss nach GGVSEB im Straßenverkehr dafür sorgen, dass die Großzettel an Containern, die gefährliche Güter in Versandstücken enthalten, angebracht sind?

Antwort: _____

§ 23 Befüller

Befüller ist das Unternehmen, das die gefährlichen Güter zur **Tank- oder Schüttgutbeförderung** in die verschiedenen, in § 2 Nr. 2 GGVSEB aufgelisteten Tank- und Schüttgutbehältnisse einfüllt.

Befüller ist aber auch das Unternehmen, das als unmittelbarer Besitzer das gefährliche Gut dem Beförderer zur Beförderung übergibt oder selbst befördert (Parallele zum Verlader).

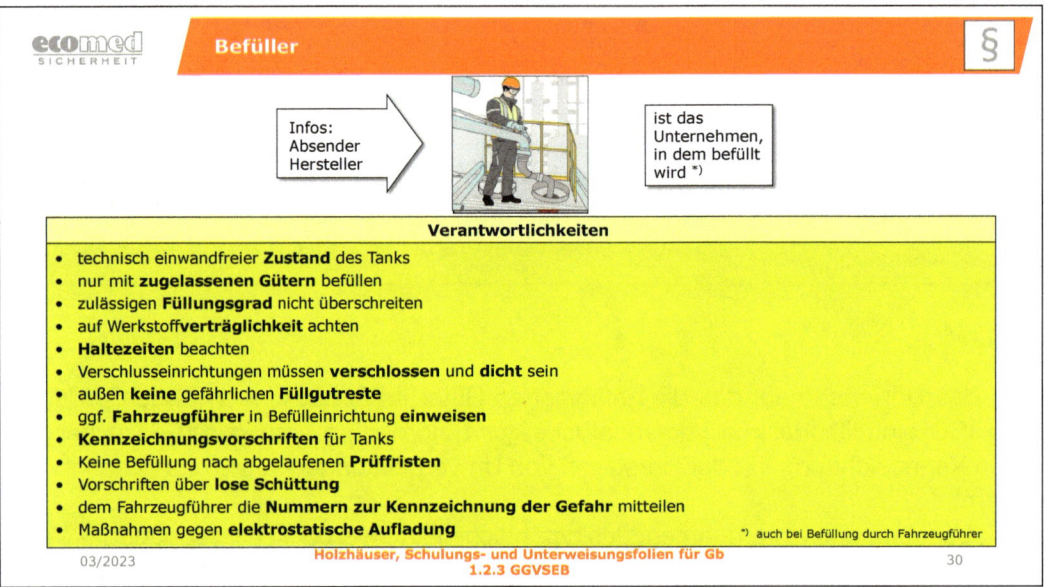

§ 23a Pflichten des Entladers

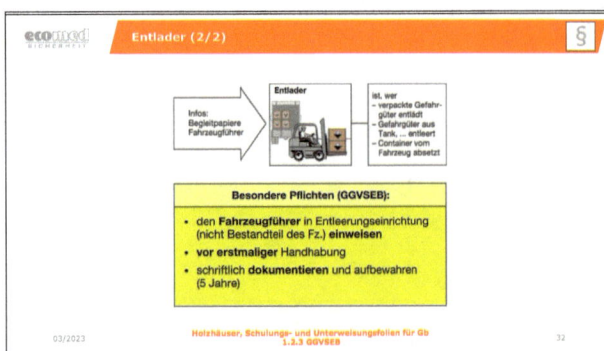

Zusätzliche besondere Pflichten des Entladers gem. Anlage 2 zur GGVSEB Nr. 3.2: Fahrzeugführer in die Entleerungseinrichtungen, die nicht Fahrzeugbestandteile sind, einweisen. Schriftliche Dokumentation der Einweisung; diese ist 5 Jahre aufzubewahren.

§ 24 Pflichten für Betreiber bestimmter Tanks, Container und MEMU (siehe dort)

§ 25 Pflichten für Hersteller, Wiederaufarbeiter und Rekonditionierer von Verpackungen und IBC sowie für Inspektionsstellen von IBC

§ 26 Sonstige Pflichten

Hier werden in Abs. 1 und 2 Pflichten definiert für diejenigen Unternehmen, die **leere, ungereinigte und nicht entgaste Tanks** übergeben, versenden oder selbst befördern.

In Abs. 3 werden **Hersteller von Gegenständen** unter pneumatischem oder hydraulischem Druck (UN 3164 i.V.m. SV 371 in Kap. 3.3) zu einer technischen Dokumentation verpflichtet.

In Abs. 4 mit den Pflichten für **Verlader, Befüller und Beförderer** im Straßen- und Eisenbahnverkehr, für den **Betreiber** eines Containers und den **Fahrzeugführer** im Straßenverkehr sowie den **Betreiber** eines Wagens oder Großcontainers im Eisenbahnverkehr bei der Beförderung **erwärmter flüssiger und fester Stoffe, UN 3257 und 3258,** nach § 36b i.V. mit Anlage 3 GGVSEB.

Pflichten für **Betreiber von Annahmestellen** für Gase und Dämpfe aus leeren Tanks und Leitungen von Tankschiffen in Abs. 5.

§ 27 Pflichten mehrerer Beteiligter im Straßen- und Eisenbahnverkehr sowie in der Binnenschifffahrt

Spezielle Pflichten für Verantwortliche aller drei genannten Verkehrsbereiche, die in den entsprechenden Vorschriften einheitlich gefordert werden: so z. B. der Unfallbericht nach Unterabschnitt 1.8.5.1 ADR/RID/ADN oder die Vorschriften über die Sicherung nach Kap. 1.10 ADR/RID/ADN; z. B. haben die Beteiligten dafür zu sorgen, dass der zuständigen Polizeibehörde unverzüglich mitgeteilt wird, wenn ihnen Fahrzeuge, Wagen, Beförderungsmittel oder Container mit gefährlichen Gütern mit hohem Gefahrenpotenzial oder diese Güter selbst abhandenkommen. Gleiches gilt im Falle des Wiederauffindens.

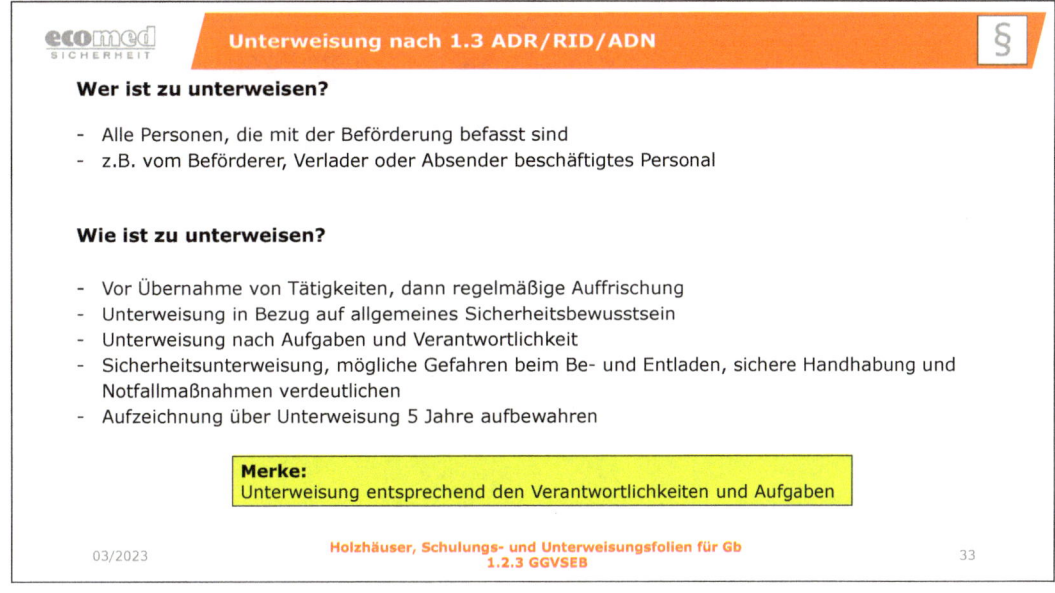

Hier ist in **Abs. 5 die Unterweisungspflicht der beauftragten Personen** verankert *(siehe Vorbemerkungen zur GbV)*. Hinzu kommt die Unterweisungspflicht aller sonstiger an der Beförderung gefährlicher Güter beteiligter Personen. Zum Unterweisungsinhalt wird jeweils auf Kap. 1.3 ADR verwiesen.

Gefahrgutfahrer, die **keine ADR-Schulungsbescheinigung** besitzen, weil sie z.B. nur gefährliche Güter als Stückgut unterhalb der 1000-Punkte-Regel nach 1.1.3.6 ADR fahren, **unterliegen ebenso dieser Schulungspflicht nach Kap. 1.3.** Siehe dazu auch Abschnitt 8.2.3 ADR.

Die Aufzeichnungen über die erhaltenen Unterweisungen sind vom Arbeitgeber 5 Jahre aufzubewahren.

Frage 8:

Wer hat nach GGVSEB sicherzustellen, dass der gemäß Unterabschnitt 1.8.5.1 ADR geforderte Bericht dem Bundesamt für Logistik und Mobilität vorgelegt wird? Nennen Sie einen Verantwortlichen!

Antwort: _____

§ 28 Pflichten des Fahrzeugführers im Straßenverkehr

Dies ist eine umfangreiche Auflistung aller Verantwortlichkeiten, die dem Fahrer der Beförderungseinheit direkt zufallen. Dazu gehören Aufgaben, die unmittelbar vor, während und unmittelbar nach dem Beförderungsvorgang einzuhalten sind. Auch das absolute **Alkoholverbot** und das Verbot der Einnahme sonstiger beeinträchtigender Mittel nach der Anlage zu § 24 StVG sind hier zu finden.

Ebenso die Einhaltung des höchstzulässigen Füllungsgrades von 85 % bei flüssigen Stoffen, wenn der Befüller keine Angaben dazu machen und der höchstzulässige Füllungsgrad auch keiner anwendbaren Sondervorschrift entnommen werden kann.

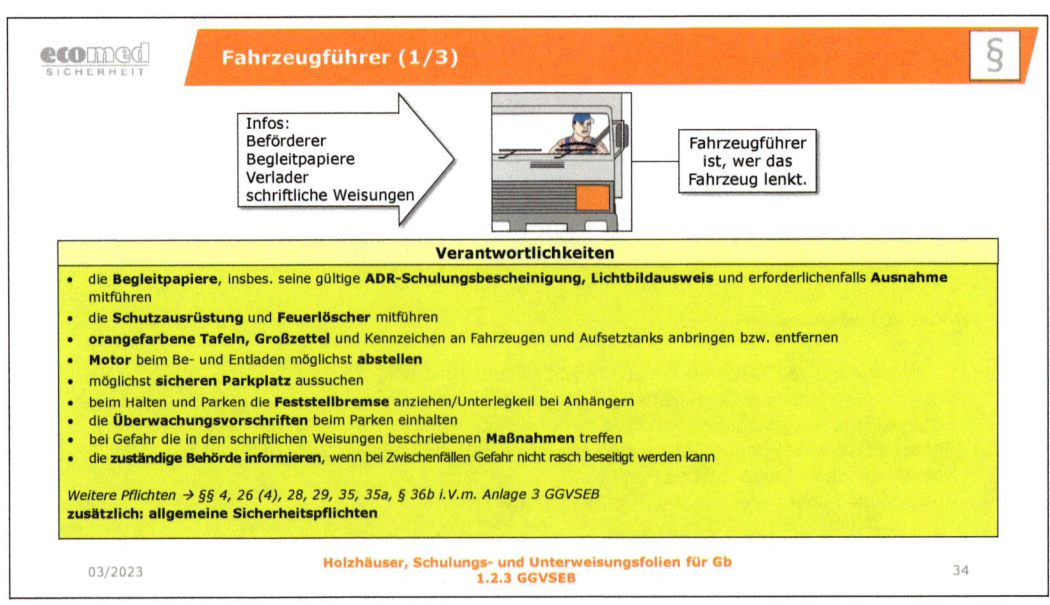

Weitere Verantwortlichkeiten des Fahrzeugführers:

✓ muss bei Sicherheitsverstößen die Sendung rasch **anhalten**

✓ darf Fahrzeug **nicht mit offener Flamme** und dgl. betreten

✓ muss anhaftende gefährliche **Füllgutreste** beseitigen

✓ muss Verbindungsleitungen, **Füll- und Entleerrohre** leer halten

✓ darf nicht unter Wirkung von Alkohol und **berauschenden Mitteln** fahren

✓ ggf. **Fahrwegbestimmung** beachten

✓ keine **beschädigten oder unvollständigen Versandstücke** befördern

✓ bei **Ladearbeiten** in der Nähe der Fahrzeuge und in Fahrzeugen **nicht rauchen**

✓ bei der Gefahrgutbeförderung **nur Fahrzeug-Besatzung mitnehmen**

✓ ggf. **Tunnelbeschränkungen** beachten

✓ nur **beladen**, wenn Fahrzeug und Begleitpapiere vorschriftsmäßig sind

✓ nur **entladen**, wenn eine sichere Entladung möglich ist

✓ Vorsichtsmaßnahmen bei **Nahrungs-, Genuss- und Futtermitteln** beachten

✓ für eine geeignete **Ladungssicherung** sorgen

✓ **Zusammenladeverbote** beachten

(Diese Aufzählung erhebt keinen Anspruch auf Vollständigkeit.)

Frage 9:

Ein Tankfahrzeug wurde in der Raffinerie mit UN 1223 Kerosin vom Fahrzeugführer selbst befüllt. Wer ist nach GGVSEB verpflichtet, bei innerstaatlichen Beförderungen die Dichtheit der Verschlusseinrichtungen gemäß Absatz 4.3.2.3.3 ADR zu prüfen?

Antwort: _____

§ 29 Pflichten mehrerer Beteiligter im Straßenverkehr

Bestimmte sicherheitsrelevante Pflichten (u. a. **die Ladungssicherung**) werden dem Fahrzeugführer **und** weiteren Verantwortlichen (wie Verlader, Beförderer, Entlader und Empfänger) auferlegt.

Frage 10:

Welche Verantwortlichen haben nach GGVSEB für die ordnungsgemäße Ladungssicherung im Straßenverkehr zu sorgen?

Antwort: _____

§§ 30 bis 32 Pflichten verschiedener Beteiligter speziell im Eisenbahnverkehr

§§ 33 bis 34a Pflichten bestimmter Beteiligter speziell in der Binnenschifffahrt

§§ 35 bis 35c Verlagerung und Fahrweg im Straßenverkehr (Fahrwegbestimmung), Tabelle der Güter, Ausnahmen

Eine nur in Deutschland gültige Regelung zur Erhöhung der Sicherheit beim Transport besonders gefährlicher Güter, möglich durch die Richtlinie 2008/68/EG. Die Bestimmungen nebst Begründung werden der (EG-)Kommission zur Information und Unterrichtung der anderen Mitgliedsstaaten mitgeteilt.

Die Regelung wird im Jahr 2017 neu und übersichtlicher gestaltet. Dadurch fallen zwar quantitativ mehr Gefahrgüter darunter, die Erleichterungen sind jedoch erheblich weitreichender, so dass die praktischen Auswirkungen überschaubar bleiben.

Der § 35 (Verlagerung) schreibt vor, dass die **in § 35b (Tabelle) genannten Güter** in dem dort festgelegten Rahmen mit der **Eisenbahn oder auf dem Wasserweg** bzw. zumindest teilweise im **multimodalen Verkehr** befördert werden müssen, wenn die Bedingungen des § 35 erfüllt werden.

§ 35 nennt jedoch auch Gründe, wann die Verlagerung auf Bahn und Binnenschiff nicht erfolgen muss. In bestimmten Fällen bedarf es einer **Bescheinigung** des Eisenbahn-Bundesamtes oder der Generaldirektion Wasserstraßen und Schifffahrt.

Der § 35a (Fahrweg im Straßenverkehr) bestimmt, dass Beförderungen von **in § 35b genannten gefährlichen Gütern**, wenn sie vollständig oder teilweise im Straßenverkehr erfolgen, vorzugsweise **auf Autobahnen** durchzuführen sind.

Abweichungen von diesem Grundsatz sind in bestimmten Fällen möglich.

Der Fahrweg außerhalb von Autobahnen wird im Rahmen einer **Fahrwegbestimmung oder Allgemeinverfügung** behördlich vorgeschrieben. Ausgewiesene Umleitungsstrecken dürfen benutzt werden. Dem Beförderer und dem Fahrzeugführer erwachsen **Pflichten** zur Übergabe und Beachtung der Fahrwegbestimmung.

Der § 35c (Ausnahmen) benennt eine Reihen von Ausnahmen von der Beachtung der §§ 35 und 35a. Bestimmte Beförderungen **von Gasen und Gasgemischen der Klasse 2, entzündbaren Flüssigkeiten der Klasse 3 und explosiven Stoffen der Klasse 1 (zum Ort der Verwendung)** unterliegen nicht den §§ 35 und 35a, wenn die genannten Vorgaben des § 35c eingehalten werden.

Die Vorschriften der §§ 35 bis 35c gelten auch für grenzüberschreitende Beförderungen auf der **Wegstrecke in Deutschland**, ebenso für außerdeutsche Beförderer.

 Aus den §§ 35 und 35a ergeben sich Pflichten, die gem. § 37 bußgeldbewehrt sind, z. B. für den Beförderer und den Fahrzeugführer.

 Frage 11:

Es sollen 5600 kg Nettomasse UN 1745 Brompentafluorid der Klasse 5.1 in Fässern befördert werden. Ist für diesen Transport eine Fahrwegbestimmung nach § 35a GGVSEB erforderlich?

Antwort: _____

§ 36 Prüffrist für Feuerlöscher

Für in Deutschland hergestellte Feuerlöscher 2 Jahre ab Herstellungsdatum bzw. ab dem auf dem Feuerlöscher angegebenen Prüfdatum.

§ 36a Beförderung gefährlicher Güter als behördliche Asservate

§ 36b Beförderung erwärmter flüssiger und fester Stoffe

Für die Beförderung erwärmter flüssiger und fester Stoffe der UN-Nummern 3257 und 3258 in besonders ausgerüsteten Fahrzeugen/Wagen und Containern/Großcontainern nach Abschnitt 7.3.3 Sondervorschrift VC3 ADR/RID **gelten die Anforderungen der Anlage 3.**

Diese Beförderungsbedingungen wurden ab 2019 aus der RSEB in die GGVSEB übernommen. Die Pflichten der einzelnen Beteiligten, die sich aus § 36b und der Anlage 3 ergeben, werden im § 26 Abs.4 benannt und sind über § 37 bußgeldbewehrt.

§ 37 Ordnungswidrigkeiten

Alle Pflichten nach §§ 4, 17–34a, 35 und 35a GGVSEB sind hier bußgeldbewehrt. Ein Buß- und Verwarnungsgeldkatalog dazu wird in der RSEB veröffentlicht.

§ 38 Übergangsbestimmungen

Hier wird u. a. in der Regel eine halbjährige Übergangsfrist für die vorhergehende Fassung der Verordnung eingeräumt.

Zur GGVSEB gehören zwei Anlagen:

Anlage 2
Einschränkungen aus Gründen der Sicherheit für die Beförderung gefährlicher Güter zu den Teilen 1 bis 9 des ADR und zu den Teilen 1 bis 7 des RID für innerstaatliche Beförderungen sowie zu den Teilen 1 bis 9 des ADN für innerstaatliche und grenzüberschreitende Beförderungen

Beachtenswert ist die Tatsache, dass die Einschränkungen, die in **Nummer 2 und 3** dieser Anlage genannt sind, im **Straßenverkehr** nur bei **innerstaatlichen Beförderungen** und **nur für Fahrzeuge gelten, die in Deutschland zugelassen sind.**

Die Einschränkungen der ADR-Freistellungsregelungen aus Unterabschnitt 1.1.3.1 ADR Buchstaben a, b und c (z. B. Privatpersonen, Handwerker) haben somit nur Gültigkeit für Fahrzeuge mit deutscher Zulassung.

In Nummer 3.2 wird eine besondere Unterrichtung des Fahrpersonals durch den Befüller definiert, um in die Handhabung der Befülleinrichtung einzuweisen.

Entsprechendes gilt für Beförderungsunternehmen, die als Entlader tätig werden, für die Entleerungseinrichtung.

Diese Einweisung ist schriftlich zu dokumentieren und 5 Jahre lang aufzubewahren; siehe auch §§ 23 und 23a.

In **Nummer 3.3** wird die Überwachungsvorschrift des **Kap. 8.4 ADR erweitert** auf **alle kennzeichnungspflichtigen** Beförderungseinheiten und getrennt geparkten Anhänger (mit deutscher Zulassung), sofern diese mit Gütern in kennzeichnungspflichtiger Menge beladen sind.

Für getrennt geparkte Anhänger mit UN 1202 gilt die Überwachungspflicht nicht, weil hier kein besonderes Sicherheitsbedürfnis für die Überwachung besteht (so die Begründung).

Anlage 3
Festlegung der Anforderungen für besonders ausgerüstete Fahrzeuge/Wagen und Container/Großcontainer nach Abschnitt 7.3.3 Sondervorschrift VC3 zur Beförderung erwärmter flüssiger und fester Stoffe der UN-Nummern 3257 und 3258 ADR/RID

1.2.4 Gefahrgutausnahmeverordnung (GGAV)

Im BGBl. Teil I werden mit der GGAV Ausnahmen von allgemeinem Interesse für **innerstaatliche Beförderungen** veröffentlicht. Die Ausnahmen sind nummeriert und die Gültigkeit für den jeweiligen Verkehrsträger wird durch Buchstaben dokumentiert:

(S) für Straße, (E) für Eisenbahn, (B) für Binnenschiff und (M) für Seeschiff (maritim)

Die Gültigkeit der Ausnahmen ist, wenn sie bei der EG notifiziert sind, entweder unbegrenzt oder die Gültigkeitsdauer wird ausdrücklich in der Ausnahme begrenzt.

Die Ausnahmen der GGAV können auch auf dem innerstaatlichen Teil einer grenzüberschreitenden Beförderung von **jedermann** verwendet werden.

 Für die Beförderungsstrecken außerhalb der deutschen Grenzen werden Multilaterale Vereinbarungen benötigt, um zeitweilig abweichend von den Vorschriften des ADR, RID oder ADN Gefahrgut befördern zu dürfen. Die von Deutschland gegengezeichneten Multilateralen Vereinbarungen werden im Verkehrsblatt veröffentlicht.

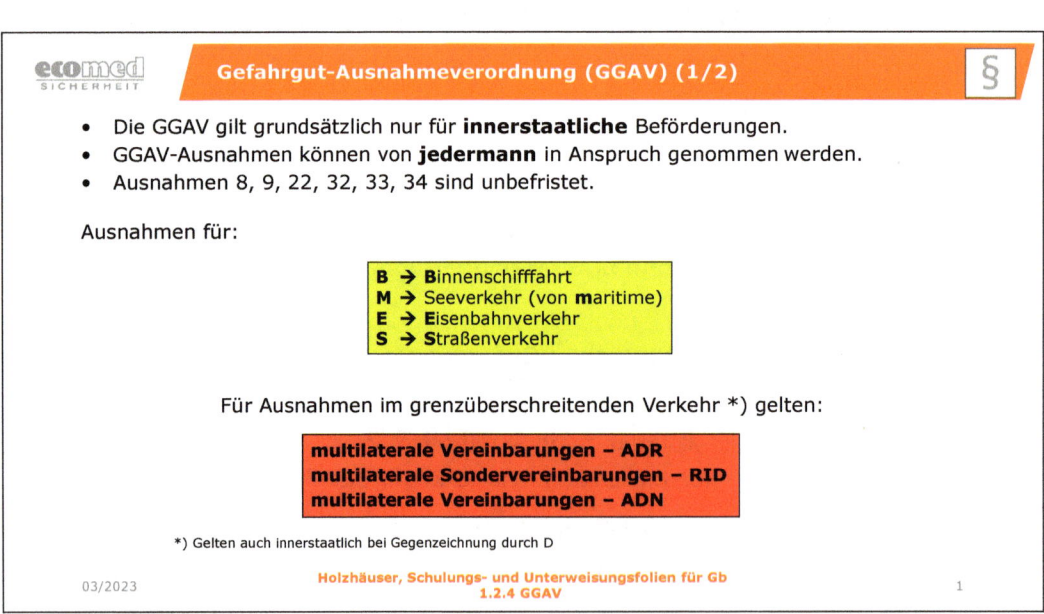

 Frage 12:

Für welchen Verkehrsträger findet eine Ausnahme der Gefahrgut-Ausnahmeverordnung Anwendung, die mit dem Buchstaben „M" gekennzeichnet ist?

Antwort: _____

1.2.5 Gefahrgutkostenverordnung (GGKostV)

Sie regelt die Gebührenerhebung bei Maßnahmen, Amtshandlungen, Prüfungen und Untersuchungen im Zusammenhang mit der Gefahrgutbeförderung.

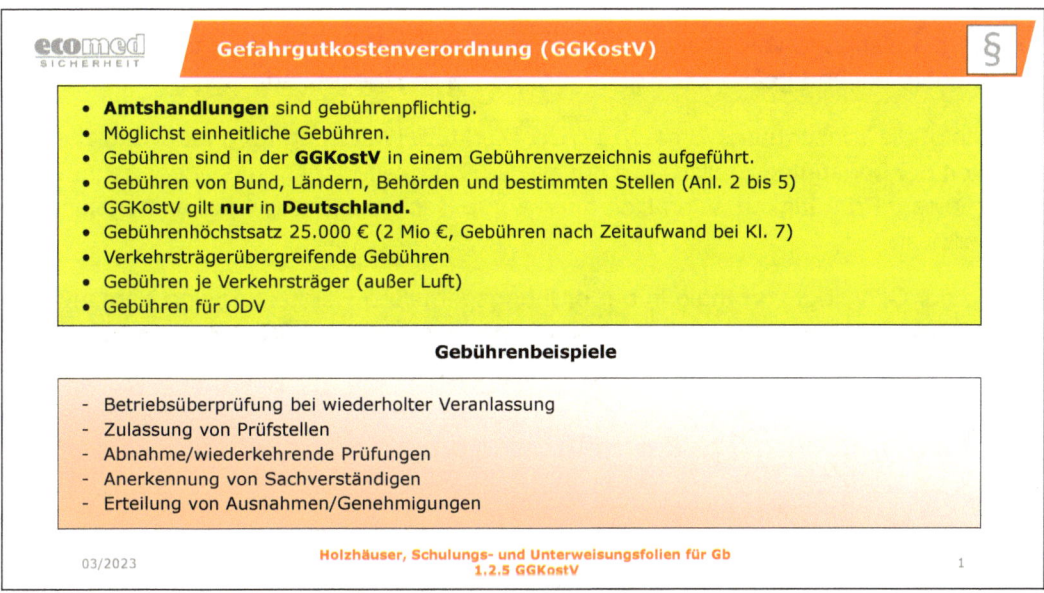

1.2.6 Gefahrgutkontrollverordnung (GGKontrollV)

Um nach dem Wegfall der Binnengrenzen und Grenzkontrollen die Kontrollen von Gefahrguttransporten innergemeinschaftlich zu gewährleisten, wurde von der EG die Richtlinie 95/50/EG erlassen, die in Deutschland mit der GGKontrollV umgesetzt wurde.

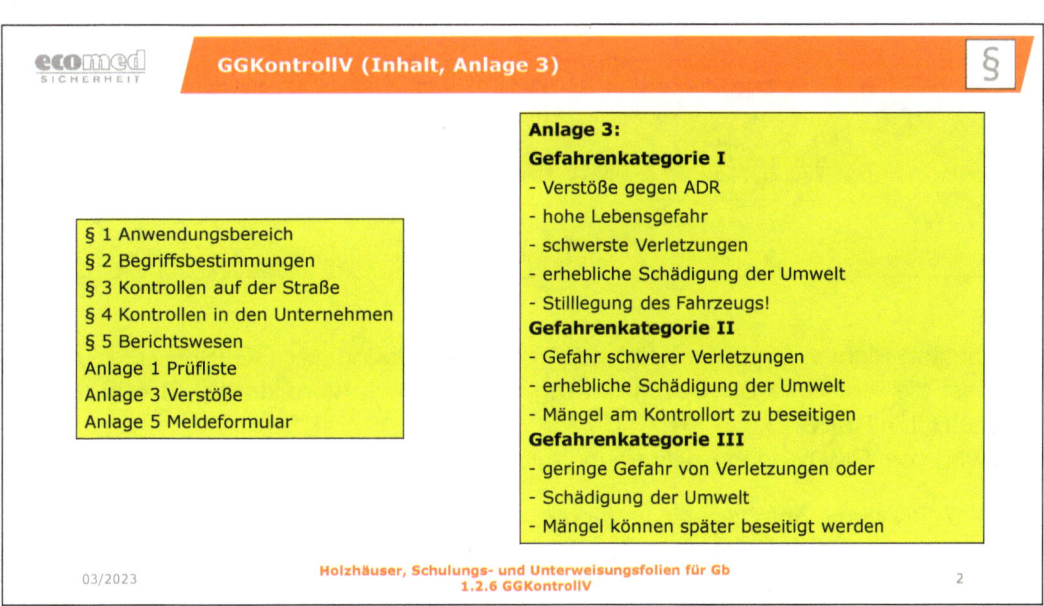

Verstöße werden in der Anlage 3 in **drei Gefahrenkategorien** eingeteilt.

Eine Prüfliste (Anlage 1) soll es den Kontrolleuren erleichtern, eine Gefahrgutkontrolle durchzuführen. Über das Ergebnis der Kontrolle kann dem Fahrzeugführer diese Liste oder eine formlose Bescheinigung ausgehändigt werden. **Für betriebsinterne Kontrollen kann diese Prüfliste natürlich ebenfalls nützlich sein.**

1.2.6 A Ortsbewegliche-Druckgeräte-Verordnung (ODV)

Die ODV ist die Umsetzung der Richtlinie 2010/35/EU über ortsbewegliche Druckgeräte in deutsches Recht. Diese Richtlinie ersetzt mit Wirkung vom 01.07.2011 die bisherige Richtlinie 1999/36/EG.

Die ODV ersetzt die bisherige Verordnung über ortsbewegliche Druckgeräte und wurde gestützt auf das am 01.01.2010 entsprechend geänderte Gefahrgutbeförderungsgesetz erlassen.

Mit der ODV erfolgt die konsequente Umsetzung der Marktüberwachung für ortsbewegliche Druckgeräte. Die Zuständigkeit der benannten Stellen wird auf alle Prüftätigkeiten für Tanks ausgedehnt und die bisherige Zuweisung dieser Prüftätigkeit an amtlich anerkannte Sachverständige und an zugelassene Überwachungsstellen ersetzt.

Die Zielrichtung der ODV liegt vorrangig in der ordnungsgemäßen Herstellung und dem Inverkehrbringen von ortsbeweglichen Druckgeräten nach den Vorgaben des ADR/RID/ADN (1.8.6 und 1.8.7).

1.2.7 Richtlinien und sonstige Bekanntmachungen

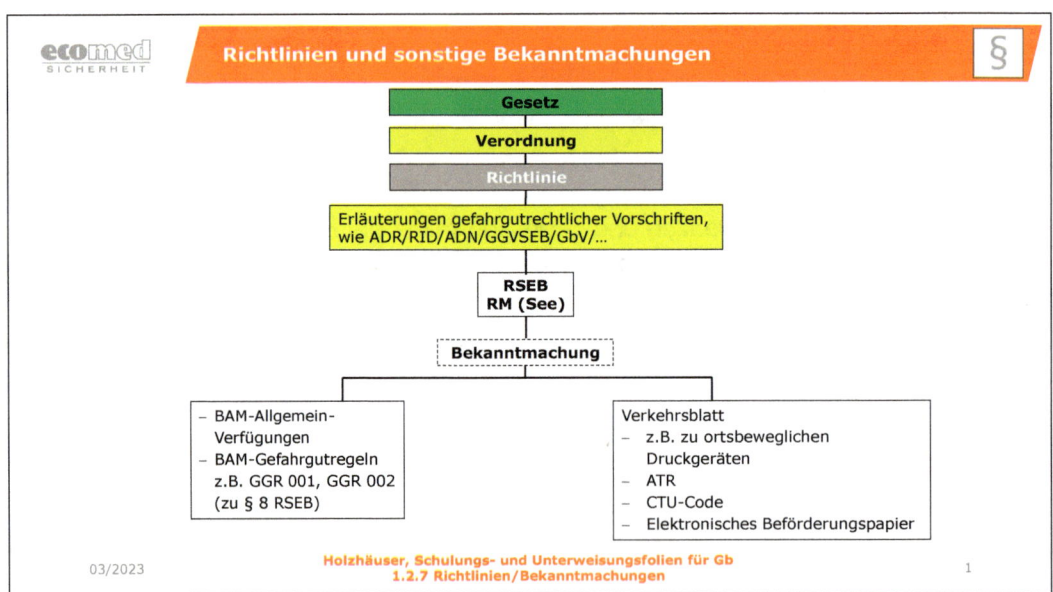

Eine der wichtigsten Richtlinien für die Umsetzung und Auslegung der GGVSEB und Erläuterungen zu ADR/RID/ADN ist die **Richtlinie zur Durchführung der Gefahrgutverordnung Straße, Eisenbahn und Binnenschifffahrt**, die **RSEB**.
Die Richtlinie wird vom BMDV nach Abstimmung mit den Ländern im Verkehrsblatt bekanntgemacht.

Den Landesbehörden wird empfohlen, sie verbindlich einzuführen, **um Rechtswirkung zu erzeugen**. Dies ist größtenteils geschehen. Eine Liste, welche Bundesländer die RSEB verbindlich eingeführt haben, ist auf den Internetseiten des BMDV (www.bmdv.de) veröffentlicht.

1.2.8 Weitere nationale Rechtsvorschriften mit Bezug zu den Vorschriften für die Gefahrgutbeförderung

Die Aufzählung in den beiden folgenden Folien ist nicht abschließend. Es wird jedoch aufgezeigt, dass parallel zu den unmittelbar wirkenden Vorschriften noch weitere Gesetze und Verordnungen Auswirkungen haben können und durch die Betroffenen zu beachten sind.

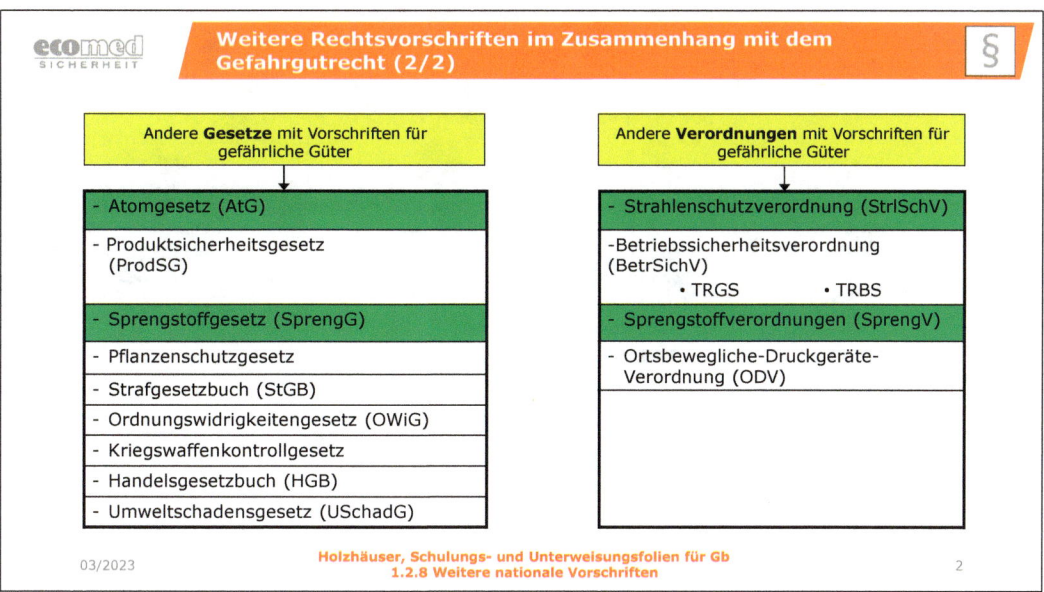

– Kreislaufwirtschaftsgesetz (KrWG)

Stoffe, Zubereitungen und Gegenstände unterliegen dann dem Abfallrecht, wenn sie nach den abfallrechtlichen Vorschriften als Abfall einzuordnen sind – unabhängig davon, ob sie nach gefahrgutrechtlichen Vorschriften als Gefahrgut klassifiziert werden müssen.

Die abfallrechtlichen Begriffsbestimmungen enthalten keine stoffbezogenen Kriterien, so dass keine unmittelbaren Verknüpfungspunkte zu den Klassifizierungskriterien des ADR bestehen. Es muss bei Abfällen daher geprüft werden, ob Kriterien der Gefahrklassen nach Transportrecht erfüllt sind und der Abfall dann entsprechend klassifiziert werden muss. Ist dies der Fall, gelten Abfallrecht und Transportrecht **nebeneinander.**

– **Atomgesetz (AtG) und Strahlenschutzverordnung (StrlSchV)**

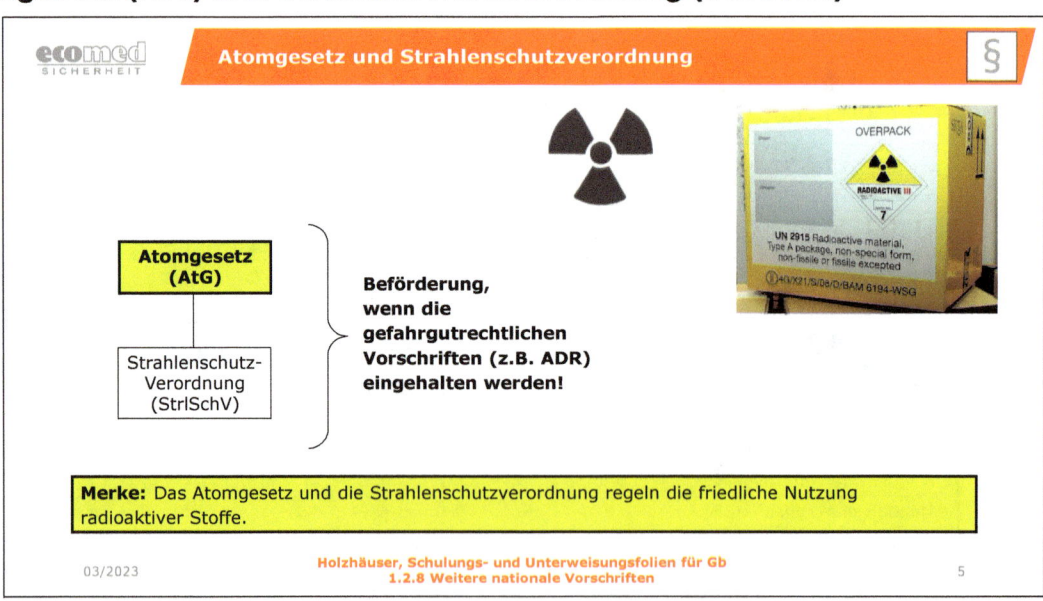

Neben den verkehrsrechtlichen Vorschriften, die von der IAEO in Wien erarbeitet und in die Gefahrguttransportvorschriften aufgenommen wurden, sind bei der Beförderung radioaktiver Stoffe national auch das Atomgesetz und die Strahlenschutzverordnung zu beachten. § 5 des Atomgesetzes regelt den Transport von Kernbrennstoffen. Die §§ 8 bis 10 der Strahlenschutzverordnung regeln die Beförderung sonstiger radioaktiver Stoffe.

– Sprengstoffgesetz (SprengG), Kriegswaffenkontrollgesetz (KWKG)

Diese Gesetze gelten für den Umgang und den Verkehr mit explosionsgefährlichen Stoffen und Gegenständen. Beim Transport müssen zusätzliche Vorschriften eingehalten und zusätzliche Dokumente mitgeführt werden (z. B. Befähigungsschein nach SprengG, Genehmigung nach KWKG).

– Produktsicherheitsgesetz (ProdSG), Betriebssicherheitsverordnung (BetrSichV), Technische Regeln (z. B. TRBS, TRGS)

Die zentrale Rechtsvorschrift für die Sicherheit von Geräten, Produkten und Anlagen ist das Gesetz über die Bereitstellung von Produkten auf dem Markt (Produktsicherheitsgesetz). Anfang 2015 wurde die neu gefasste Betriebssicherheitsverordnung (BetrSichV) verkündet. Dazu wurde die seit 2002 geltende BetrSichV konzeptionell und strukturell neu gestaltet.

Sie dient der **Verbesserung des Arbeitsschutzes bei der Verwendung von Arbeitsmitteln durch Beschäftigte** und des Schutzes Dritter beim Betrieb von überwachungsbedürftigen Anlagen.

Es erfolgt eine Angleichung an andere moderne Arbeitsschutzverordnungen, insbesondere die Gefahrstoffverordnung. Das zentrale Thema der BetrSichV, die **„Gefährdungsbeurteilung"**, wird u. a. konkreter geregelt. Eine regelmäßige Überprüfung und die Anpassung von Schutzmaßnahmen werden neu bestimmt.

Die VO dient der Umsetzung der Richtlinie 2009/104/EG über die Benutzung von Arbeitsmitteln durch Arbeitnehmer bei der Arbeit und der teilweisen Umsetzung der Richtlinie 1999/92/EG zum Schutz vor explosionsfähiger Atmosphäre hinsichtlich Prüfungen zum Explosionsschutz.

Technische Regeln sind Empfehlungen und Vorschläge zur Einhaltung der einschlägigen Gesetze und Verordnungen. Der Ausschuss für Betriebssicherheit **(BetrSichV – TRBS)** und der Ausschuss für Gefahrstoffe **(GefStoffV – TRGS)** ermitteln den jeweiligen Stand der Technik in diesen Bereichen. Diese TR können als Hilfsmittel für die Gefährdungsbeurteilung herangezogen werden.

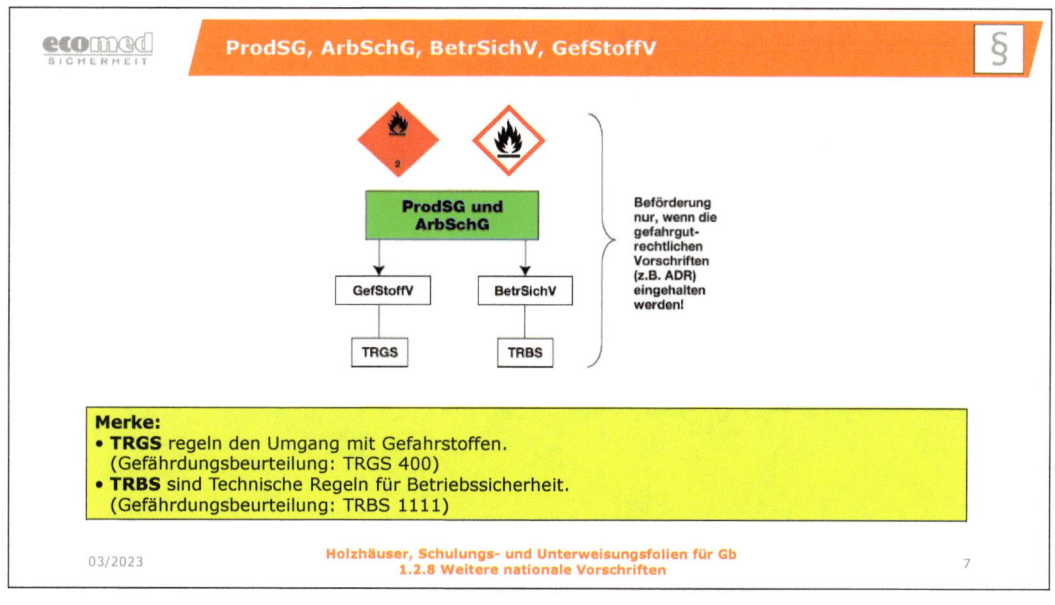

– Gefahrstoffverordnung (GefStoffV)

Das der GefStoffV übergeordnete Gesetz ist das Chemikaliengesetz. Die GefStoffV regelt insbesondere den Umgang mit gefährlichen Arbeitsstoffen.

Die Gefahrensymbole/Piktogramme nach den Arbeitsschutzvorschriften wie der Gefahrstoffverordnung (GefStoffV) und der Betriebssicherheitsverordnung (BetrSichV) stimmen nicht mit den Gefahrzetteln nach den verkehrsrechtlichen Vorschriften überein.

Während der Beförderung ersetzen die Gefahrzettel nach Verkehrsrecht die Gefahrensymbole nach Gefahrstoffverordnung, jedoch nicht umgekehrt.

Auf den Versandstücken sind oft die nach Arbeitsschutzvorschriften vorgeschriebenen Gefahrensymbole und die nach Verkehrsrecht erforderlichen Gefahrzettel gemeinsam angebracht.

Wenn die GHS-Piktogramme während der Beförderung angebracht sind, dann sollten sie als vollständiges GHS-Etikett erscheinen.

▶ *Siehe Bem. 2 zu Kapitel 5.2 ADR.*

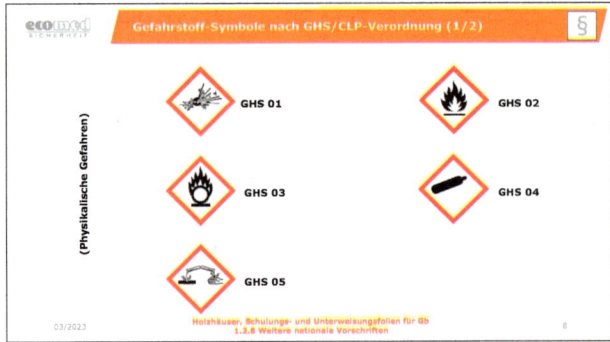

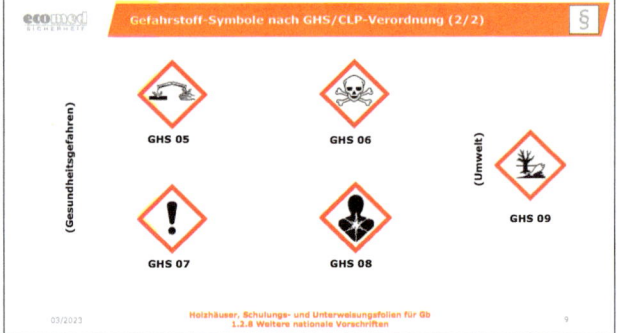

– Straßenverkehrs-Ordnung (StVO)

Die StVO regelt u. a. das Verhalten des Gefahrgutfahrers bei schlechtem Wetter und schlechten Straßenverhältnissen. Gemäß **§ 2 StVO** sind die Fahrer gehalten, bei Schneeglätte oder Glatteis oder wenn Nebel, Schneefall oder Regen nur eine Sichtweite von unter 50 m zulassen, den nächsten geeigneten Platz zum Parken aufzusuchen, um eine Gefährdung anderer Verkehrsteilnehmer auszuschließen.

Weiterhin bestimmt das **Zeichen 261** ein Verbot für kennzeichnungspflichtige Kraftfahrzeuge mit gefährlichen Gütern und das **Zeichen 269** ein Verbot für Fahrzeuge mit wassergefährdender Ladung über 20 Liter.

 Frage 13:

Nennen Sie zwei Gesetze oder Rechtsverordnungen außerhalb der Gefahrguttransportvorschriften, von deren Regelungsbereich auch gefährliche Güter erfasst werden!

Antwort: _____

– Wasserhaushaltsgesetz (WHG)

Das Wasserhaushaltsgesetz ist der hauptsächliche Teil des deutschen Wasserrechts. Die Zweckbestimmung im Gesetzestext sagt aus:

 Zweck dieses Gesetzes ist es, durch eine nachhaltige Gewässerbewirtschaftung die Gewässer als Bestandteil des Naturhaushalts, als Lebensgrundlage des Menschen, als Lebensraum für Tiere und Pflanzen sowie als nutzbares Gut zu schützen.

Es enthält Bestimmungen über den Schutz und die Verwendung von Oberflächengewässern und des Grundwassers, z. B. über die Ausweisung von Wasserschutzgebieten.

Eine Vielzahl der beförderten Gefahrgüter der Klassen 1 bis 9 des ADR/RID/ADN ist wassergefährdend im Sinne des WHG.

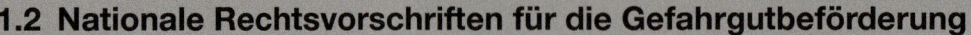

Der Umgang mit wassergefährdenden Stoffen zählt in den §§ 62 und 63 zu den Regelungsbereichen des WHG. Umgang bedeutet das Lagern, Abfüllen, Umschlagen, Herstellen, Behandeln und Verwenden der Stoffe. Befüll- und Entleervorgänge sowie Umfüllungen z.B. aus oder in Tankfahrzeuge, Tankcontainer oder andere Umschließungen unterliegen daher diesen Vorschriften.

Zu den §§ 62 und 63 des WHG ist seit 01.08.2017 die regelnde „Verordnung über Anlagen zum Umgang mit wassergefährdenden Stoffen" (AwSV) mit 7 Anlagen in Kraft.

1.2.9 Bekanntmachungsquellen

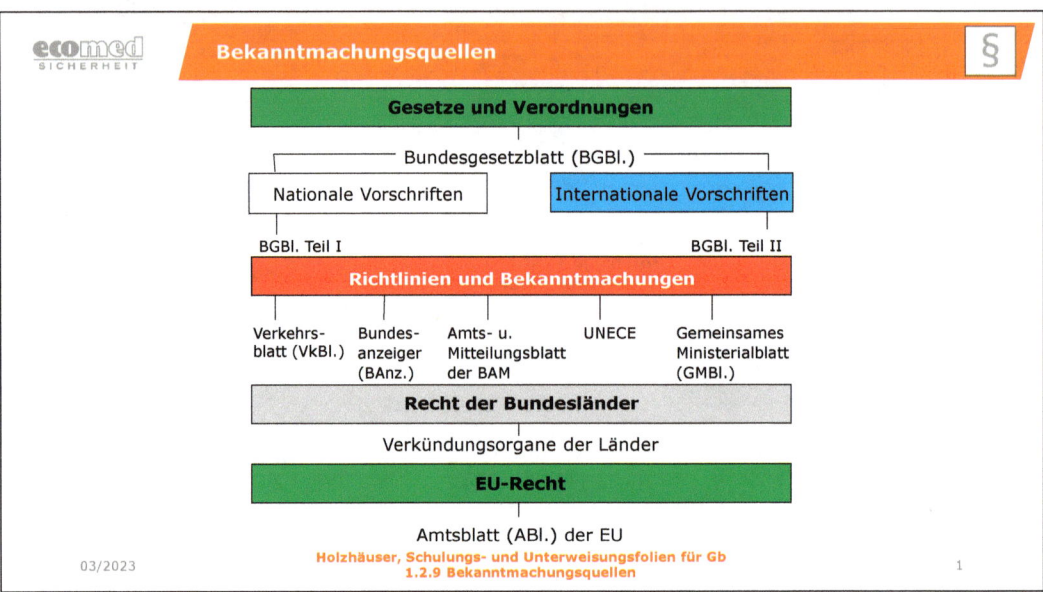

Gesetze und Verordnungen werden in Deutschland im Bundesgesetzblatt veröffentlicht, nationale Vorschriften im Teil I, internationale Vorschriften im Teil II.

Das **ADR** wird daher im **Teil II des BGBl.** veröffentlicht, **die GGVSEB** oder die GGAV im **BGBl. Teil I**.

1.2.10 Folgen bei Verstößen gegen die Gefahrgutvorschriften

Die Rechtsfolgen bei Missachtung der Vorschriften unterscheiden sich bei zivilrechtlicher Haftung und Verantwortlichkeit nach Ordnungswidrigkeits- bzw. Strafrecht.

Während es bei der zivilrechtlichen Haftung um Ausgleichsansprüche Geschädigter nach bürgerlichem Recht (BGB) geht, regelt das OWi- bzw. Strafrecht das staatliche Sanktionsmonopol bei schuldhaftem (vorsätzlichem oder fahrlässigem) Verhalten, soweit es einen OWi- oder Straftatbestand erfüllt. Ordnungswidrigkeiten sind Verwaltungsunrecht und führen zu Geldbußen (Bußgeldbescheid), Straftaten werden mit Geld- oder Freiheitsstrafen geahndet.

> Unter **Fahrlässigkeit** versteht man ungewolltes Handeln unter *Außerachtlassung der erforderlichen Sorgfalt.*
>
> **Grobe Fahrlässigkeit** ist die Verletzung der erforderlichen Sorgfalt in einem ungewöhnlich hohen Maß (wer nicht beachtet, was unter den gegebenen Umständen jedem einleuchten müsste).
>
> Unter **Vorsatz** versteht man bewusstes und gewolltes Handeln in klarer Kenntnis der Sachlage.

Folgende Konsequenzen können entstehen:

Bußgeld	§ 37 GGVSEB i. V. m. § 10 GGBefG	Ordnungswidrigkeitsrecht
Schadenersatz	§ 823 BGB	Zivilrecht
Geld-/Freiheitsstrafe	§ 11 GGBefG § 328 Abs. 3 Ziff. 2 StGB	vorsätzlich, beharrlich wiederholt grob pflichtwidrig mit konkreter Gefährdung

Durch eine Änderung der Fahrerlaubnisverordnung können seit 01.05.2014 OWi-Verstöße gegen die Ladungssicherungsvorschriften für Gefahrgut nach Unterabschnitt 7.5.7.1 ADR auch zu Punkten in Flensburg führen.

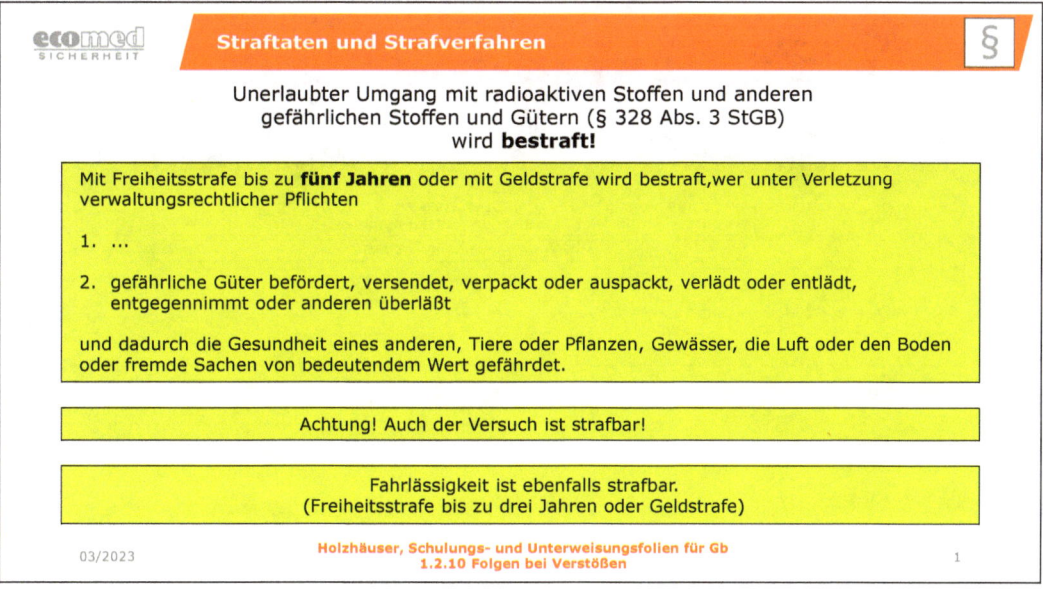

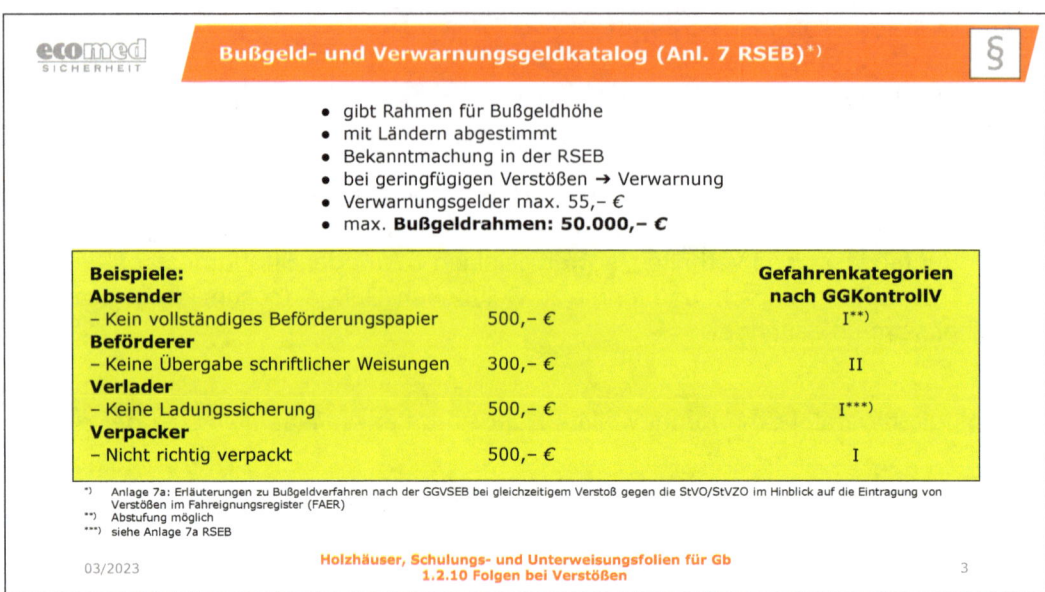

1.3 Verkehrsträger Straße und Schiene

1.3.1 Innerstaatliche, innergemeinschaftliche und internationale Beförderung gefährlicher Güter auf der Straße (ADR) und mit der Eisenbahn (RID)

Internationale Zusammenhänge zwischen ADR und RID

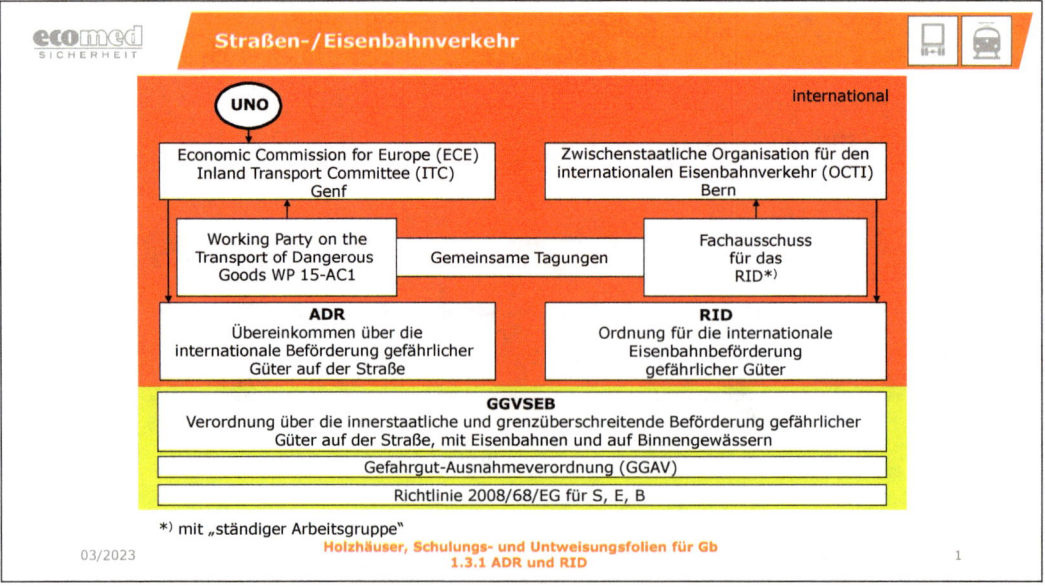

Die ADR-Vertragstaaten sind:

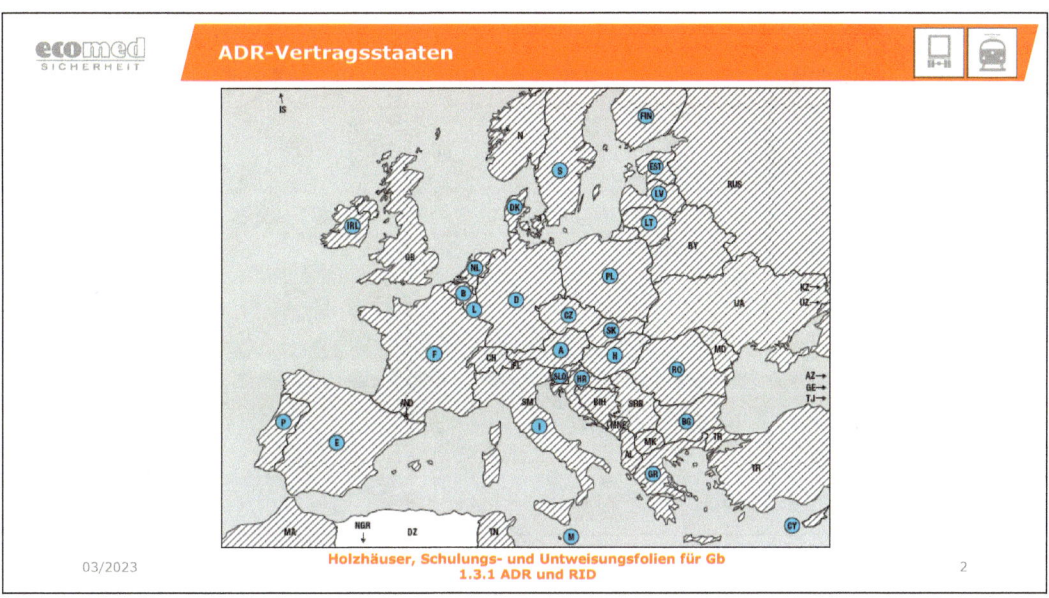

Derzeit sind 54 Staaten dem ADR beigetreten.

Darstellung der rechtlichen Anbindung von ADR Anlagen A und B (ADR-Gesetz) an die nationalen Vorschriften:

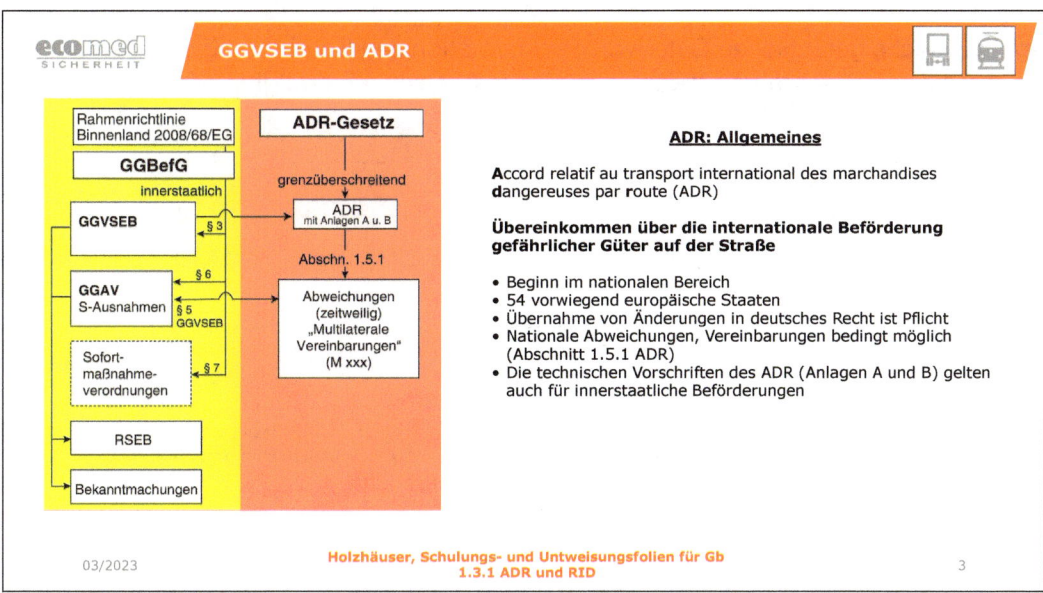

1.3.2 Aufbau von ADR und RID

Das **ADR** ist aus 9 Teilen aufgebaut, die wegen historischer Gegebenheiten (ADR-Gesetz) in die Anlagen A und B eingeordnet sind. Das ADR-Gesetz nimmt auf diese beiden Anlagen Bezug, daher musste man sie auch bei der Strukturänderung des ADR belassen.

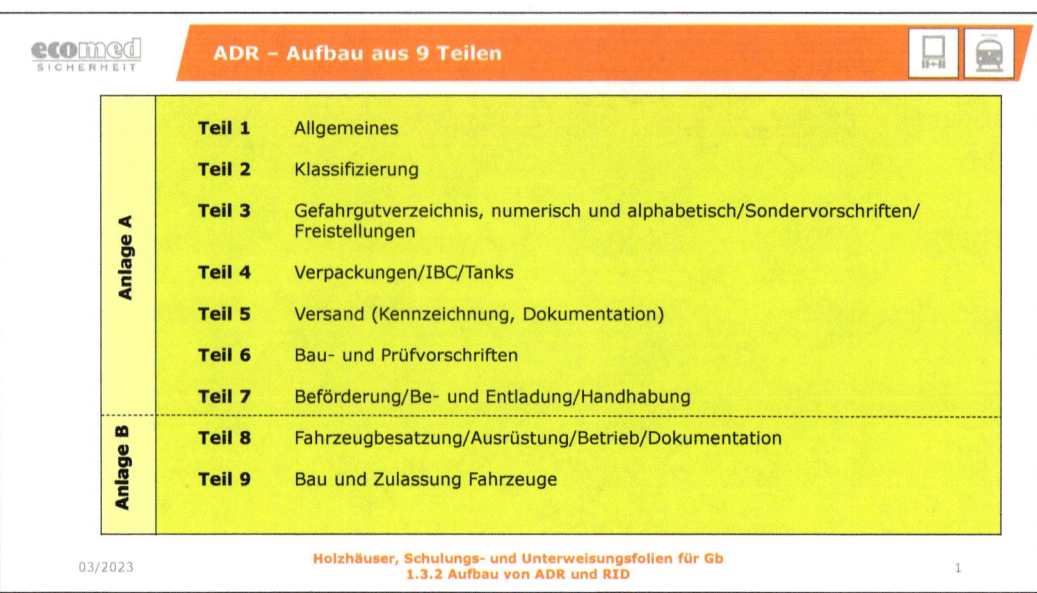

Das **RID** besteht nur aus 7 Teilen, wobei die Teile 1 bis 6 dem ADR annähernd gleich sind. Verkehrsträger-spezifische Abweichungen sind enthalten, wobei der Teil 7 die meisten Unterscheidungen enthält. In den Teilen 4, 6 und 7 gibt es Besonderheiten, die sich auf Güterwagen wie Kesselwagen beziehen. Wie im ADR ist jeder der 7 Teile in Kapitel und jedes Kapitel in Abschnitte, Unterabschnitte und Absätze unterteilt.

▶ *Siehe dazu Kapitel 3.2 Besondere Inhalte des RID (Seite 174)*

Die Festlegung, welche gefährlichen Güter von der internationalen Beförderung ausgeschlossen sind und wann die internationale Beförderung gefährlicher Güter zulässig ist, erfolgt in der Anlage A des ADR und im RID (Teile 1 bis 7).

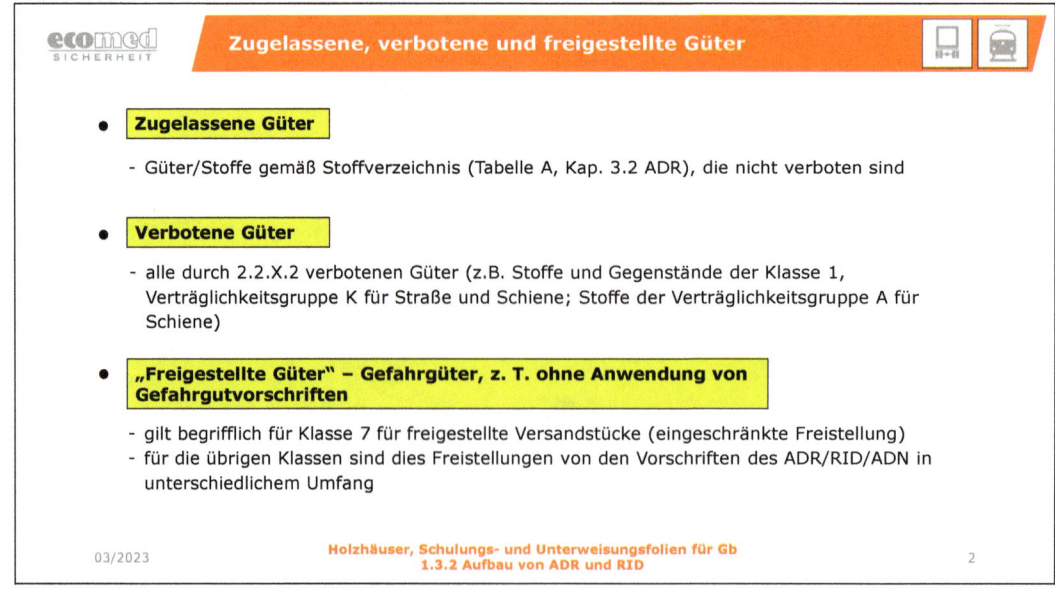

2 Vorschriften für den Verkehrsträger Straße

2.1 Inhalte der GGVSEB

An dieser Stelle müssen noch einmal die für die Straßenbeförderung relevanten Bestimmungen der GGVSEB in Erinnerung gerufen werden.

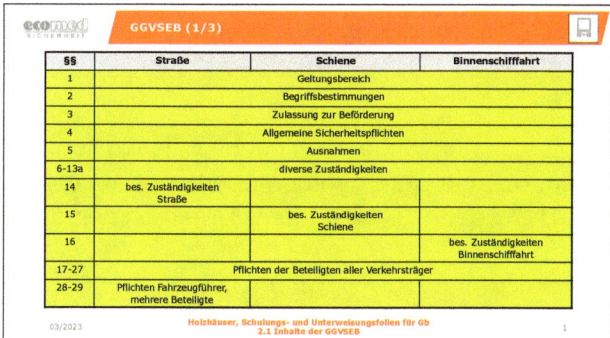

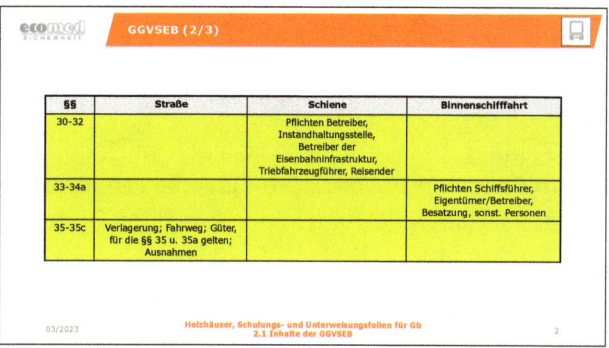

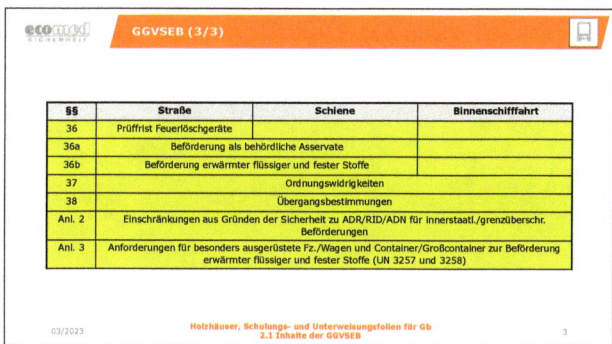

Im Verlauf eines Transports mit mehreren Beförderungsetappen und Zwischenaufenthalten bzw. Wechsel des Transportmittels können sich die Verantwortlichkeiten mehrfach ändern. Zu Beginn jeder Beförderungsetappe sollte deshalb klar sein, welchem Unternehmen aufgrund der Aufgabe während dieser Beförderungsetappe welche Pflichten nach GGVSEB zufallen, sonst können diese Pflichten nicht erfüllt werden.

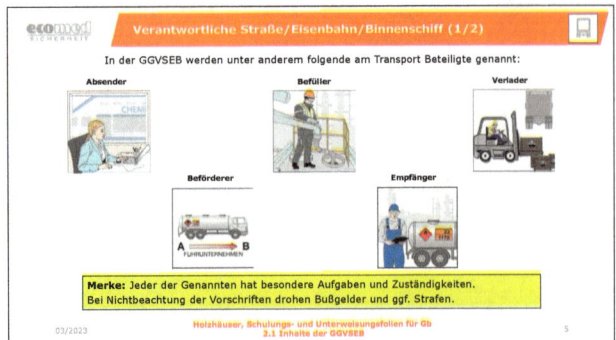

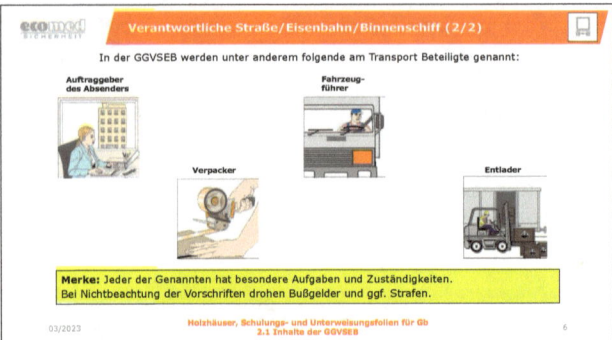

Der Gefahrgutbeauftragte muss auch im Nachhinein diese Zusammenhänge noch nachvollziehen können, um im Falle von OWi-Anhörungsverfahren klären zu können, ob sein Unternehmen überhaupt die vorgeworfene Pflichtverletzung in der jeweiligen Rolle zu vertreten hat oder evtl. ein anderes Unternehmen dafür in Frage kommt.

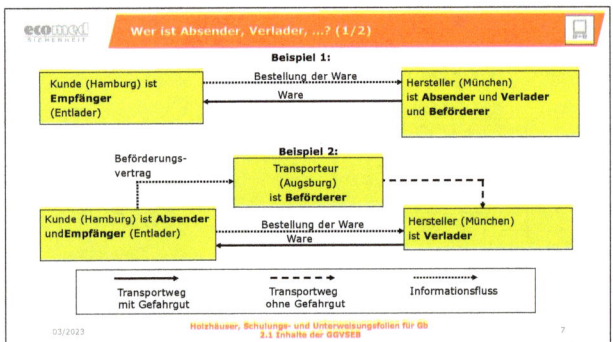

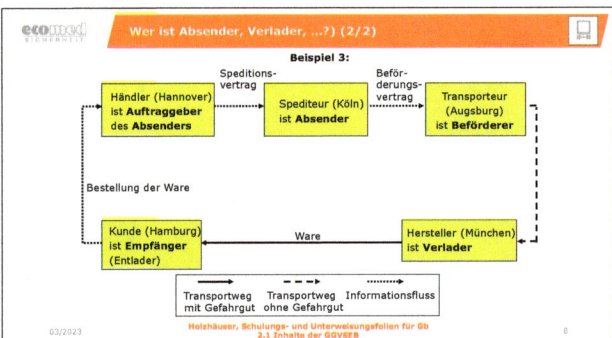

2.2 Inhalte des ADR – Anlage A

Um sich in den 9 Teilen des ADR zurechtzufinden, ist das **Inhaltsverzeichnis** ein wertvolles Hilfsmittel. Hier werden die Überschriften der Teile, Kapitel und Abschnitte bis hinunter zu den Unterabschnitten übersichtlich aufgelistet.

Eine grobe Vorabkenntnis der Themen in den verschiedenen Teilen ist bei der Benutzung des umfangreichen Verzeichnisses natürlich von Vorteil und kürzt den Suchvorgang ab.

Ein gutes **Stichwortverzeichnis in der** benutzten **Vorschriftensammlung** erleichtert das Suchen und Finden von Sachverhalten und Begriffen zusätzlich enorm.

2.2.1 ADR Teil 1 Allgemeine Vorschriften

Dieser Teil 1 ist in 10 Kapitel unterteilt.

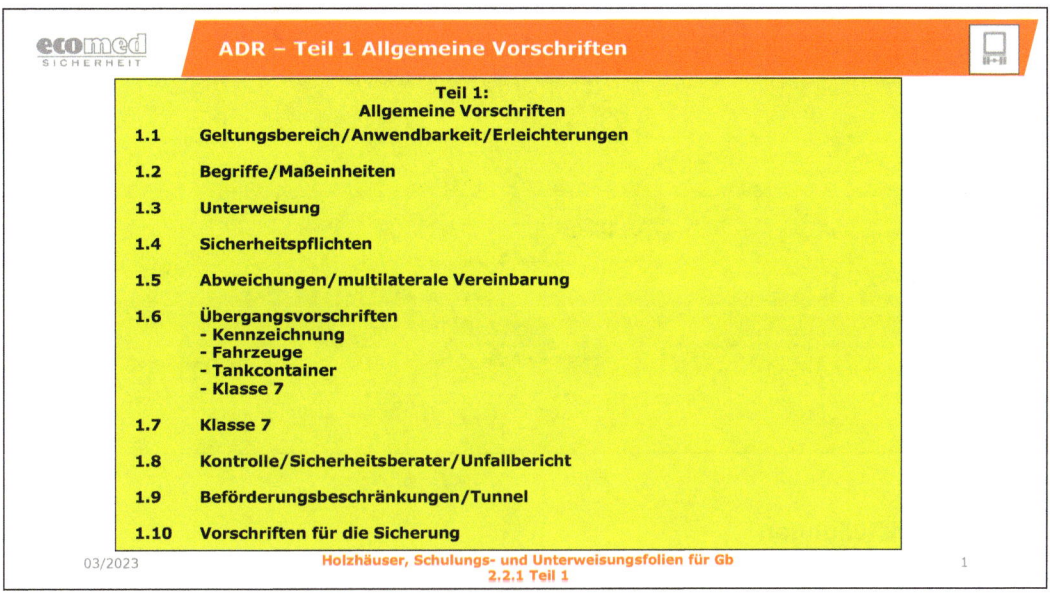

Die Sicherheitspflichten der einzelnen Beteiligten am Gefahrguttransport werden in Kapitel 1.4 beschrieben, werden **innerstaatlich** in Deutschland jedoch ausschließlich von der GGVSEB in den §§ 17 bis 34a geregelt, wobei die §§ 30 bis 36b GGVSEB nur Pflichten für den Eisenbahn- und Binnenschiffsverkehr enthalten.

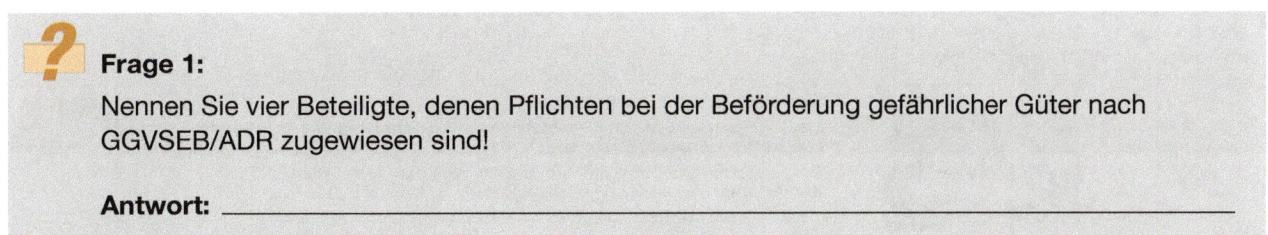

Frage 1:

Nennen Sie vier Beteiligte, denen Pflichten bei der Beförderung gefährlicher Güter nach GGVSEB/ADR zugewiesen sind!

Antwort: _____

Kapitel 1.1   Geltungsbereich und Anwendbarkeit

Abschnitt 1.1.1   Aufbau und Systematik des ADR

Die Gliederung des ADR besteht, wie schon beschrieben, aus 9 Teilen. Jeder Teil ist in Kapitel und jedes Kapitel in Abschnitte und Unterabschnitte unterteilt (z. B. 1.1.3.6), siehe Inhaltsverzeichnis des ADR.

Unterabschnitte wiederum können nochmals unterteilt sein in mehrfach gestaffelte Absätze (z. B. Absatz 5.5.2.2.1, gestaffelt in Absatz 5.5.2.2.1.1 bis 5.5.2.2.1.7).

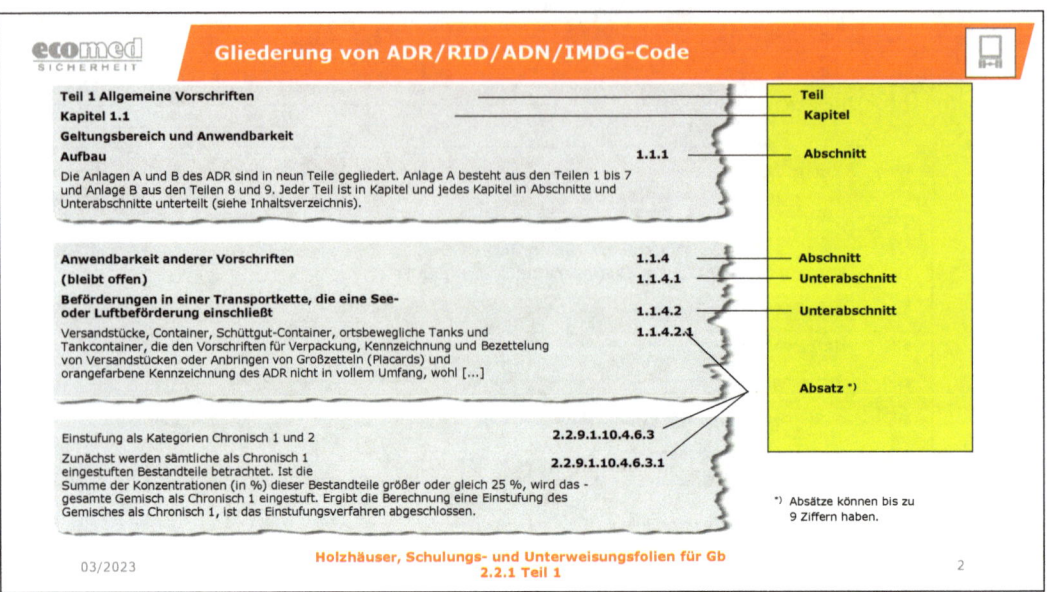

Abschnitt 1.1.3   Freistellungen

Unterabschnitt 1.1.3.1   Freistellungen im Zusammenhang mit der Art der Beförderungsdurchführung

 Innerstaatliche Abweichungen dazu finden sich in der Anlage 2 zur GGVSEB, Nr. 2.1.

a) für **Privatpersonen** und bestimmte Zwecke, mit Mengeneinschränkungen
b) (gestrichen, siehe Bem. unten)
c) für bestimmte Unternehmen **(Handwerkerfreistellung)**
d) Beförderung durch oder mit **Einsatzkräften**
e) **Notfallbeförderungen**
f) Beförderung bestimmter ungereinigter **leerer ortsfester Lagerbehälter**

(siehe dazu auch Ausführungen der RSEB)

 Die **RSEB** hält umfangreiche Erläuterungen zur Nutzung und Umsetzung dieser Freistellungen bereit.

Bemerkung zur gestrichenen Freistellung für Maschinen und Geräte in Unterabschnitt 1.1.3.1 b):

Diese Freistellung wurde mit ADR 2019 gestrichen, durfte aber bis **31.12.2022** weiterverwendet werden. Mit der ADR 2023 ist dazu die Neuregelung anzuwenden.

Es wurden 12 neue UN-Nummern eingeführt (UN 3537 bis UN 3548) für Gegenstände (Maschinen und Geräte werden als solche definiert), die gefährliche Güter unterschiedlicher Klassen enthalten (nicht Klasse 1, 6.2 und 7 bzw. radioaktive Stoffe, in Gegenständen enthalten). Mit der M350 gibt es eine Sonderregelung für gebrauchte Gegenstände, Maschinen oder Apparate, wenn sie zur Reparatur, Inspektion, Wartung, Entsorgung oder Wiederverwertung befördert werden.

Siehe dazu Abschnitt 2.1.5 neu

Es bleibt bei der Zuordnung zu UN 3363 (Gefährliche Güter in Maschinen und Geräten) und einer Freistellung vom ADR über die neuen Sondervorschriften 301 und 672 (Kap. 3.3), wenn nur gefährliche Güter bis maximal zu den begrenzten Mengen nach Spalte 7a (Tabelle A in Kap. 3.2) enthalten sind.

 Frage 2:

Ihr Unternehmen soll einen ungereinigten leeren ortsfesten Lagertank, der zuletzt UN 1965 (Gemisch C) enthalten hat, zur Entsorgung befördern. Ist die Beförderung unter Freistellung vom ADR möglich? Geben Sie auch eine kurze Begründung für Ihre Lösung!

Antwort: _____

_____

_____

Unterabschnitt 1.1.3.2 Freistellungen im Zusammenhang mit der Beförderung von Gasen

In der Aufzählung, Kleinbuchstabe a) bis g), werden Gase freigestellt, die
a) in Brennstoffbehältern oder Flaschen von Fahrzeugen, mit denen eine Beförderung durchgeführt wird, zum Antrieb oder Betrieb ihrer Einrichtungen zur Verwendung während der Beförderung (siehe auch Bemerkungen zur Energiemenge)
b) (gestrichen)
c) in Gefäßen oder Tanks nur einen Druck von höchstens 2 bar haben (Gase der Gruppen A und O)
d) in Ausrüstungsteilen und Ersatzteilen von Fahrzeugen (Feuerlöscher, Reifen)

e)   in besonderen Einrichtungen von Fahrzeugen (z. B. Fischbehälter, Kühlapparate)

f)   in Nahrungsmitteln

g)   in Sportbällen

vorkommen und befördert werden.

Zu a): Siehe dazu in Abgrenzung auch Sondervorschriften 363, 388 und 666 in Kap. 3.3 für Fahrzeuge, Motoren, Maschinen und Geräte, die als Ladung befördert werden.

Zu e): Die **RSEB** listet dazu einige Fahrzeuge auf.

? Frage 3:

Ist für UN 1013 eine Freistellung nach Unterabschnitt 1.1.3.2 c) ADR möglich? Geben Sie auch eine kurze Begründung für Ihre Lösung!

Antwort: _____

_____

Unterabschnitt 1.1.3.3 Freistellungen im Zusammenhang mit der Beförderung von flüssigen Brennstoffen, z. B. Reservemengen, Brennstoff in Behältern der Beförderungseinheit (Definition in 1.2.1), Festlegung des höchsten Fassungsraums von fest angebrachten Brennstoffbehältern an Beförderungseinheiten (1500 l) und davon wieder an Anhängern (500 l). Festlegung des höchsten Fassungsraums von tragbaren Brennstoffbehältern (Reserve) je Beförderungseinheit (60 l)

▶ *Siehe dazu in Abgrenzung auch Sondervorschriften 363, 388 und 666 in Kap. 3.3 für Fahrzeuge, Motoren, Maschinen und Geräte, die als Ladung befördert werden.*

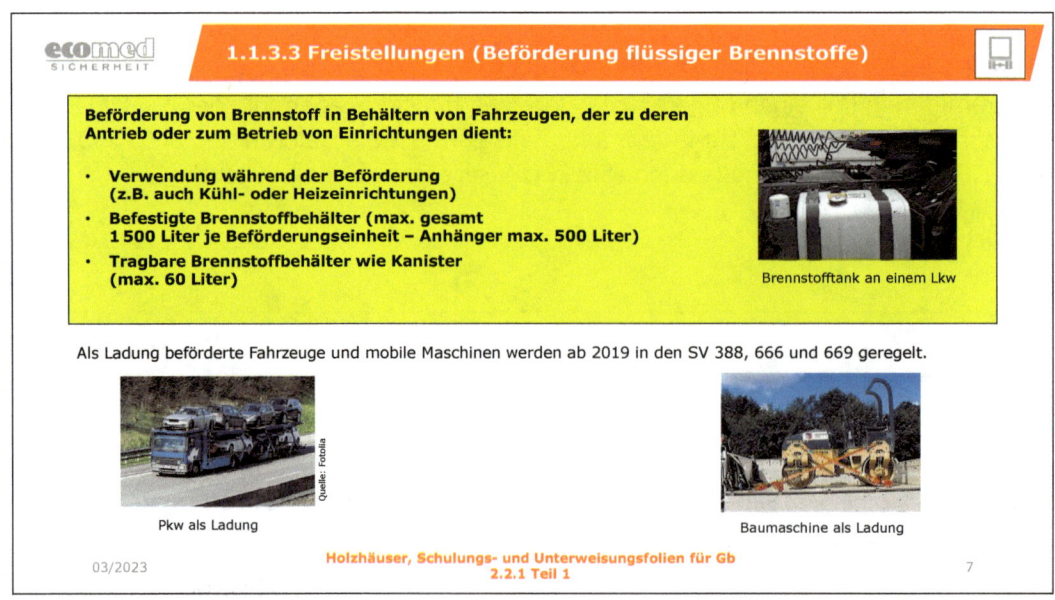

ecomed SICHERHEIT

1.1.3.3 Freistellungen (Beförderung flüssiger Brennstoffe)

Beförderung von Brennstoff in Behältern von Fahrzeugen, der zu deren Antrieb oder zum Betrieb von Einrichtungen dient:

- Verwendung während der Beförderung (z.B. auch Kühl- oder Heizeinrichtungen)
- Befestigte Brennstoffbehälter (max. gesamt 1 500 Liter je Beförderungseinheit – Anhänger max. 500 Liter)
- Tragbare Brennstoffbehälter wie Kanister (max. 60 Liter)

Brennstofftank an einem Lkw

Als Ladung beförderte Fahrzeuge und mobile Maschinen werden ab 2019 in den SV 388, 666 und 669 geregelt.

Pkw als Ladung

Quelle: Fotolia

Baumaschine als Ladung

03/2023

Holzhäuser, Schulungs- und Unterweisungsfolien für Gb
2.2.1 Teil 1

7

Unterabschnitt 1.1.3.4   Freistellungen in Sondervorschriften des Kapitels 3.3 ADR oder bei bestimmten gefährlichen Gütern in **begrenzten Mengen gemäß Kapitel 3.4 ADR** oder in **freigestellten Mengen (E) gemäß Kapitel 3.5 ADR**

▶ *Ausführungen dazu siehe bei Kapitel 3.3, Kapitel 3.4 und 3.5.*

Unterabschnitt 1.1.3.5 **Freistellungen im Zusammenhang mit ungereinigten leeren Verpackungen,** wenn **bestimmte Bedingungen** eingehalten werden

▶ *Siehe dazu in der RSEB erläuternde Ausführungen:*

> Geeignete Maßnahmen zur Beseitigung der Gefahren in Klasse 1–9 sind ergriffen, wenn die Verpackungen z. B. keine gefährlichen Dämpfe oder Reste enthalten, die freigesetzt werden können, die Verpackungen vollständig entleert sind und die Restinhalte neutralisiert, gebunden, ausgehärtet, polymerisiert oder chemisch umgesetzt sind und wenn an der Außenseite der Verpackung keine gefährlichen Füllgutreste anhaften.

Unterabschnitt 1.1.3.6 **Freistellungen im Zusammenhang mit bestimmten Mengen, die je Beförderungseinheit befördert werden** (1000-Punkte-Regel)

Sie gilt ausschließlich **für die Versandstückbeförderung** und stellt nur **von bestimmten Vorschriften** frei. Das beförderte Gut ist und bleibt Gefahrgut.

Es handelt sich um eine **Erleichterungsregelung** von einem Teil der Vorschriften für die Transportdurchführung. Es werden z. B. die mitzuführende Ausrüstung, Kennzeichnung der Fahrzeuge, ADR-Bescheinigung des Fahrers, Tunnelregelung usw. freigestellt **(prüfe dazu genau den Absatz 1.1.3.6.2 ADR).**

Wichtige Sicherheitsvorschriften für das Gefahrgut selbst, wie Verwendung zugelassener Verpackungen, Bezettelung und Beschriftung der Versandstücke, **Ladungssicherung**, Rauchverbot beim Be- und Entladen, Zusammenladeverbote usw., **bleiben jedoch bestehen**.

In der Tabelle in Absatz 1.1.3.6.3 sind die Stoffe in **5 Beförderungskategorien** eingeteilt. Die zutreffende Beförderungskategorie für jeden Stoff kann leicht anhand der UN-Nummer im **Stoffverzeichnis, Kapitel 3.2, in der Spalte 15** festgestellt werden.

Die zutreffenden Mengen für die Freistellung sind der **Tabelle in 1.1.3.6.3** zu entnehmen, wenn nur die Güter aus **einer Kategorie** (1–3) in der Beförderungseinheit geladen sind. Wenn Güter **verschiedener Kategorien** (1–3) geladen sind, muss nach der sogenannten 1000-Punkte-Regel nach Absatz 1.1.3.6.4 berechnet werden, wobei dabei die Summe 1000 **nicht überschritten** werden darf.

Die Beförderungskategorie 4 (unbegrenzt) bleibt bei der Berechnung mengenmäßig unberücksichtigt.

Beförderungskategorie 0 bedeutet: Es ist keine Freistellung nutzbar.

„1000-Punkte-Regel"

	Menge	Beförderungs-kategorie	Faktor	Rechnung
1 Flasche UN 1965 PROPAN, 2.1, (B/D)	**11** kg netto	**2**	**3**	**11 · 3 = 33**
1 Flasche UN 1001 ACETYLEN, GELÖST, 2.1, (B/D)	**8** kg netto	**2**	**3**	**8 · 3 = 24**
1 Flasche UN 1072 SAUERSTOFF, VERDICHTET, 2.2 (5.1), (E)	**50** l	**3**	**1**	**50 · 1 = 50**
UN 1202 DIESELKRAFTSTOFF, 3, III, (D/E), umweltgefährdend	**20** l (1 Kanister)	**3**	**1**	**20 · 1 = 20**
UN 1203 BENZIN, 3, II, (D/E), umweltgefährdend	**20** l (1 Kanister)	**2**	**3**	**20 · 3 = 60**
			berechneter Wert:	**187**

Bei Anwendung von 1.1.3.6 ⟶ Angabe der berechneten Menge und des berechneten Wertes **pro Kategorie** im Beförderungspapier ist vorgeschrieben!

03/2023

Holzhäuser, Schulungs- und Unterweisungsfolien für Gb
2.2.1 Teil 1

14

▶ *Siehe dazu auch die Erläuterungen der RSEB*

Hinweis zur GbV: Die Mengengrenzen des Unterabschnitts 1.1.3.6 (unabhängig von der Beförderungsart) sowie die Freistellungen im Allgemeinen und in Unterabschnitt 1.1.3.4 (Kapitel 3.4 und 3.5 ADR) im Besonderen sind für die mögliche Befreiung von der Bestellpflicht für Gefahrgutbeauftragte maßgebend (siehe § 2 Abs. 1 Nr. 4, 5 und 6 GbV).

Frage 4:

Sie wollen 10 Kanister mit Benzin (gesamt 200 l) und 25 Kanister Dieselkraftstoff (gesamt 500 l) mit einem Lkw nach ADR befördern lassen. Muss die Beförderungseinheit hierzu mit orangefarbenen Tafeln gekennzeichnet werden? Geben Sie für Ihre Antwort eine kurze Begründung!

Antwort: _____

_____

Unterabschnitt 1.1.3.7 **Freistellungen im Zusammenhang mit der Beförderung von Einrichtungen zur Speicherung und Erzeugung elektrischer Energie**

a)   In Beförderungsfahrzeugen eingebaut für Antrieb oder Betrieb von Einrichtungen

b)   In Geräten, die während der Beförderung verwendet werden, ausgenommen solche die an GG-Umschließungen angebracht oder in diese eingesetzt sind, wie z.B. Datensammler, Ladungsortungseinrichtungen etc.
Für diese **siehe Abschnitt 5.5.4.**

Unterabschnitt 1.1.3.9   **Freistellung im Zusammenhang mit Gütern, die während der Beförderung als Kühl- oder Konditionierungsmittel verwendet werden**

Nur die Vorschriften des Abschnitts 5.5.3 sind anzuwenden.

Unterabschnitt 1.1.3.10   **Freistellungen im Zusammenhang mit der Beförderung von Leuchtmitteln, die gefährliche Güter enthalten**

Voraussetzung: Sie enthalten keine radioaktiven Stoffe und kein Quecksilber in größeren als den in SV 366 (Kap. 3.3) festgelegten Mengen.

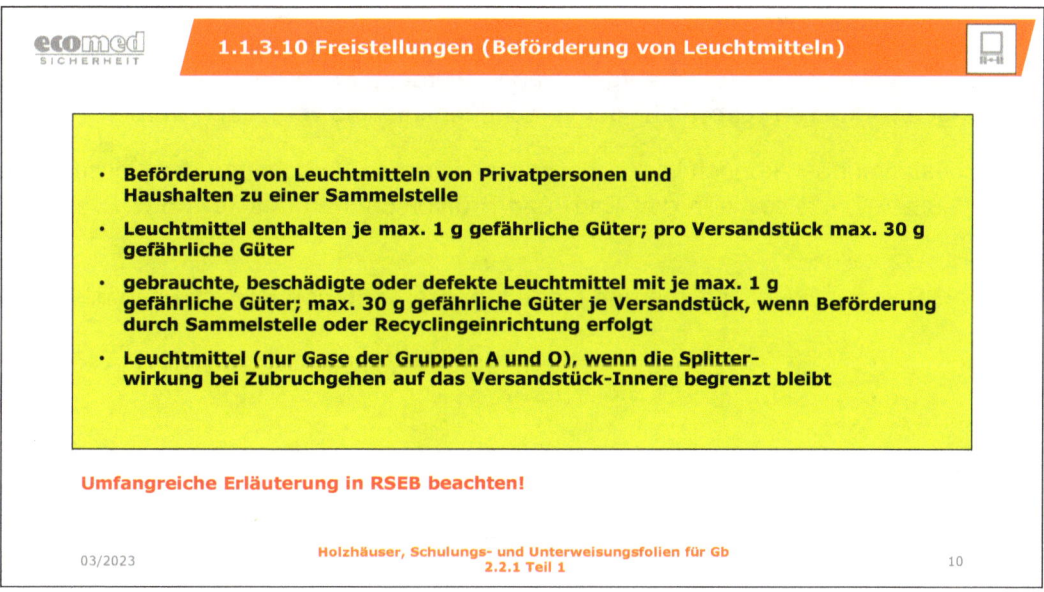

1.1.3.10 Freistellungen (Beförderung von Leuchtmitteln)

- Beförderung von Leuchtmitteln von Privatpersonen und Haushalten zu einer Sammelstelle
- Leuchtmittel enthalten je max. 1 g gefährliche Güter; pro Versandstück max. 30 g gefährliche Güter
- gebrauchte, beschädigte oder defekte Leuchtmittel mit je max. 1 g gefährliche Güter; max. 30 g gefährliche Güter je Versandstück, wenn Beförderung durch Sammelstelle oder Recyclingeinrichtung erfolgt
- Leuchtmittel (nur Gase der Gruppen A und O), wenn die Splitterwirkung bei Zubruchgehen auf das Versandstück-Innere begrenzt bleibt

Umfangreiche Erläuterung in RSEB beachten!

03/2023   Holzhäuser, Schulungs- und Unterweisungsfolien für Gb 2.2.1 Teil 1   10

Abschnitt 1.1.4   Anwendbarkeit anderer Vorschriften

Bestimmungen für den **multimodalen Verkehr**, den **Vor- und Nachlauf** von **Luft- und Seebeförderungen** sowie für bestimmte, für den Seeverkehr zugelassene **ortsbewegliche Tanks** (Tankcontainer) sowie wiederbefüllbare Druckgefäße die in USA zugelassen wurden.

▶   *Siehe dazu auch Einträge ins Beförderungspapier (5.4.1.1.7 ff.) und Abb. auf Seite 110*

Frage 5:

Versandstücke, die den Vorschriften des ADR für Verpackung, Zusammenpackung, Kennzeichnung und Bezettelung nicht in vollem Umfang, wohl aber den Vorschriften der ICAO-TI entsprechen, dürfen bei einer Beförderung im Nachlauf eines Lufttransports unter bestimmten Bedingungen befördert werden. In welchem Unterabschnitt des ADR finden Sie diese Bedingungen?

Antwort: _____

Abschnitt 1.1.5   Anwendung von Normen

Wenn ein Widerspruch zwischen Norm und ADR besteht, hat das ADR Vorrang.

Kapitel 1.2   Begriffsbestimmungen, Maßeinheiten und Abkürzungen

Abschnitt 1.2.1   Begriffsbestimmungen

Dieser Abschnitt hat besondere Bedeutung, weil hier in alphabetischer Reihenfolge die im ADR vorhandenen, allgemeinen und besonderen **Begriffsbestimmungen** aufgeführt sind. Manche Streitfragen zur Auslegung bestimmter Vorschriftentexte lassen sich bereits hier klären. Dieses Kapitel ist eng verbunden mit dem § 2 GGVSEB.

Begriffe, die in Abschnitt 1.2.1 wortgleich enthalten sind, werden in den Begriffsbestimmungen des § 2 GGVSEB nicht mehr aufgenommen. Dort sind nur Begriffe definiert, die im Geltungsbereich der GGVSEB erweitert oder eingeschränkt werden.

Der Abschnitt 1.2.1 sollte immer sofort aufgeschlagen werden, wenn nach einem bestimmten Begriff gefragt wird. Langes Suchen im „Labyrinth" der Vorschriften kann so vermieden werden.

Weitere Begriffsbestimmungen können in den klassenspezifischen Vorschriften der Klassen 1 und 7 (z.B. 2.2.1.1.7, 2.2.1.1.8, 2.2.7.1.3) sowie in den Bau- und Prüfvorschriften des Teils 6 (z.B. 6.7.2.1, 6.7.3.1, 6.7.4.1) vorkommen.

Die **Richtlinie RSEB** ist zur Begriffserläuterung für den **innerstaatlichen** Bereich ebenfalls sehr hilfreich.

Frage 6:

Was bedeutet der Begriff Verpackungsgruppe?

Antwort: _____

Kapitel 1.3   Unterweisung von Personen, die an der Beförderung gefährlicher Güter beteiligt sind

Dieses Kapitel ist seit 2011 die zentrale Vorschrift, die sich mit der Unterweisung und Schulung aller bei den Pflichteninhabern (Beteiligten) beschäftigten Personen befasst.

Wer von den am Transport Beteiligten welche Pflichten zu erfüllen hat, ist im Kapitel 1.4 ADR bzw. **für Deutschland** in den **§§ 17 bis 34a GGVSEB** geregelt.

Bei der Neufassung der GbV im Jahr 2011 ließ man den § 6 der bisherigen GbV, der die Schulung beauftragter Personen oder sonstiger verantwortlicher Personen innerstaatlich regelte, entfallen, weil in den internationalen Regelwerken ADR/RID/ADN und IMDG-Code entsprechende Unterweisungs- und Schulungsregelungen, wie hier das Kapitel 1.3, enthalten sind.

Um die Umsetzung dieser Unterweisungsregelungen nach Kapitel 1.3 ADR in Deutschland vorzuschreiben, wurde in die **GGVSEB der § 27 Abs. 5** eingefügt, der direkt auf Kapitel 1.3 ADR verweist.

Speziell für den Straßenverkehr ist über den **Abschnitt 8.2.3 ADR** nochmals die Unterweisung der am Straßentransport von Gefahrgut beteiligten Personen beispielgebend erfasst, einschließlich der **Fahrer, die keine ADR-Schulungsbescheinigung** nach Abschnitt 8.2.1 ADR haben. Diese Fahrer dürfen gefährliche Güter als Stückgut ohne ADR-Bescheinigung unterhalb der Mengengrenzen des UA 1.1.3.6 (1000-Punkte-Regel) befördern, müssen jedoch nach Kapitel 1.3 ADR unterwiesen sein.

In Kapitel 1.3 werden die **Form und die Inhalte der Unterweisungen** geregelt sowie **Auffrischungskurse und die Dokumentation** bzw. Aufbewahrung der Aufzeichnungen über die Schulungsinhalte durch den Arbeitgeber. In Deutschland ist über § 27 Abs. 5 Nr. 2 GGVSEB eine **Aufbewahrungsfrist von fünf Jahren** festgelegt.

▶ *Siehe Abbildung auf Seite 35*

Frage 7:

Nennen Sie drei Kriterien, die eine von Ihnen dokumentierte Unterweisung für gefährliche Güter gemäß ADR enthalten muss!

Antwort: _____

_____

Kapitel 1.4 Sicherheitspflichten der Beteiligten

Hier werden für den Bereich des ADR/RID und ADN die Pflichten festgelegt, die die einzelnen, am Gefahrguttransport beteiligten Unternehmen einzuhalten haben.

Der Fahrzeugführer wird hier nicht genannt.

In Deutschland sind die Beteiligten und ihre Pflichten teilweise etwas abweichend und/oder ergänzend geregelt. Daher gelten in Deutschland immer nur die Pflichten nach den §§ 17 bis 34a GGVSEB. Dort sind auch die Verantwortlichkeiten des Fahrers in §§ 28 und 29 enthalten. Zusätzlich sind in den §§ 4, 35 und 35a GGVSEB Pflichten angeführt, die für die Beteiligten beim Transport innerhalb Deutschlands Gültigkeit haben.

Kapitel 1.5 Abweichungen

ist die Grundlage für die **multilateralen ADR-Vereinbarungen**. Siehe dazu § 5 Abs. 9 GGVSEB, über den auch rein innerstaatliche Beförderungen nach den Regelungen solcher grenzüberschreitender Abweichungsvereinbarungen durchgeführt werden dürfen.

▶ *Siehe Abbildung auf Seite 28*

Kapitel 1.6 Übergangsvorschriften

Regelmäßig wird bei den im Zweijahresrhythmus fälligen ADR-Änderungen hier eine halbjährige Übergangsfrist zwischen der Anwendung der neuen und der vorhergehenden ADR-Fassung eingeräumt.

Darüber hinaus sind in Kapitel 1.6 längerfristige und spezielle Übergangsvorschriften enthalten. Die Inhalte sind strukturiert in **verschiedene Abschnitte:**

1.6.1 Verschiedenes
1.6.2 Druckgefäße und Gefäße der Klasse 2
1.6.3 Festverbundene Tanks (Tankfahrzeuge), Aufsetztanks und Batterie-Fahrzeuge
1.6.4 Tankcontainer, ortsbewegliche Tanks und MEGC
1.6.5 Fahrzeuge
1.6.7 Klasse 7

Kapitel 1.7 Allgemeine Vorschriften für radioaktive Stoffe

Unter anderem von besonderem Interesse sind:

Unterabschnitt 1.7.1.3 Geltungsbereich

Unterabschnitt 1.7.1.4 Nichtgeltung

Unterabschnitt 1.7.1.5 Besondere Vorschriften für die Beförderung **freigestellter Versandstücke**; Strahlenschutzprogramm mit Unterweisung der Beschäftigten

Frage 8:

Nennen Sie zwei Beispiele für radioaktive Stoffe, deren Beförderung nicht den Bestimmungen des ADR unterliegt.

Antwort: _____

_____

Kapitel 1.8 Kontrollmaßnahmen, Unterstützung zur Einhaltung der Sicherheitsvorschriften

Abschnitt 1.8.3 Sicherheitsberater (Gefahrgutbeauftragter)

Nach der Bereinigung und Anpassung an die internationalen Vorgaben zur Bestellung von Gefahrgutbeauftragten (Sicherheitsberatern) im Jahr 2011 verweist die deutsche GbV mehrfach auf diesen Abschnitt des ADR in Bezug auf:

✓ Geltung der Regelungen des Abschnitts 1.8.3 ADR/RID/ADN auch für den Gefahrgutbeauftragten für den Gefahrguttransport mit Seeschiffen in Deutschland

✓ Bestellung und Funktion des Gefahrgutbeauftragten nach 1.8.3.4

✓ Mindestangaben im Schulungsnachweis nach 1.8.3.18

✓ In der Schulung zu behandelnde Sachgebiete **nach 1.8.3.3 und 1.8.3.11**

✓ Grundsätze zur Erstprüfung nach 1.8.3.12.2 bis 1.8.3.12.5

✓ Grundsätze zur Verlängerungsprüfung nach 1.8.3.16.1

✓ Pflichten und Aufgaben des Gefahrgutbeauftragten nach 1.8.3.3

✓ Erstellung eines Unfallberichts nach 1.8.3.6

Abschnitt 1.8.5 Meldungen von Ereignissen mit gefährlichen Gütern

Berichts- und Meldepflicht an das Bundesamt für Logistik und Mobilität (Straße) oder das Eisenbahn-Bundesamt EBA (Schiene), spätestens 1 Monat nach dem Ereignis

Das Muster eines solchen Berichts ist in 1.8.5.4 ADR/RID enthalten.

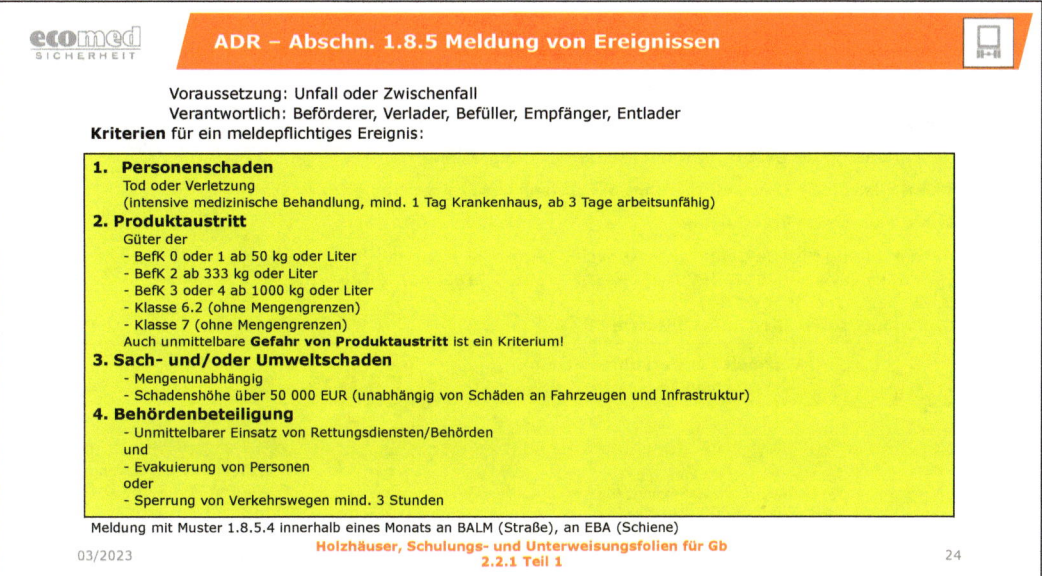

ADR – Abschn. 1.8.5 Meldung von Ereignissen

Voraussetzung: Unfall oder Zwischenfall
Verantwortlich: Beförderer, Verlader, Befüller, Empfänger, Entlader
Kriterien für ein meldepflichtiges Ereignis:

1. **Personenschaden**
   Tod oder Verletzung
   (intensive medizinische Behandlung, mind. 1 Tag Krankenhaus, ab 3 Tage arbeitsunfähig)
2. **Produktaustritt**
   Güter der
   - BefK 0 oder 1 ab 50 kg oder Liter
   - BefK 2 ab 333 kg oder Liter
   - BefK 3 oder 4 ab 1000 kg oder Liter
   - Klasse 6.2 (ohne Mengengrenzen)
   - Klasse 7 (ohne Mengengrenzen)
   Auch unmittelbare **Gefahr von Produktaustritt** ist ein Kriterium!
3. **Sach- und/oder Umweltschaden**
   - Mengenunabhängig
   - Schadenshöhe über 50 000 EUR (unabhängig von Schäden an Fahrzeugen und Infrastruktur)
4. **Behördenbeteiligung**
   - Unmittelbarer Einsatz von Rettungsdiensten/Behörden
   und
   - Evakuierung von Personen
   oder
   - Sperrung von Verkehrswegen mind. 3 Stunden

Meldung mit Muster 1.8.5.4 innerhalb eines Monats an BALM (Straße), an EBA (Schiene)

03/2023   Holzhäuser, Schulungs- und Unterweisungsfolien für Gb
                 2.2.1 Teil 1   24

Frage 9:

Welcher zuständigen Behörde in Deutschland ist der Bericht nach Unterabschnitt 1.8.5.1 ADR vorzulegen?

Antwort: _____

Abschnitte   1.8.6 bis 1.8.8

Administrative Kontrollen für die in 1.8.7 und 1.8.8 beschriebenen Tätigkeiten und Verfahren für die Konformitätsbewertung, die Ausstellung der Baumusterzulassungsbescheinigung und die Prüfungen.

Kapitel 1.9   Beförderungseinschränkungen

Abschnitt 1.9.5   Tunnelbeschränkungen (siehe dazu auch Kapitel 8.6)

Beschreibung der Hauptgefahren in Tunneln im Zusammenhang mit Gefahrguttransporten

Einteilung in 5 Tunnelkategorien (Aufträge an die zuständigen Behörden)

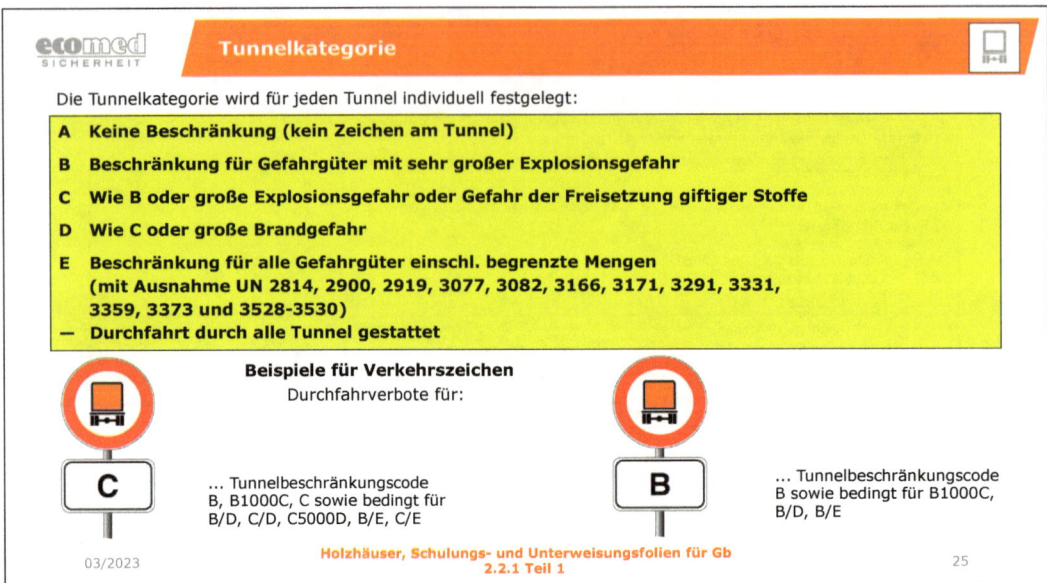

Kapitel 1.10   Vorschriften für die Sicherung

Maßnahmen und Vorkehrungen, die zu treffen sind, um den Diebstahl oder den Missbrauch gefährlicher Güter, durch den Personen, Güter oder die Umwelt gefährdet werden könnten, zu minimieren.

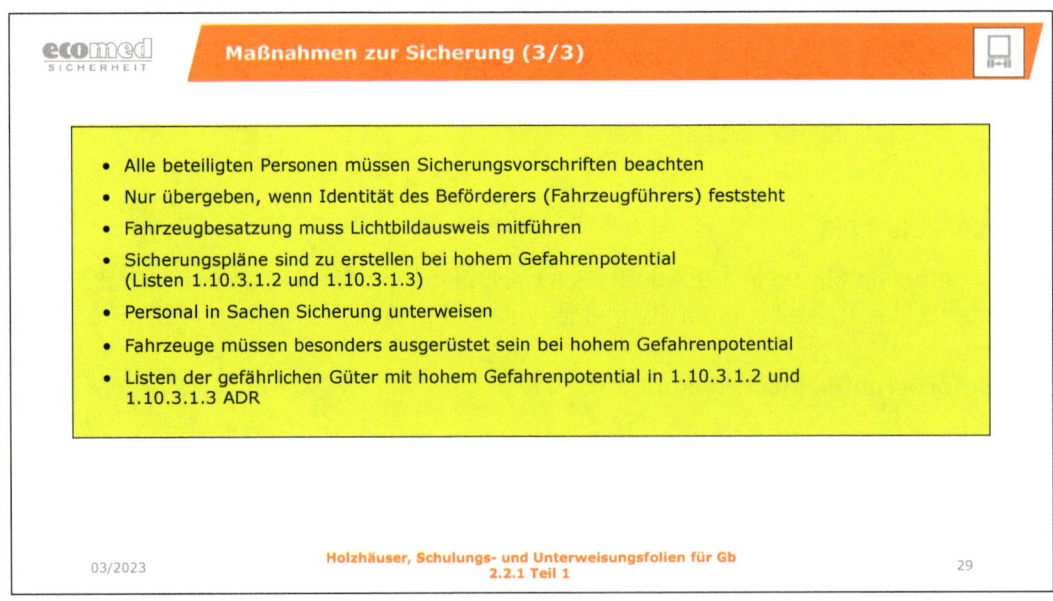

Der 11.09.2001 hat dazu geführt, das Thema Sicherheit auch hinsichtlich des Transports gefährlicher Güter neu zu überdenken.

Das Kapitel 1.10 ist in 6 Abschnitte untergliedert:

1.10.1   Allgemeine Vorschriften

1.10.2   Unterweisung im Bereich der Sicherung

1.10.3   Vorschriften für gefährliche Güter mit hohem Gefahrenpotenzial

1.10.3.1.2   Liste der gefährlichen Güter mit hohem Gefahrenpotenzial

1.10.3.1.3   Tabelle mit Grenzwerten bestimmter Nuklide (Klasse 7)

1.10.4   Freistellung bei Mengen unterhalb 1.1.3.6

1.10.5   Anwendung von Security-Vorschriften der Klasse 7 (IAEA)

Unterabschnitt 1.10.1.3   nennt Bereiche, Plätze, Fahrzeugdepots, Liegeplätze und Rangierbahnhöfe, die ordnungsgemäß gesichert, gut beleuchtet und, soweit möglich und angemessen, für die Öffentlichkeit unzugänglich sein müssen.

> Die festgelegte erstmalige Unterweisung und Auffrischungsunterweisung gem. Kapitel 1.3 ADR muss auch Bestandteile enthalten, die der Sensibilisierung gegenüber der Sicherung dienen. Nach Unterabschnitt 1.10.2.3 muss die Unterweisung bei Aufnahme der Tätigkeit erfolgen und in regelmäßigen Auffrischungskursen ergänzt werden. Eine detaillierte Beschreibung der gesamten Sicherungsunterweisung ist nach 1.10.2.4 vom Arbeitgeber aufzubewahren und zur Verfügung zu stellen.

Die bußgeldbewehrte Pflicht zur Einhaltung der Vorschriften des Kapitels 1.10 ist in § 27 Abs. 3, 4 und 4a GGVSEB für die an der Beförderung gefährlicher Güter Beteiligten entsprechend ihren Verantwortlichkeiten enthalten. Nach dieser Vorschrift sind die detaillierten Aufzeichnungen über die Sicherheitsunterweisung **5 Jahre lang** vom Arbeitgeber aufzubewahren.
Die RSEB enthält Erläuterungen zu Kapitel 1.10.

Freistellungen nach 1.10.4

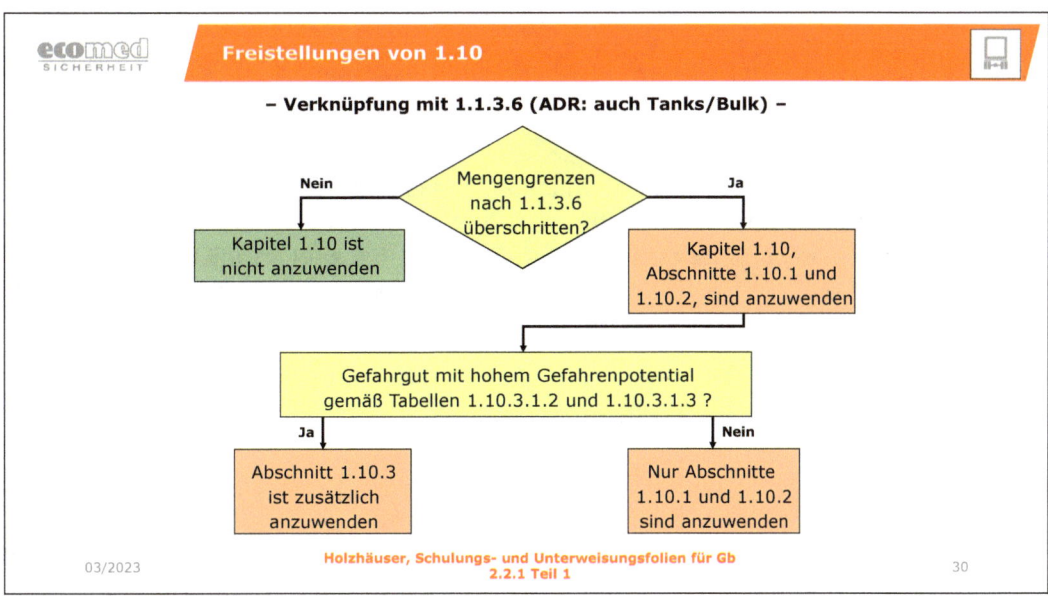

Freistellungen in 1.1.3.1 bis 1.1.3.5, in Kap. 3.3, 3.4 und 3.5 sowie in bestimmten Sondervorschriften (z. B. SV 319) gelten hier ebenfalls, da es sich um vollständige Befreiungen von ADR/RID/ADN handelt.

Frage 10:

Sie sollen eine Gasflasche mit 45 kg netto UN 1005 Ammoniak, wasserfrei befördern. Müssen bei dieser Beförderung die Vorschriften von Unterabschnitt 1.10.3.3 ADR beachtet werden? Begründen Sie kurz Ihre Antwort unter Angabe der Fundstelle im ADR!

Antwort: _____

_____

2.2.2 ADR Teil 2   Klassifizierung

Die Klassifizierung (Zuordnung) der gefährlichen Güter zu den Gefahrklassen nach den Zuordnungskriterien und diesbezüglichen Prüfverfahren ist der erste Schritt für die Zulassung zur Beförderung.

Teil 2 des ADR ist in drei Kapitel unterteilt:

2.1   Allgemeine Klassifizierungsgrundsätze, Zuordnung zu UN-Nummern, Verpackungsgruppen

2.2   Klassenbezogene Klassifizierungskriterien in den Abschnitten 2.2.1 bis 2.2.9 mit Verzeichnissen über Sammeleintragungen und **Übersichten der nicht zur Beförderung zugelassenen Stoffe**

2.3   Prüfverfahren für bestimmte Stoffe, Gegenstände und Klassen; darüber hinaus gilt das Handbuch Prüfungen und Kriterien (Manual of Tests and Criteria)

Kapitel 2.1   Allgemeine Vorschriften

Abschnitt 2.1.1   Einleitung

Unterabschnitt 2.1.1.1   Nach der Art der Gefahr werden gefährliche Güter in **13 Klassen** eingeteilt.

Die Bezeichnungen der Gefahrklassen geben bereits konkrete Hinweise darauf, was alles als Gefahrgut anzusehen ist.

UN-Nummer

Unterabschnitt 2.1.1.2

Um gefährliche Güter weltweit identifizierbar zu machen, wurden UN-Nummern entwickelt. Diese **vierstelligen**, fortlaufenden Nummern werden **für Stoffe**, aber überwiegend **für Stoffgruppen** vom Committee of Experts der UN vergeben und im „Orange Book" veröffentlicht. Sie sind im Teil 3 des ADR/RID/ADN aufgelistet (z. Z. rund 3500 Nummern), wobei die Nummern von 0001 bis 0999 für Explosivstoffe reserviert sind.

Die folgenden **vier Arten von UN-Nummern** sind für die Zuordnung zu den klassifizierten Stoffen und Gegenständen anzuwenden (siehe 2.1.1.2 ADR/RID/ADN):

A	Einzeleintragungen	z. B. UN 1203 Benzin (Ottokraftstoff), UN 1090 Aceton
B	Gattungseintragungen	z. B. UN 1133 Klebstoffe, 1263 Farbe, Farbzubehörstoffe
C	Spezifische n. a. g-Eintragungen	z. B. UN 3265 Kohlenwasserstoffe, flüssig n. a. g.
D	Allgemeine n. a. g.-Eintragungen	z. B. UN 1993 Entzündbarer flüssiger Stoff, n. a. g.

Die Abkürzung „n. a. g." steht für **n**icht **a**nderweitig **g**enannt bzw. englisch „n. o. s." für **n**ot **o**therwise **s**pecified.

Wenn es sich nicht um einen namentlich genannten Stoff (A) handelt, ist die zutreffendste Sammeleintragung (UN-Nummer) in der Reihenfolge der durch die Buchstaben B, C und D dargestellten Eintragungsarten auszuwählen. **Dieses System stellt eine Rangfolge** dar, d. h., nur wenn ein Stoff oder Gegenstand nicht einer UN-Nummer des Typs B oder C zugeordnet werden kann, darf eine allgemeine UN-Nummer des Typs D verwendet werden (siehe dazu Unterabschnitt 2.1.2.5).

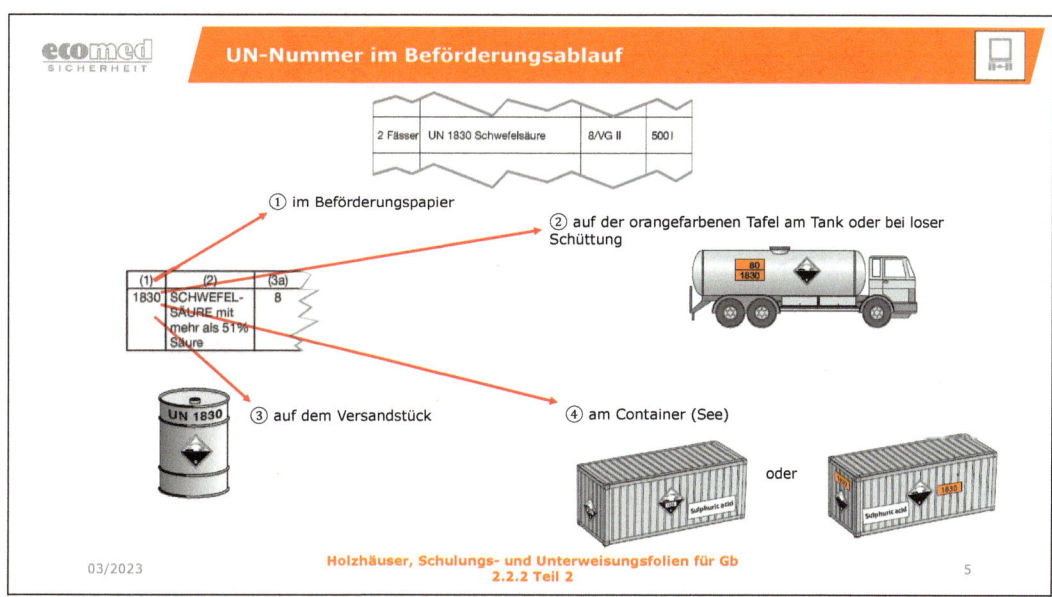

Unterabschnitt 2.1.1.3 Verpackungsgruppen

Nach der Bestimmung der zutreffenden Klasse muss bei einigen Klassen (Klassen 3, 4.1, 4.2, 4.3, 5.1, 6.1, 8 und 9) noch eine Einordnung in die zutreffende **Verpackungsgruppe** vorgenommen werden. Die drei Verpackungsgruppen sind eine Gefährdungsdifferenzierung in

Stoffe mit hoher Gefahr der jeweiligen Klasse	**Verpackungsgruppe I**
Stoffe mit mittlerer Gefahr der jeweiligen Klasse	**Verpackungsgruppe II**
Stoffe mit geringer Gefahr der jeweiligen Klasse	**Verpackungsgruppe III**

Gegenstände werden keinen Verpackungsgruppen zugeordnet (z. B. Kältemaschinen, Lithiumbatterien).

Abschnitt 2.1.2 Grundsätze der Klassifizierung

Benzin ist eine gefährliche Substanz, weil sich Benzindämpfe leicht entzünden und rasch und heftig, mitunter explosionsartig verbrennen. Es gehört daher zum Allgemeinwissen, dass Benzin Gefahrgut ist und deshalb besonderen Beförderungsbedingungen unterliegt.

Die zentrale Frage **„Liegt ein gefährliches Gut vor?"** ist bei weniger bekannten und verbreiteten Substanzen oder Gemischen bzw. Abfällen nicht so einfach beantwortet.

> Die Gefährlichkeit eines Stoffes, einer Zubereitung oder eines Gegenstandes wird durch seine Eigenschaften oder seinen Zustand bestimmt.

Bleiben wir bei der Klasse 3, entzündbare flüssige Stoffe, zu der auch das Benzin gehört. Es stellt sich die Frage: Sind alle entzündbaren und flüssigen Stoffe Gefahrgut? Sicher nicht, sonst würde z. B. auch Speiseöl aus dem Supermarkt ein gefährliches Gut sein.

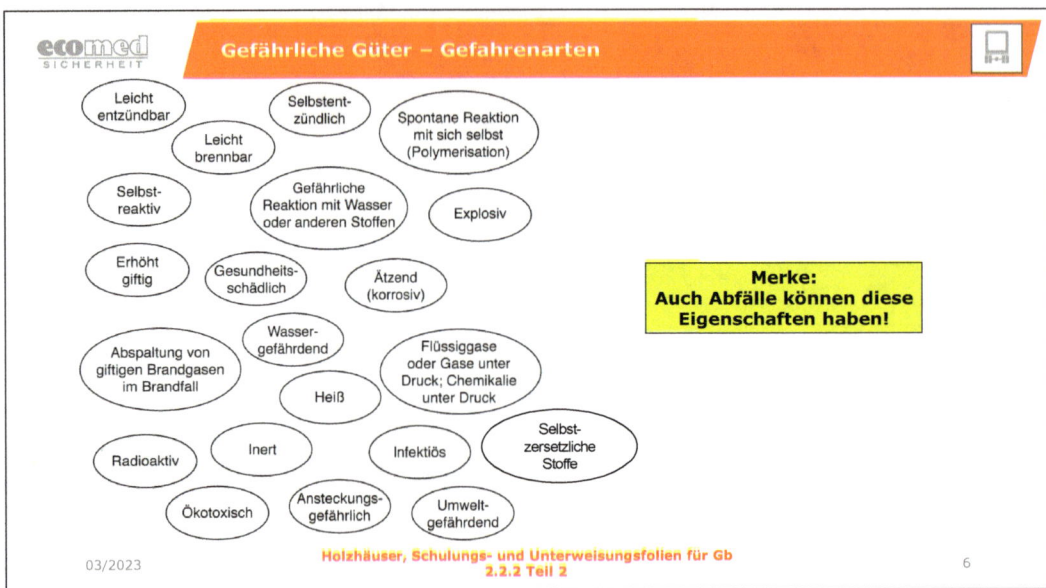

Unterabschnitt 2.1.2.1   Zuordnung nach Kriterien

Es muss daher noch weitere **Klassifizierungskriterien** geben, die festlegen, wann ein Stoff oder Gegenstand unter den Begriff einer der aufgelisteten Gefahrklassen fällt. Solche Kriterien sind z. B. physikalische, chemische, toxikologische oder ökotoxikologische Daten, die durch Prüfung und Test ermittelt und gemessen oder in festgelegten Verfahren berechnet werden können. Sie müssen das Gefahrgut charakterisieren und reproduzierbar sein.

Unterabschnitt 2.1.2.2   Eintragungen Tabelle A

In Kap. 3.2, Tabelle A, sind in der Reihenfolge ihrer UN-Nummern alle Eintragungen für gefährliche Güter aufgeführt. Die Tabelle enthält die Informationen über die Beförderungsbedingungen.

Die in der Tabelle A namentlich genannten Stoffe müssen entsprechend ihrer Klassifizierung in Tabelle A **oder** unter den in Unterabschnitt 2.1.2.8 festgelegten Bedingungen befördert werden.

Unterabschnitt 2.1.2.8   Möglichkeit der Beförderung

Beschreibung der Möglichkeiten der Beförderung mit Abweichungen von den in Tabelle A vorgesehenen Beförderungsbedingungen mit Genehmigung der zuständigen Behörde.

Zurück zur Klasse 3: Ein entscheidendes Zuordnungskriterium ist hier **der Flammpunkt**. Liegt der Flammpunkt der Flüssigkeit bei höchstens 60 °C, ist sie als Gefahrgut in die Klasse 3 einzuordnen. Der Flammpunkt von Speiseöl liegt jedoch weit höher und die Einstufung als Gefahrgut entfällt damit.

Die **Klassifizierungskriterien** für die einzelnen Klassen sind im **Kapitel 2.2, Abschnitte 2.2.1 bis 2.2.9, jeweils im ersten Unterabschnitt** enthalten (z. B. für die Klasse 6 in 2.2.61.1).

Abschnitt 2.1.3 Zuordnung nicht namentlich genannter Stoffe einschließlich Lösungen und Gemische (z. B. Präparate, Zubereitungen und Abfälle)

Hier wird zunächst unterteilt, ob der nicht namentlich genannte Stoff nur **eine Gefahr** (2.1.3.2 ff.) oder **mehrere Gefahren** (2.1.3.5 ff.) aufweist. Die Zuordnung muss nach den genannten Kriterien erfolgen, wobei bei mehreren Gefahren die **überwiegende Gefahr** (2.1.3.5.2) ermittelt werden muss und ein Gefahrenvorrang (2.1.3.5.3 ff.) zu beachten ist. Wenn all dies noch nicht zum Ergebnis geführt hat, bietet **die Tabelle der überwiegenden Gefahr in Unterabschnitt 2.1.3.10** eine abschließende Möglichkeit für die Zuordnung bei Vorliegen mehrerer Gefahren.

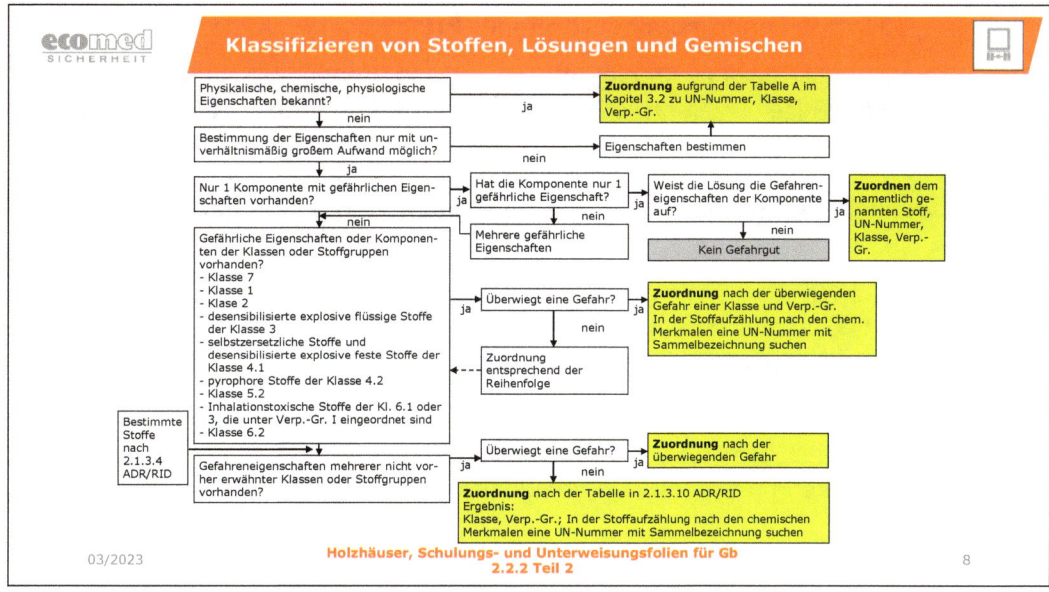

In **Absatz 2.1.3.4.3** wurde mit ADR 2021 eine praxisgerechte Lösung eingeführt, um **gebrauchte Gegenstände wie z.B. Transformatoren und Kondensatoren,** die PCB-haltige Stoffe enthalten und die mit Dioxinen und Furanen belastet sind, zu klassifizieren. Sie dürfen der Klasse 9, UN Nr. 2315, 3151, 3152 oder 3432 zugeordnet werden trotz zusätzlicher Kontamination mit Stoffen der Klasse 6.1 (polyhalogenierte Dibenzodioxine und -furane) oder Bestandteilen der Klassen 3, 4.1, 4.2, 4.3, 5.1, 6.1 oder 8, jeweils Verpackungsgruppe III. Darüber hinaus dürfen solche Geräte keine der in Absatz 2.1.3.5.3 a) bis g) und i) angegebenen Gefahreigenschaften aufweisen.

Bei Abfällen nicht genau bekannter Herkunft wird in **Absatz 2.1.3.5.5** eine Möglichkeit eröffnet, die Zuordnung zu einer UN-Nummer auf der Grundlage der Kenntnisse des Absenders über die Zusammensetzung des Abfalls und entsprechender anderer Daten vorzunehmen. Abfall mit nur umweltgefährdenden Eigenschaften darf der Verpackungsgruppe III der UN-Nr. 3077 oder 3082 zugeordnet werden. Bei grenzüberschreitender Abfallbeförderung sind in **Unterabschnitt 2.1.3.9** ähnliche Zuordnungsmöglichkeiten gegeben.

Unterabschnitt 2.1.3.8 regelt (außer für Klasse 7) die zusätzliche Zuordnung zu den umweltgefährdenden Stoffen (zu den ursprünglichen Gefahren der Klassen 1–6.2, 8–9) bzw. ausschließliche Zuordnung zu den UN-Nrn. 3077 und 3082 bei nur umweltgefährdenden Eigenschaften.

Frage 11:

Welcher Unterabschnitt enthält die Tabelle der überwiegenden Gefahr für die Klassifizierung von Stoffen, Lösungen und Gemischen oder Stoffen, Mischungen und Lösungen?

Antwort: _____

Abschnitt 2.1.4   Zuordnung von Proben

Hier wird die Einstufung von Gefahrgut-Proben geregelt, deren Klasse unsicher ist und die zur weiteren Prüfung befördert werden sollen. Es werden genaue Vorgaben für die vorläufige Klassifizierung und die Angabe „Probe" gemacht und die Beförderungsbedingungen genau bestimmt, z.B keine Zusammenpackung mit anderen Gütern, Nettomasse des Versandstücks höchstens 2,5 kg.

Unterabschnitt 2.1.4.3 Proben energetischer Stoffe für Prüfzwecke

Mit ADR 2019 neu eingeführte Regelung für die Beförderung von Proben energetischer Stoffe für Prüfzwecke. Zuordnung zu UN 3223 (selbstzersetzlicher Stoff Typ C, flüssig) oder UN 3224 (selbstzersetzlicher Stoff Typ C, fest).

Abschnitt 2.1.5 Klassifizierung von Gegenständen als Gegenstände, die gefährliche Güter enthalten, n. a. g.

Die Bemerkung zu Beginn verweist auf die UN-Nr. 3363, wenn Gegenstände keine offizielle Benennung haben und nur gefährliche Güter bis maximal zu den begrenzten Mengen nach Tab. A Spalte 7a enthalten. Freistellung dazu über Sondervorschriften 301 und 672 in Kap. 3.3.

Außerdem wird hier definiert, was unter Gegenständen zu verstehen ist: Maschinen, Geräte oder andere Einrichtungen, die ein oder mehrere gefährliche Güter (oder Rückstände davon) enthalten. Die Klassifizierung solcher Gegenstände kann u.a. nach den Vorgaben des Abschnitts zu den UN-Nummern 3537 bis 3548 erfolgen.

Abschnitt 2.1.6   Klassifizierung von Altverpackungen, leer ungereinigt

Zur UN-Nummer 3509 **dürfen** leere ungereinigte Verpackungen, Großverpackungen oder Großpackmittel (IBC) oder Teile davon zugeordnet werden, die zur **Entsorgung, zum Recycling oder zur Wiederverwendung ihrer Werkstoffe** befördert werden.

Es ist jedoch **keine Zuordnung** zu UN 3509 möglich, wenn die leeren ungereinigten Behältnisse zur **Rekonditionierung, Reparatur, regelmäßigen Wartung, Wiederaufarbeitung oder Wiederverwendung** befördert werden.

Siehe hierzu auch die Sondervorschrift SV 663 im Kap. 3.3.

▶ *Siehe Abbildung auf Seite 85 oben*

Kapitel 2.2   Besondere Vorschriften für einzelne Klassen

Das Kapitel 2.2 unterliegt einer besonderen Systematik. Die Ziffern der einzelnen **Abschnitte entsprechen den Klassennummern** und enthalten die Vorschriften für die jeweilige Klasse, z. B. 2.2.1 (Klasse 1), 2.2.2 (Klasse 2), 2.2.3 (Klasse 3), 2.2.42 (Klasse 4.2), 2.2.62 (Klasse 6.2) usw. bis 2.2.9 (Klasse 9).

Unterabschnitt 2.2.x.1

Jeweils der **erste Unterabschnitt** enthält dann die **Klassifizierungskriterien** für die einzelnen Klassen, z. B. 2.2.3.1 (Kriterien für die Klasse 3), 2.2.61.1 (Kriterien für die Klasse 6.1) usw.

Bei den Klassen 3, 4.1, 4.2, 4.3, 5.1, 6.1, 8 und 9 wird im jeweiligen Unterabschnitt 2.2.x.1 auch die Verpackungsgruppenzuordnung **beschrieben und festgelegt.**

Für folgende Stoffe gibt es **keine Zuordnung** zu Verpackungsgruppen:

Klassen 1, 2, 5.2, 6.2 und 7 sowie die selbstzersetzlichen Stoffe der Klasse 4.1. Wie dort eine Gefährdungsdifferenzierung vorgenommen wird, ist bei den einzelnen Klassen beschrieben.

Weitere Klassifizierungskriterien sind z. B. **der Dampfdruck, der Siedepunkt, die Zündtemperatur, der Zündpunkt, der LD$_{50}$-Wert (mittlere tödliche Dosis), Giftigkeit beim Einatmen (LC$_{50}$), Schädigung der Haut oder bestimmter Metalloberflächen usw.**

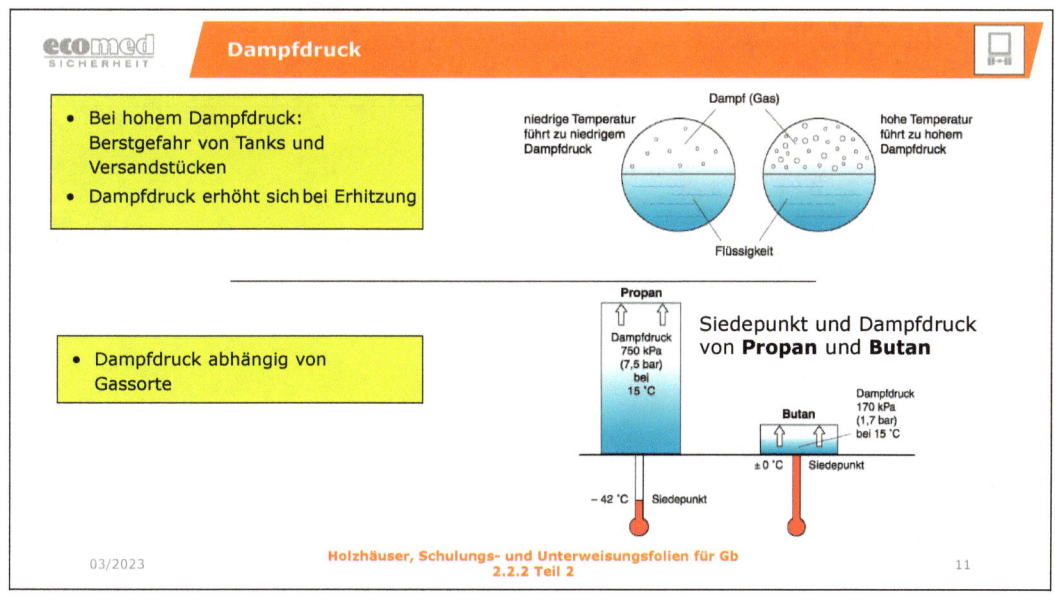

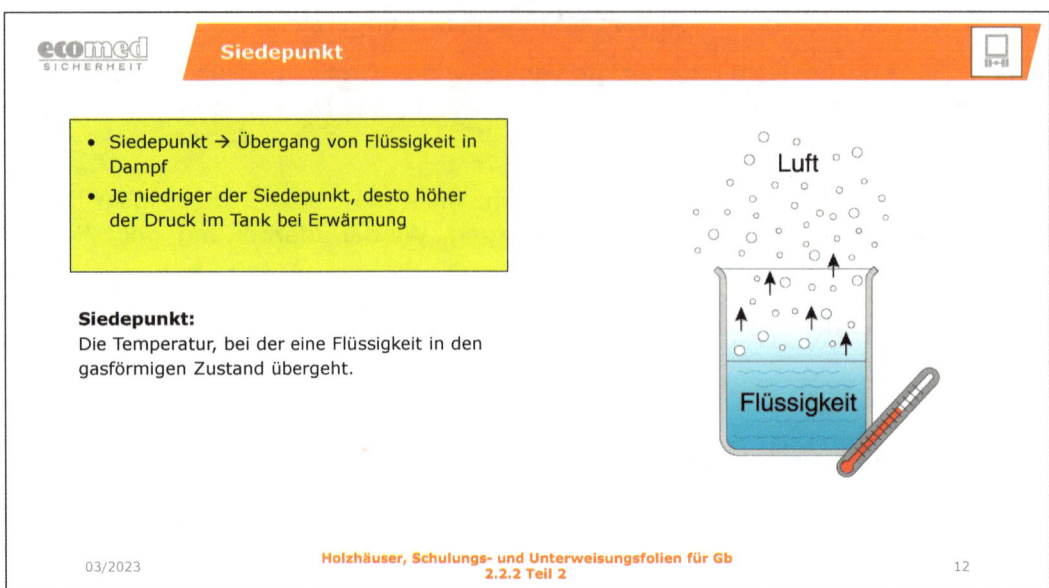

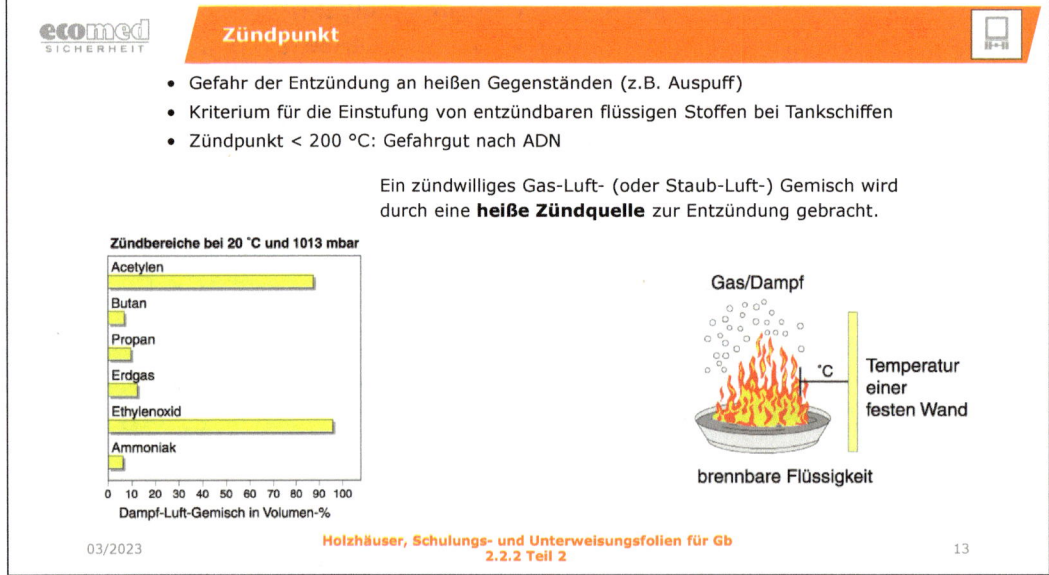

Unterabschnitt 2.2.x.2

Im **zweiten Unterabschnitt** jeder einzelnen Klasse (2.2.x.2) werden jeweils die nicht zur **Beförderung zugelassenen Stoffe oder Gegenstände** einer Klasse genannt und aufgezählt, z. B. 2.2.3.2 (Klasse 3), 2.2.6.1.2 (Klasse 6.1) usw.

▶ *Siehe Abbildung auf Seite 52 unten*

Unterabschnitt 2.2.x.3

Im **dritten Unterabschnitt** der einzelnen Klassen (2.2.x.3) ist jeweils ein **tabellarisches Verzeichnis** mit den vorhandenen **Sammeleintragungen dieser Klasse** (UN-Nummer und Benennung) zu finden. Für

jeden Klassifizierungscode wird hier auch **die Rangfolge der Sammeleintragungen** deutlich. An erster Stelle stehen die Gattungseintragungen, dann spezifische und danach allgemeine n. a. g.-Eintragungen.

Die einzelnen Gefahrklassen

Abschnitt 2.2.1   Explosive Stoffe und Gegenstände mit Explosivstoff

In der Klasse 1 müssen die Stoffe und Gegenstände zusätzlich **einer Unterklasse nach 2.2.1.1.5** und **einer Verträglichkeitsgruppe nach 2.2.1.1.6** zugeordnet werden. Absatz 2.2.1.1.8 regelt die Möglichkeit eines Ausschlusses aus der Klasse 1.

Frage 12:

Ein Versandstück enthält UN 0049. Wie lautet der Klassifizierungscode und mit welchen Kennzeichen muss das Versandstück versehen sein?

Antwort: _____

Abschnitt 2.2.2   Gase

In der Klasse 2 werden die Gase in Absatz 2.2.2.1.2 in verschiedene Gaszustände, Gegenstände mit Gas, Gasproben, Chemikalien unter Druck und adsorbiertes Gas unterteilt. In Absatz 2.2.2.1.3 erfolgt eine weitere Unterteilung nach Eigenschaften, wie erstickend, oxidierend, entzündend, giftig usw., hier wird in den **Bemerkungen** zusätzlich nach den Hauptgefahren unterteilt in die Unterklassen:

2.1   **entzündbare Gase** (Eigenschaft Buchstabe F)
2.2   **nicht entzündbare, nicht giftige Gase** (Eigenschaften Buchstaben A oder O)
2.3   **giftige Gase** (Eigenschaften mit dem Buchstaben T)

Diese drei Unterklassen spiegeln sich auch in den drei Gefahrzetteln für die Klasse 2 wider.

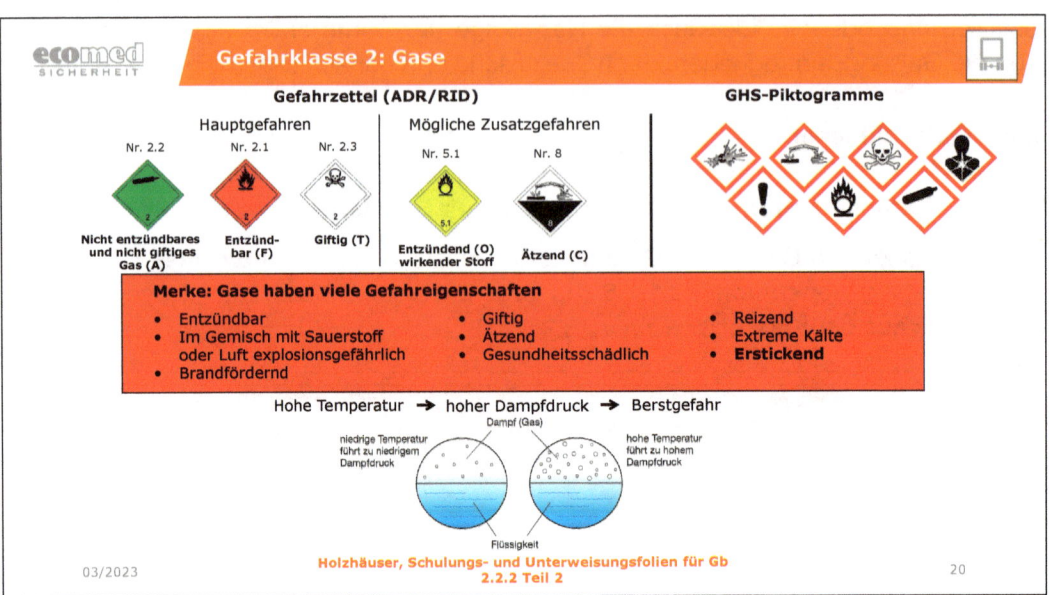

 Frage 13:

Ab welchem Dampfdruck gelten Stoffe bei einer Temperatur von 50 °C als gasförmig?

Antwort: _____

Abschnitt 2.2.3   Entzündbare flüssige Stoffe

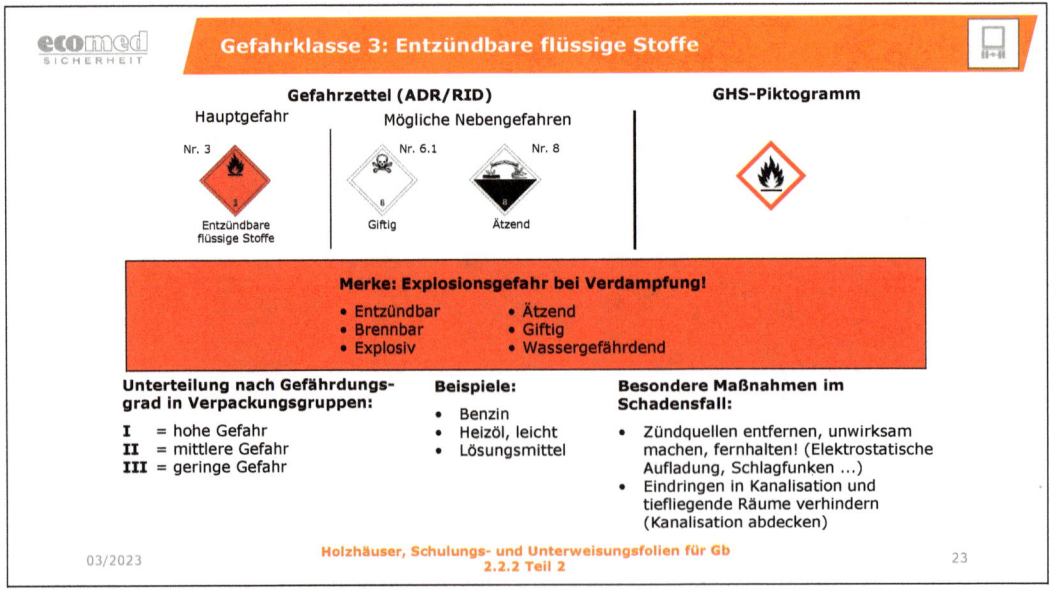

Beachte hier die Freistellung für viskose flüssige Stoffe in Gefäßen bis 450 Liter Fassungsraum in Absatz 2.2.3.1.5.1.

Absatz 2.2.3.1.5.2 enthält eine, bis auf die Einhaltung der allgemeinen Verpackungsvorschriften, komplette Freistellung für umweltgefährdende viskose flüssige Stoffe in Einzel- oder Innenverpackungen bis 5 Liter Nettomenge.

Frage 14:

Bis zu welchem Volumen je Gefäß unterliegen bestimmte viskose Stoffe (z.B. Farben oder Lacke ohne weitere Gefahreigenschaften) mit einem Flammpunkt von 23–60 °C nicht den Vorschriften des ADR? Geben Sie auch den Absatz für Ihre Lösung an!

Antwort: _____

Abschnitt 2.2.41 Entzündbare feste Stoffe, selbstzersetzliche Stoffe, polymerisierende Stoffe und desensibilisierte explosive feste Stoffe

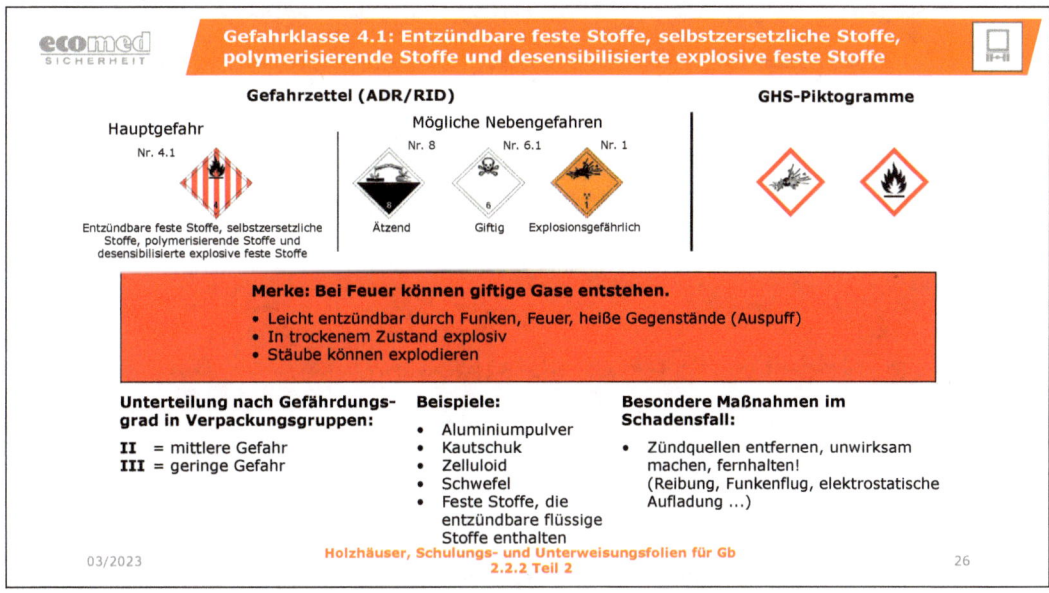

Abschnitt 2.2.42 Selbstentzündliche Stoffe

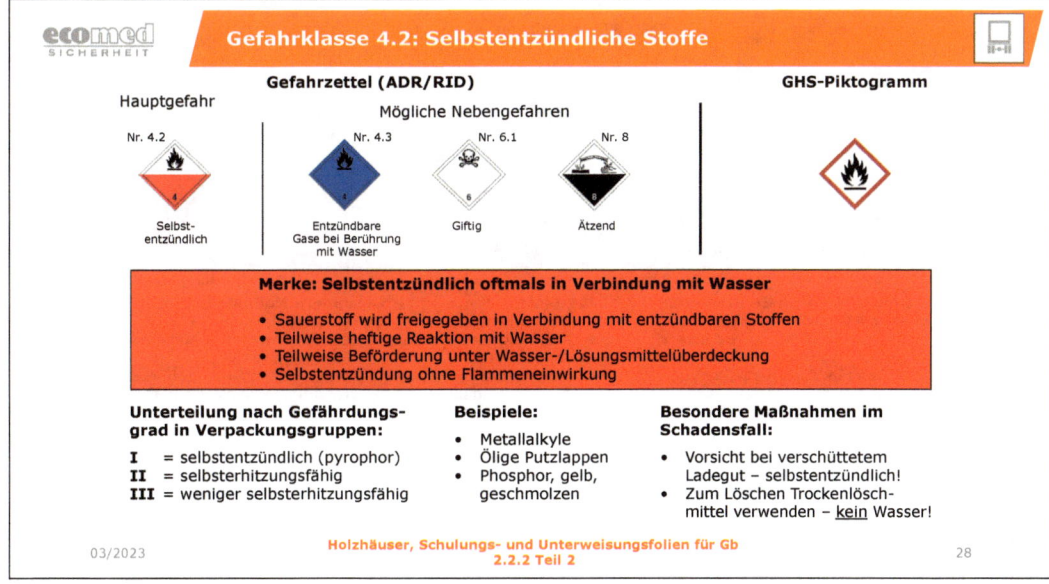

Abschnitt 2.2.43 Stoffe, die in Berührung mit Wasser entzündbare Gase entwickeln

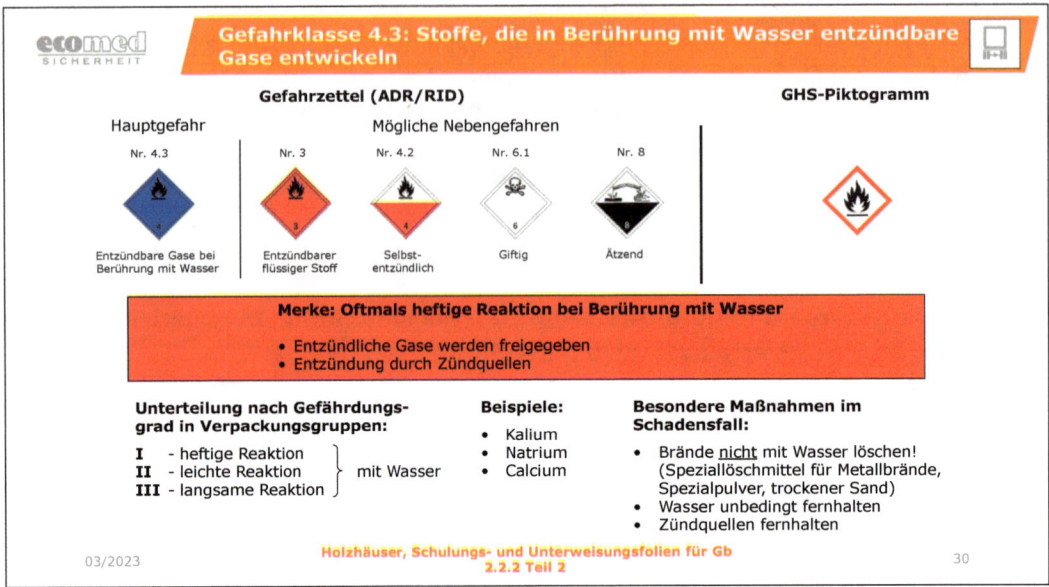

 Frage 15:

Welche Hauptgefahr geht von Stoffen der Klasse 4.3 aus?

Antwort: _____

Abschnitt 2.2.51 Entzündend (oxidierend) wirkende Stoffe

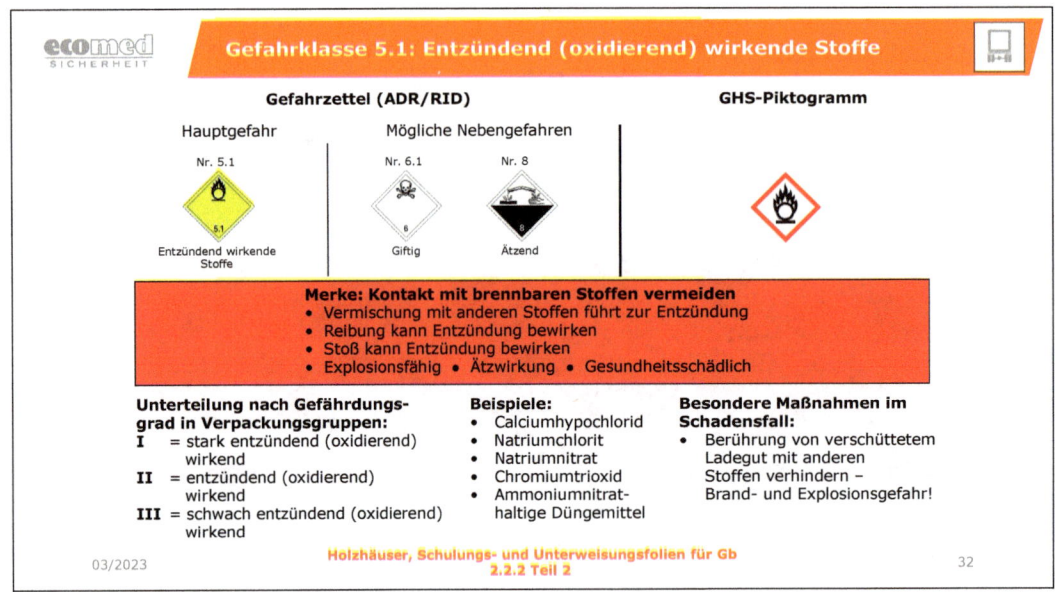

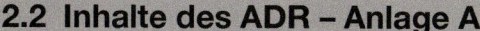

Abschnitt 2.2.52   Organische Peroxide

In der Klasse 5.2 erfolgt aufgrund des Gefahrengrades der organischen Peroxide eine Einteilung in **sieben Typen**, die mit den **Großbuchstaben A bis G** benannt sind, wobei Typ A nicht zur Beförderung zugelassen ist und Typ G nicht mehr der für die Klasse 5.2 geltenden Vorschrift unterliegt.

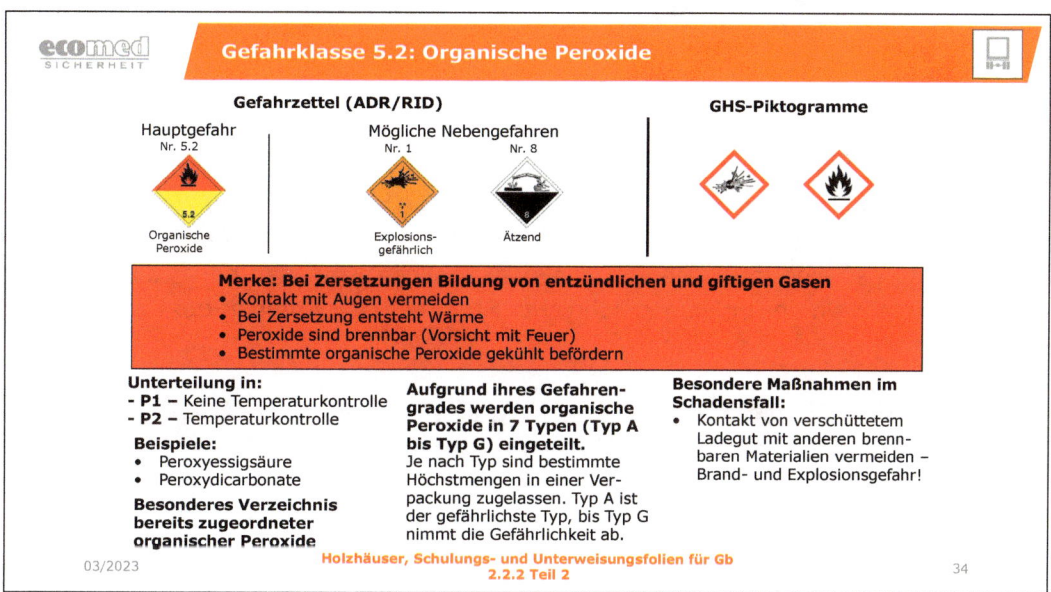

 Frage 16:

In wie viele Typen werden organische Peroxide aufgrund ihres Gefahrengrades eingeteilt?

Antwort: _____

Abschnitt 2.2.61   Giftige Stoffe

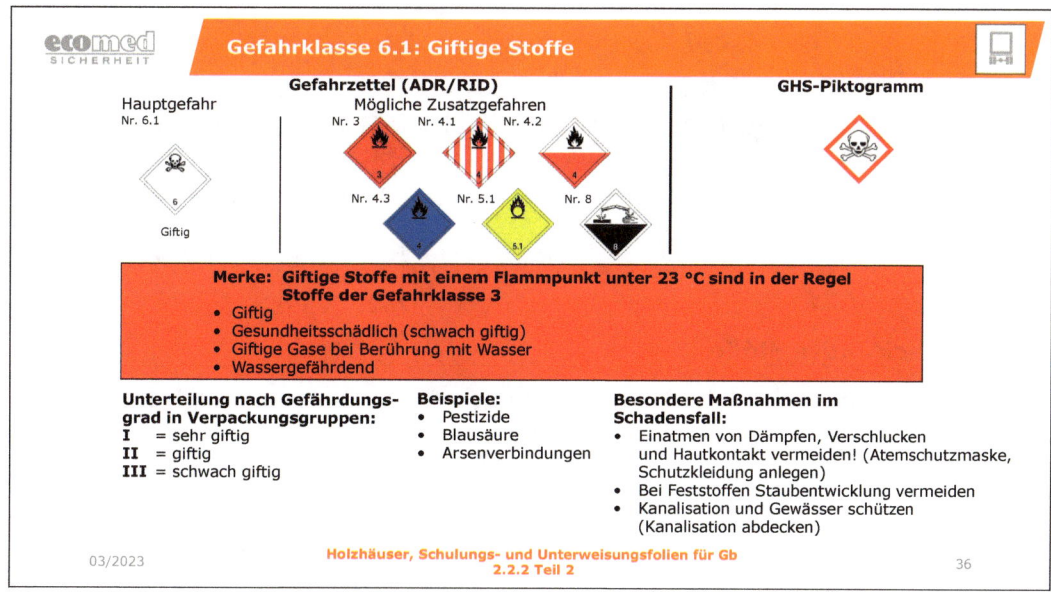

Frage 17:

Welcher Verpackungsgruppe ist ein flüssiger giftiger Stoff mit einem Giftigkeitsgrad bei Einnahme von LD_{50} = 230 mg/kg zuzuordnen?

Antwort: _____

Abschnitt 2.2.62   Ansteckungsgefährliche Stoffe

In der Klasse 6.2 erfolgt eine Gefährlichkeitsunterteilung nach **Kategorie A und B.**
Kategorie A ist nach Absatz 2.2.62.1.4.1 ansteckungsgefährlich für Mensch und Tier und kann eine dauerhafte Behinderung oder eine lebensbedrohliche oder tödliche Krankheit hervorrufen. Kategorie B ist nach Absatz 2.2.62.1.4.2 ein ansteckungsgefährlicher Stoff, der den Kriterien der Kategorie A nicht entspricht.

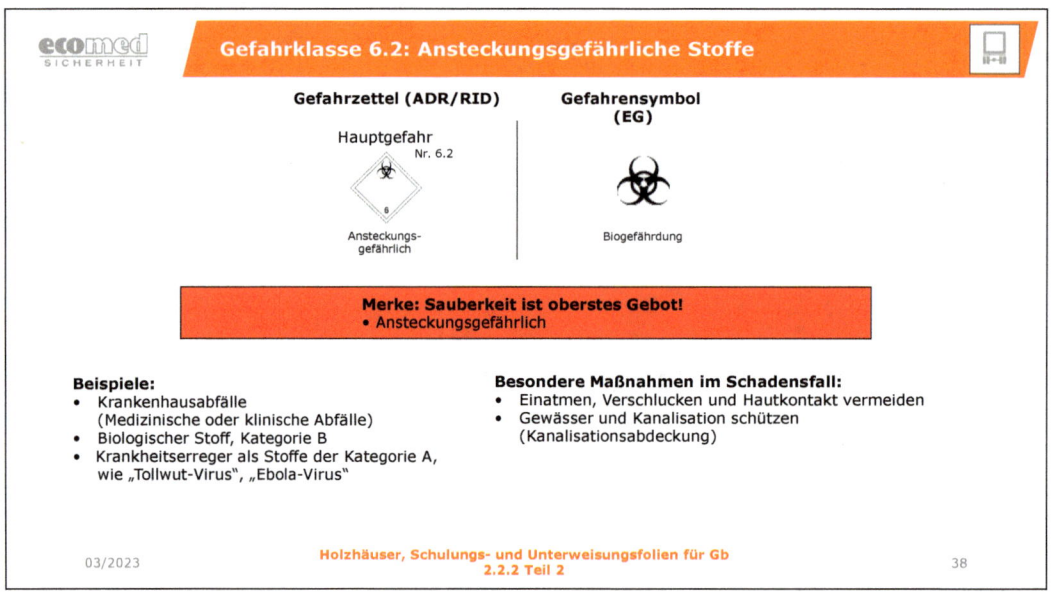

Frage 18:

Geben Sie zwei Klassifizierungscodes mit ihrer jeweiligen Bedeutung für Stoffe der Klasse 6.2 an!

Antwort: _____

Abschnitt 2.2.7   Radioaktive Stoffe

Bei der Klasse 7 wird in Absatz 2.2.7.1.1 festgelegt, dass ein Stoff als **radioaktiver Stoff** gilt, wenn er Radionuklide enthält, bei denen die Aktivitätskonzentration, aber auch die Gesamtaktivität je Sendung die **Werte** der Tabellen und Vorschriften der Absätze 2.2.7.2.2.1 bis 2.2.7.2.2.6 übersteigt. Eine weitere Unterteilung erfolgt nach den Eigenschaften **spaltbar oder nicht spaltbar**, der Art des zur Beförderung aufgegebenen Versandstücks und der Art oder Form des Versandstückinhalts bzw. von Sondervereinbarungen (Absatz 2.2.7.2.1.1).

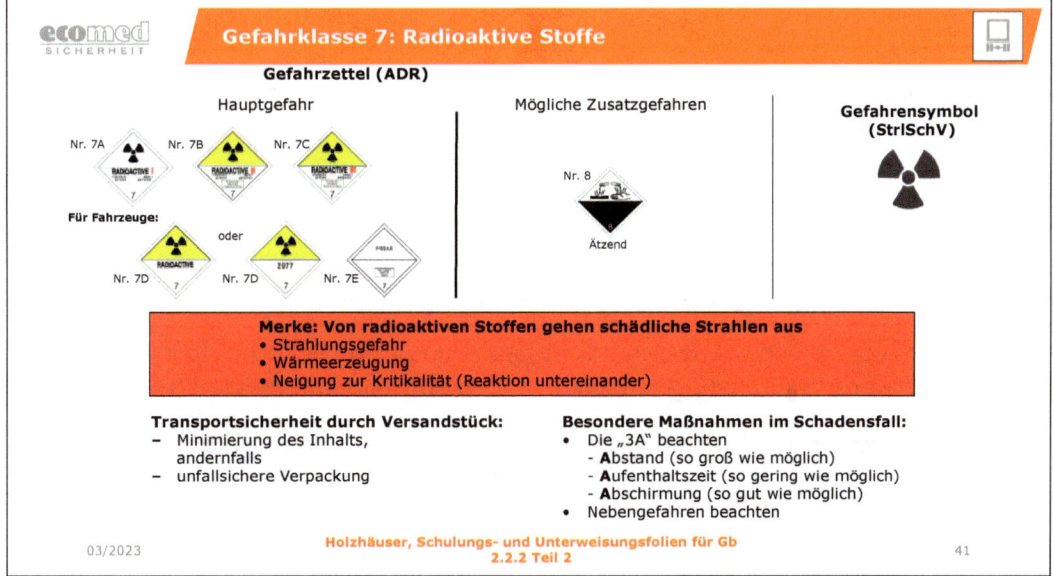

Frage 19:

Was versteht man unter der Kritikalitätssicherheitskennzahl (CSI) bei der Beförderung radio-aktiver Stoffe?

Antwort: _____

Abschnitt 2.2.8 Ätzende Stoffe

Die Klasse 8 enthält die Klassifizierungsgrundsätze aus dem GHS in Bezug auf die Schädigung von Haut (irreversible Schädigung der Haut). Ätzende Stoffe können auch beim Freiwerden materielle Schäden an anderen Gütern oder Transportmitteln herbeiführen oder sogar zerstören können. Auch ätzende Dämpfe oder Nebel können darunterfallen.

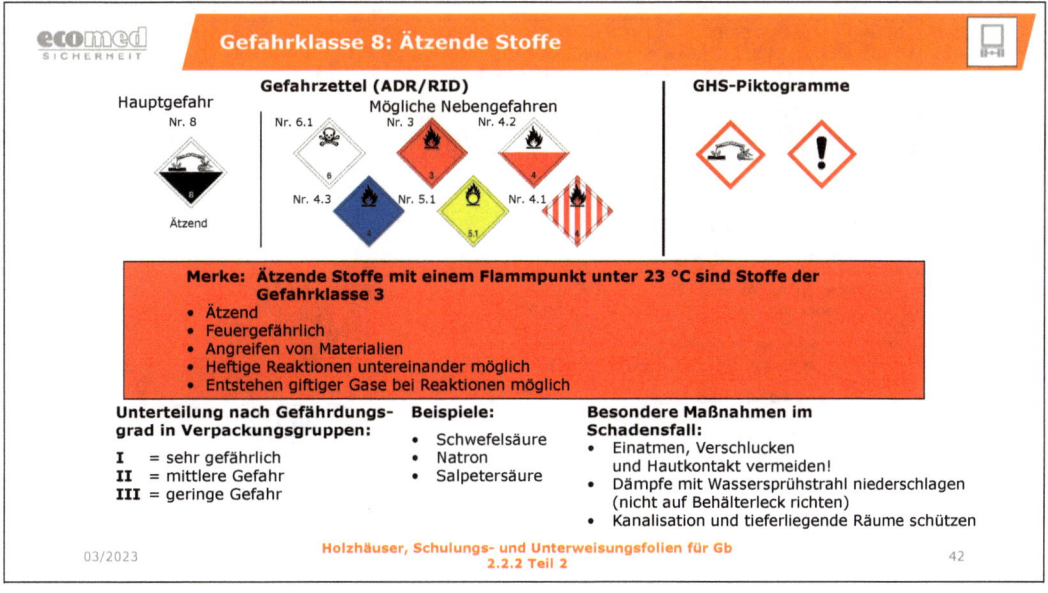

 Frage 20:

Welche Einwirkungszeit führt bei einer ätzenden Flüssigkeit zur Einstufung in die Verpackungsgruppe I, die zu einer irreversiblen Schädigung des unverletzten Hautgewebes führt?

Antwort: _____

Abschnitt 2.2.9 Verschiedene gefährliche Stoffe und Gegenstände

Die Gefahrklasse 9 enthält verschiedene gefährliche Stoffe und Gegenstände, die in den anderen Klassen nicht „untergebracht" werden konnten, insbesondere auch umweltgefährdende Stoffe.

Ebenfalls hier eingeordnet ist die UN-Nr. 3509 Altverpackungen, leer, ungereinigt.

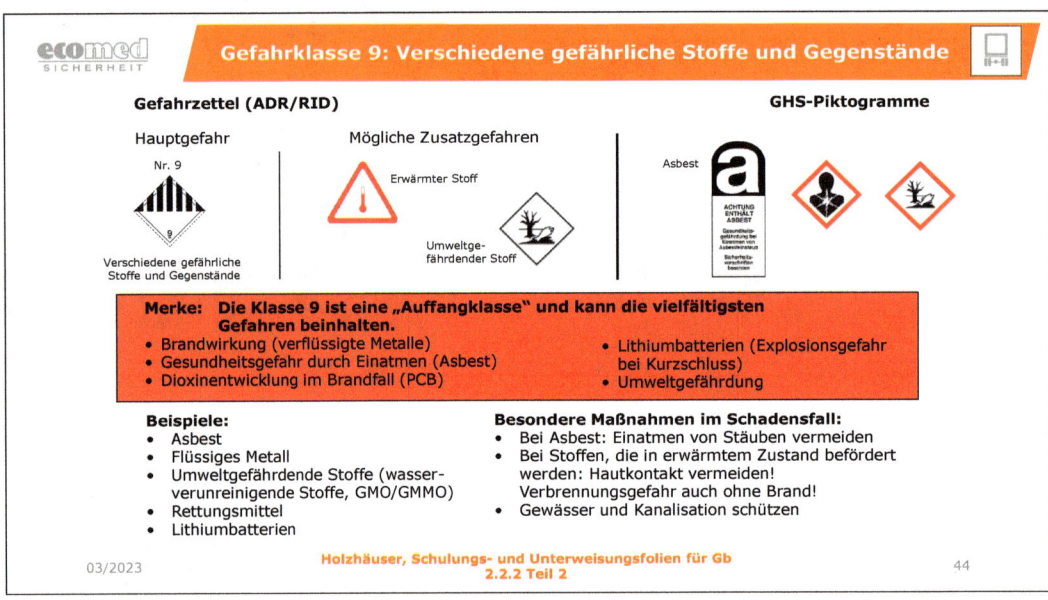

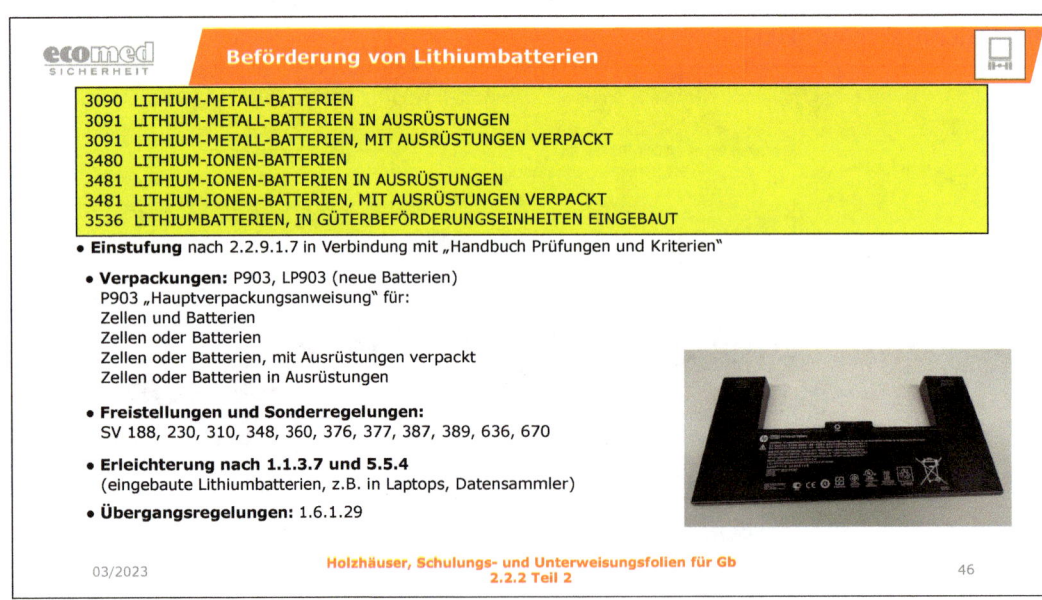

▶ *Zu Absatz 2.2.9.1.10 (Umweltgefährdende Stoffe) siehe auch RSEB.*

Frage 21:

Welcher Klasse sind flüssige Stoffe, die bei oder über 100 °C, aber unterhalb ihres Flammpunktes befördert werden, zuzuordnen?

Antwort: _____

Kapitel 2.3 Prüfverfahren

Sofern in Kapitel 2.2 oder in diesem Kapitel nichts anderes vorgeschrieben ist, entsprechen die für die Klassifizierung gefährlicher Güter verwendeten Prüfverfahren denen, die im **Handbuch Prüfungen und Kriterien** der Vereinten Nationen **(Manual of Tests and Criteria)** beschrieben sind.

▶ *Eine deutsche Übersetzung dieses Handbuchs wird auf den Webseiten der BAM (Bundesanstalt für Materialforschung und -prüfung) zur Verfügung gestellt.*

Es folgen verschiedene Prüfverfahren (*siehe Abschnitt 2.3.1 bis 2.3.5*).

Frage 22:

Nennen Sie den Abschnitt der Regelungen von Prüfverfahren zur Bestimmung des Fließverhaltens von flüssigen, dickflüssigen oder pastenförmigen Stoffen und Gemischen!

Antwort: _____

2.2.3 ADR Teil 3 Verzeichnis der gefährlichen Güter, Sondervorschriften und Freistellungen im Zusammenhang mit begrenzten und freigestellten Mengen

Der Teil 3 des ADR ist in fünf Kapitel unterteilt.

Man nennt ihn auch „Herzstück" des ADR, da in ihm die Tabellen A und B – das nach UN-Nummern geordnete Stoffverzeichnis mit vielen Informationen zu jedem Gefahrgut und die alphabetische Stoffliste – enthalten sind. Außerdem findet man in **3.3** Sondervorschriften, in **3.4** die Vorschriften für in begrenzten Mengen verpackte Güter und in **3.5** Vorschriften für freigestellte Mengen.

Kapitel 3.1 Allgemeines

Im allgemeinen Teil ist bestimmt, was als **offizielle Benennung** der gefährlichen Güter während der Beförderung anzugeben ist. Es ist derjenige Teil der Eintragung bei den einzelnen UN-Nummern, der dort in GROSSBUCHSTABEN erscheint. Bei mehreren Benennungen ist die am besten geeignete zu verwenden.

Bei den sog. **Gattungseintragungen** und den **n. a. g.-Eintragungen** ist immer dann, wenn in **Spalte 6** der Tabelle die **Sondervorschrift 274** oder **318** zugeordnet ist, die offizielle Benennung mit der **technischen Benennung des Gutes** in einem Klammerzusatz zu **ergänzen** (*siehe Absatz 3.1.2.8.1*).

Eine **Besonderheit bei Lösungen und Gemischen** wird in Abschnitt 3.1.3 beschrieben. Hier darf auch eine Konzentrationsangabe (%) in die Benennung aufgenommen werden.

Kapitel 3.2 Verzeichnis der gefährlichen Güter

Der **Tabelle A (UN-numerisch aufsteigendes Verzeichnis)** sind im Kapitel 3.2 erläuternde Bemerkungen zu den einzelnen Spalten der Tabelle vorangestellt.

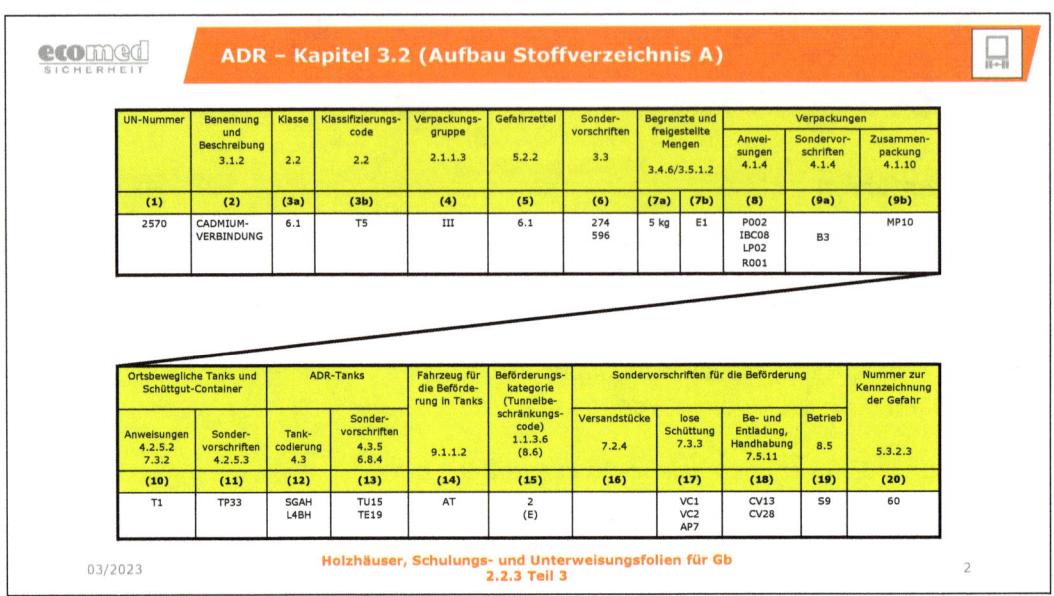

ADR – Kapitel 3.2 (Aufbau Stoffverzeichnis A)

UN-Nummer	Benennung und Beschreibung 3.1.2	Klasse 2.2	Klassifizierungs-code 2.2	Verpackungs-gruppe 2.1.1.3	Gefahrzettel 5.2.2	Sonder-vorschriften 3.3	Begrenzte und freigestellte Mengen 3.4.6/3.5.1.2		Verpackungen		
									Anwei-sungen 4.1.4	Sondervor-schriften 4.1.4	Zusammen-packung 4.1.10
(1)	(2)	(3a)	(3b)	(4)	(5)	(6)	(7a)	(7b)	(8)	(9a)	(9b)
2570	CADMIUM-VERBINDUNG	6.1	T5	III	6.1	274 596	5 kg	E1	P002 IBC08 LP02 R001	B3	MP10

Ortsbewegliche Tanks und Schüttgut-Container		ADR-Tanks		Fahrzeug für die Beförde-rung in Tanks	Beförderungs-kategorie (Tunnelbe-schränkungs-code) 1.1.3.6 (8.6)	Sondervorschriften für die Beförderung				Nummer zur Kennzeichnung der Gefahr
Anweisungen 4.2.5.2 7.3.2	Sonder-vorschriften 4.2.5.3	Tank-codierung 4.3	Sonder-vorschriften 4.3.5 6.8.4	9.1.1.2		Versandstücke 7.2.4	lose Schüttung 7.3.3	Be- und Entladung, Handhabung 7.5.11	Betrieb 8.5	5.3.2.3
(10)	(11)	(12)	(13)	(14)	(15)	(16)	(17)	(18)	(19)	(20)
T1	TP33	SGAH L4BH	TU15 TE19	AT	2 (E)		VC1 VC2 AP7	CV13 CV28	S9	60

03/2023 — **Holzhäuser, Schulungs- und Unterweisungsfolien für Gb 2.2.3 Teil 3** — 2

Die **Tabelle B (alphabetisches Stoffverzeichnis)** aus dem RID wird seit ADR 2011 als Abschnitt 3.2.2 im ADR abgedruckt, ist aber nicht **offizieller Bestandteil des ADR!** Die Tabelle B im ADR soll nur das Suchen und Finden der richtigen UN-Nummer erleichtern.

Die Tabellen stellen das Herzstück der Vorschriften dar. Um mit der Tabelle A die Bedingungen für die Beförderung eines bestimmten Stoffes ermitteln zu können, muss die UN-Nummer bekannt sein. Wenn, wie z. B. bei Prüfungsfragen der Gb-Prüfung, nur der Name des Stoffes oder Stoffgemisches bekannt ist, dann kann über die Tabelle B die UN-Nummer ermittelt werden.

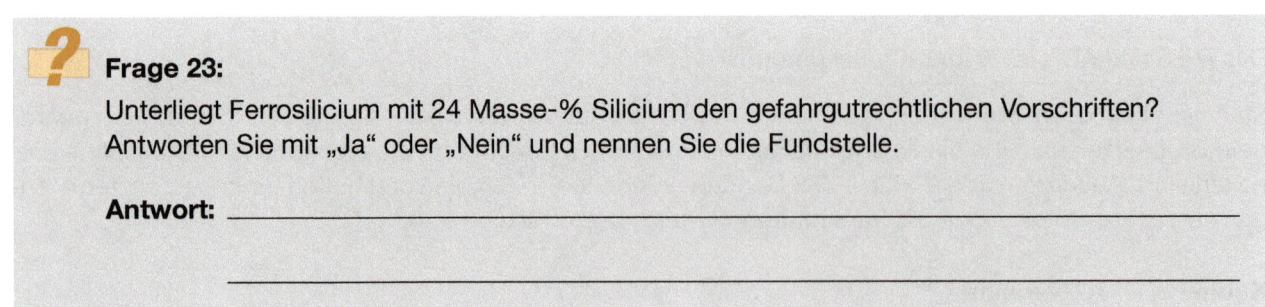

Frage 23:

Unterliegt Ferrosilicium mit 24 Masse-% Silicium den gefahrgutrechtlichen Vorschriften? Antworten Sie mit „Ja" oder „Nein" und nennen Sie die Fundstelle.

Antwort: _____

_____

Kapitel 3.3 Für bestimmte Stoffe oder Gegenstände geltende Sondervorschriften

Die **Spalte 6** der Tabelle A steht mit dem **Kapitel 3.3 Sondervorschriften** in Verbindung.

Eintragungen einer oder mehrerer Sondervorschriften in **Spalte 6** müssen bei der Bestimmung der für die Beförderung geltenden Vorschriften **unbedingt gelesen und berücksichtigt werden!**

Sondervorschriften können z. B. auch **komplette Freistellungen** vom ADR bei Einhaltung bestimmter Maßnahmen enthalten (z. B. Sondervorschrift 598 für Batterien).

Das Feld der derzeit bis zur Nummer **676 nummerierten Sondervorschriften** im ADR ist groß und bedarf der genauen Beachtung und Lektüre. Regelmäßige Änderungen, Streichungen und Neuausgaben im Zweijahresrhythmus sind hier üblich.

Allein für die Beförderung von Lithiumbatterien in den verschiedensten Ausführungen und Sonderfällen der UN-Nrn. 3090, 3091, 3480, 3481 und 3536 gibt es im ADR 2019 **elf** Sonderregelungen bzw. Freistellungen in Kap. 3.3: SV 188, 230, 310, 348, 360, 376, 377, 387, 389, 390, 636 und 670.

Beispiel: SV 663

Frage 24:

UN 1347 soll in Fässern befördert werden. Die Stoffmenge in jedem Fass beträgt 20 kg. Ist dies zulässig? Geben Sie zusätzlich die Fundstelle für Ihre Lösung an.

Antwort: _____

Kapitel 3.4 In begrenzten Mengen verpackte gefährliche Güter

Diese erleichterte Beförderungsmöglichkeit für die sog. „Limited Quantities" (LQ) ist nur in **zusammenge-setzten Verpackungen** möglich. Die für die Innenverpackung oder den Gegenstand **anwendbare Mengengrenze** wird in der **Spalte 7a** der Tabelle A angegeben. Ist dort die Zahl 0 vermerkt, ist eine Beförderung nach Kapitel 3.4 nicht möglich.

So verpackte Versandstücke dürfen die Bruttomasse von 30 kg nicht überschreiten.

Wenn **Trays** aus Dehn- oder Schrumpffolie Verwendung finden, darf die Bruttomasse **nicht mehr als 20 kg** betragen.

Ein **Beförderungspapier** muss bei der Beförderung nicht mitgeführt werden. Jedoch gibt es verschiedene Informations- und Hinweispflichten, z. B. vom Absender an den Beförderer und vom Verlader an den Fahrer (siehe dazu Pflichten in der GGVSEB).

Mit Einführung des ADR 2011 wurde das Kap. 3.4 mit den Vorgaben der UN-Modellvorschriften harmonisiert. Trotz Inanspruchnahme der Freistellungen von begrenzten Mengen müssen verschiedene Vorschriften des ADR weiterhin beachtet werden. **Diese sind in Abschnitt 3.4.1 aufgezählt.**

In **Abschnitt 3.4.11** wird die Verwendung von Umverpackungen bei Versandstücken, die nach Kap. 3.4 verpackt und gekennzeichnet sind, geregelt.

Abschnitt 3.4.13 befasst sich mit den Kennzeichen, die an Beförderungseinheiten und an Beförderungseinheiten mit Containern über 12 t zulässige Gesamtmasse angebracht werden müssen, wenn die nach **Abschnitt 3.4.14** genannte Menge von 8 t solcher Versandstücke überschritten wird.

Abschnitt 3.4.15 regelt u. a. das Verdecken oder Entfernen der Kennzeichen an den Beförderungseinheiten und Containern.

▶ *Siehe zu Kapitel 3.4 die RSEB*

Frage 25:

Sie wollen Druckgaspackungen mit giftigem und Druckgaspackungen mit ätzendem Inhalt gemeinsam als begrenzte Mengen in einer zusammengesetzten Verpackung verpacken. Welche höchstzulässigen Nettomengen je Innenverpackung und welche Bruttomasse je Außenverpackung sind gemäß ADR dabei zulässig?

Antwort: _____

_____

Kapitel 3.5   In freigestellten Mengen verpackte gefährliche Güter

Seit dem ADR 2009 wurden hier Vorschriften, die aus dem Luftverkehr stammen, für den Straßentransport eingeführt. **Freigestellte Mengen**, die den Vorschriften des Kapitels 3.5 ADR entsprechen, unterliegen nur den in Unterabschnitt 3.5.1.1 genannten sonstigen Vorschriften des ADR.

Im Unterabschnitt 3.5.1.4 wurde mit ADR 2013 eine Kleinstmengenregelung für **geringste** Mengen gefährlicher Güter eingeführt („De minimis" Quantities of dangerous Goods).

Über einen Code **(E0 bis E5)**, der in **Spalte 7b** der Tabelle A eingetragen ist, werden die **Mengengrenzen** für die Innen- und Außenverpackungen festgelegt. Diese sind in einer Tabelle in Unterabschnitt 3.5.1.2 eingetragen. Code E0 verbietet die Anwendung der Freistellungsregelung.

Es sind weitere Verpackungs- und Prüfungsvorschriften in Kapitel 3.5 einzuhalten. Das Kennzeichen besteht aus einem mit Schraffierung umrandeten Quadrat von 100 mm Seitenlänge in Rot oder Schwarz, in dem außer einem Symbol, das ein E (Excepted Quantities) darstellt, noch weitere Eintragungen vorhanden sein müssen (siehe Unterabschnitt 3.5.4.2 ADR).

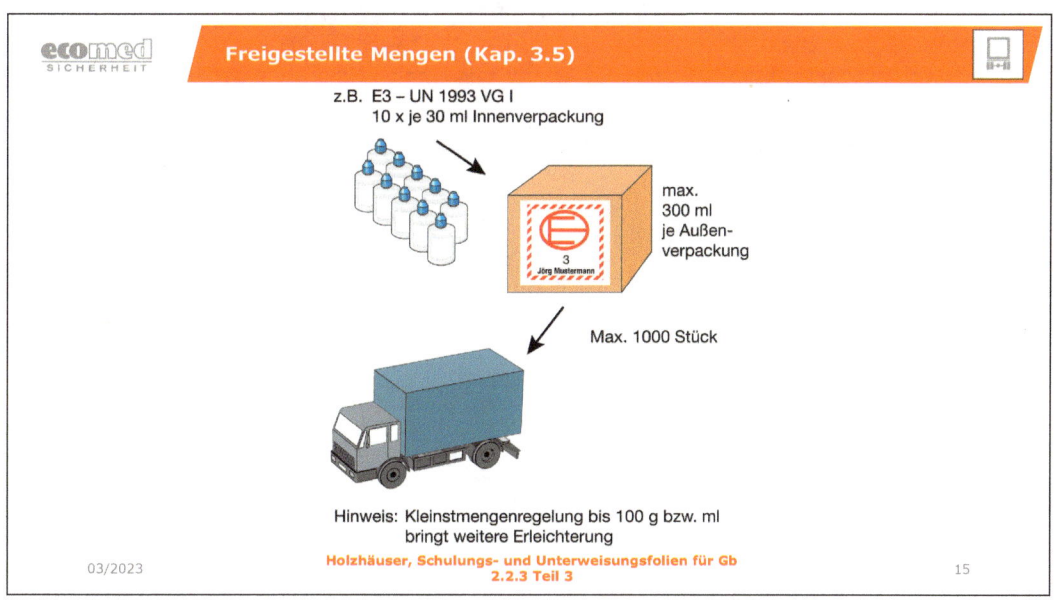

Die Anzahl der Versandstücke nach Kapitel 3.5 darf in einer Beförderungseinheit die Zahl 1000 nicht überschreiten. **Wenn Beförderungsdokumente mitgegeben werden, dann muss auch ein Hinweis auf „Gefährliche Güter in freigestellten Mengen" enthalten sein.**

Frage 26:

In welchem Abschnitt finden sich die Verpackungsvorschriften für in freigestellten Mengen verpackte gefährliche Güter? Nennen Sie die Hauptbestandteile der Verpackung.

Antwort: _____

2.2.4 ADR Teil 4 Verwendung von Verpackungen, Großpackmitteln (IBC), Großverpackungen und Tanks

Während der **Teil 4** die **Verwendungsvorschriften** für die genannten Umschließungen enthält, sind die **Bau- und Prüfvorschriften** dazu im **Teil 6** zu finden.

Die Tabelle A (Kapitel 3.2) steht über die **Spalten 8 bis 9b** (Verpackungen, Großpackmittel), die **Spalten 10 bis 11** (ortsbewegliche Tanks) und die **Spalten 12 bis 13** (ADR-Tanks) mit diesem Teil des ADR in Verbindung.

Codierung	Fundstelle in 3.2 Tabelle A
Codierungen für die Verpackung nach 4.1 P xxx, IBC xxx, LP xxx, R 001	Spalte 8
Sondervorschriften PP xx, RR xx, B xx, BB xx, L xx	Spalte 9a
Vorschriften für das Zusammenpacken MP xx	Spalte 9b
Tankcodierung „ortsbewegliche Tanks" T 1 bis T 23, T 50, T 75, BK 1, BK 2 und BK 3 (lose Schüttung)	Spalte 10
Sondervorschriften TP xx	Spalte 11
Tankcodierung für „Tanks" wie z. B. L4BN	Spalte 12
Sondervorschriften für „Tanks" TU xx, TC xx, TT xx, TM xx, TA xx, TE xx	Spalte 13

Der Teil 4 des ADR ist in sieben Kapitel unterteilt, wobei das Kapitel 4.6 offen bleibt.

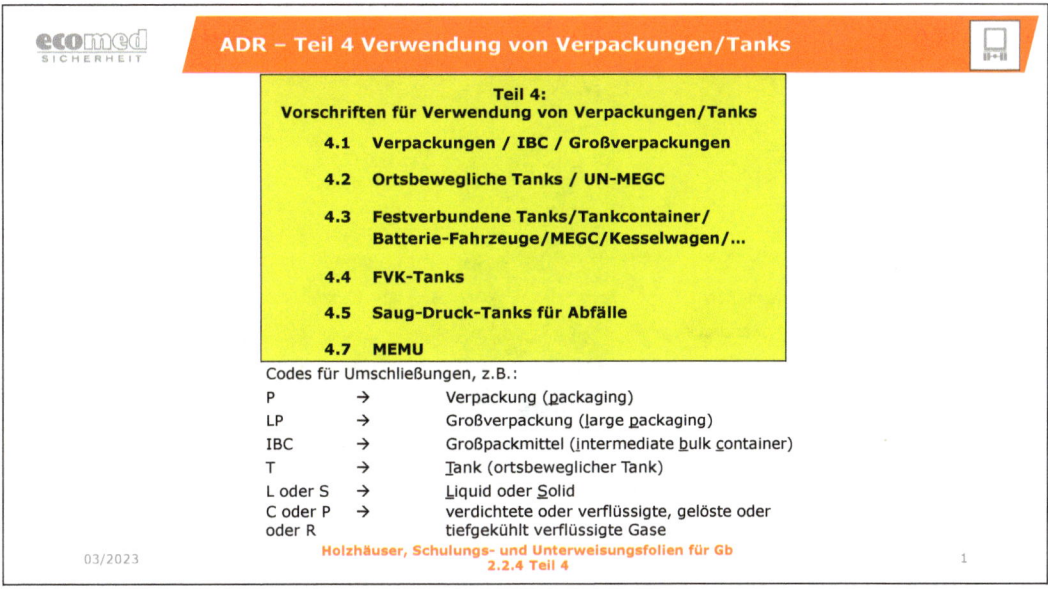

Kapitel 4.1 Verwendung von Verpackungen, einschließlich Großpackmittel (IBC) und Großverpackungen

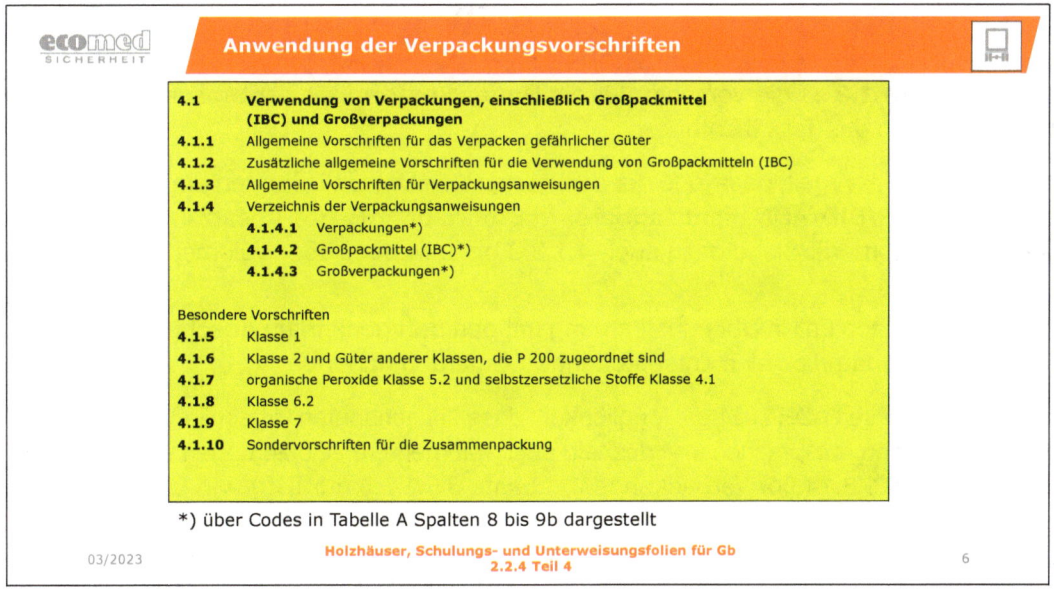

Abschnitt 4.1.1 Grundanforderungen (Allgemeine Verpackungsvorschriften)

In vielen Freistellungsregelungen wird auf die Einhaltung **dieser grundlegenden Sicherheitsbedingungen** für Gefahrgutumschließungen hingewiesen (z. B. bei den begrenzten Mengen „LQ" in Kapitel 3.4).

Es wird eine ausreichende Stärke gefordert, um den Beanspruchungen während der Beförderung, einschließlich Umschlag, standzuhalten. Die Umschließungen müssen so hergestellt und verschlossen sein, dass unter normalen Beförderungsbedingungen das Austreten des Inhaltes vermieden wird. An der Außenseite der Verpackungen dürfen keine gefährlichen Füllgutreste anhaften.

Anforderungen an Verpackungen – Transportbeanspruchungen
(Regelungen Kapitel 6.1 bis 6.6)

Holzhäuser, Schulungs- und Unterweisungsfolien für Gb
2.2.4 Teil 4

03/2023

9

 Frage 27:

Welchen allgemeinen Vorschriften müssen die Verpackungen bei der Beförderung in begrenzten Mengen entsprechen? Nennen Sie zwei Unterabschnitte!

Antwort: _____

Im Unterabschnitt 4.1.1.3 ist die Vorschrift für die **Bauartkonformität** der Umschließungen mit Hinweis auf die Prüfvorschriften des Teils 6 enthalten.

Im **Absatz 4.1.1.3.1** ist geregelt, dass jede der dort genannten Umschließungen **einer Bauart** entsprechen muss, **soweit das ADR/RID/ADN nichts anderes vorschreibt** (z.B. den Absatz 4.1.1.3.1 nicht in der Verpackungsanweisung fordert). Siehe dazu auch 4.1.3.3 bzgl. Masse- oder Volumenbegrenzungen solcher Verpackungen.

Diese Bauart muss je nach Fall in Übereinstimmung mit den dort genannten Abschnitten des Teils 6 erfolgreich geprüft sein (und natürlich eine entsprechende Codierung haben).

Absatz 4.1.1.3.2 enthält seit ADR 2021 die Möglichkeit, dass die genannten Umschließungen **einer oder mehrerer** geprüften **Bauarten** entsprechen und deshalb auch mit mehreren Codierungen versehen sein dürfen.
Siehe dazu auch UA 6.1.3.14 (für Verpackungen), Absatz 6.5.1.2.3 (für IBC) und UA 6.6.3.4 (für Großverpackungen) zur Anbringung der Kennzeichnung (Codierung) bei Mehrfachzulassungen.

Die allgemeinen Verpackungsvorschriften enthalten sehr detailliert alle Bedingungen, die bei der Verwendung von Verpackungen einzuhalten sind und sollten daher auch so detailliert Beachtung finden.

In den folgenden Unterabschnitten werden Einzelheiten geregelt:

4.1.1.4   Über den füllungsfreien Raum
4.1.1.5   Behandlung von Innenverpackungen
4.1.1.6   Unverträgliche Güter
4.1.1.7   Verschlüsse
4.1.1.8   Lüftungseinrichtungen
4.1.1.9   Prüfpflicht vor Befüllung und Versand
4.1.1.10   Innendruckfestigkeit
4.1.1.11   Leerverpackungen
4.1.1.12   Dichtheitsprüfung

4.1.1.13	Sich verflüssigende Stoffe
4.1.1.14	Staubdichtheit
4.1.1.15	**Zulässige Verwendungsdauer für Kunststoffverpackungen, Kunststoff-IBC und Kunststoff IBC-Innenbehälter**
4.1.1.16	Eis als Kühlmittel
4.1.1.17	(gestrichen) (siehe jetzt Bem. zu Kap. 4.1)
4.1.1.18	Verpackungsgruppe II für Verpackungen explosiver Stoffe und Gegenstände mit Explosivstoff
4.1.1.19	Verwendung von Bergungsverpackungen und Bergungsgroßverpackungen
4.1.1.20	Verwendung von Bergungsdruckgefäßen
4.1.1.21	Bedingungen mit einer **Assimilierungsliste** für den Nachweis der chemischen Verträglichkeit von Füllgütern für **Verpackungen aus Kunststoff**

Frage 28:

Welche Standardflüssigkeit ist für eine Verpackung aus Kunststoff nach der Assimilierungsliste für den Nachweis der chemischen Verträglichkeit zu verwenden, wenn UN 1906 damit befördert werden soll?

Antwort: _____

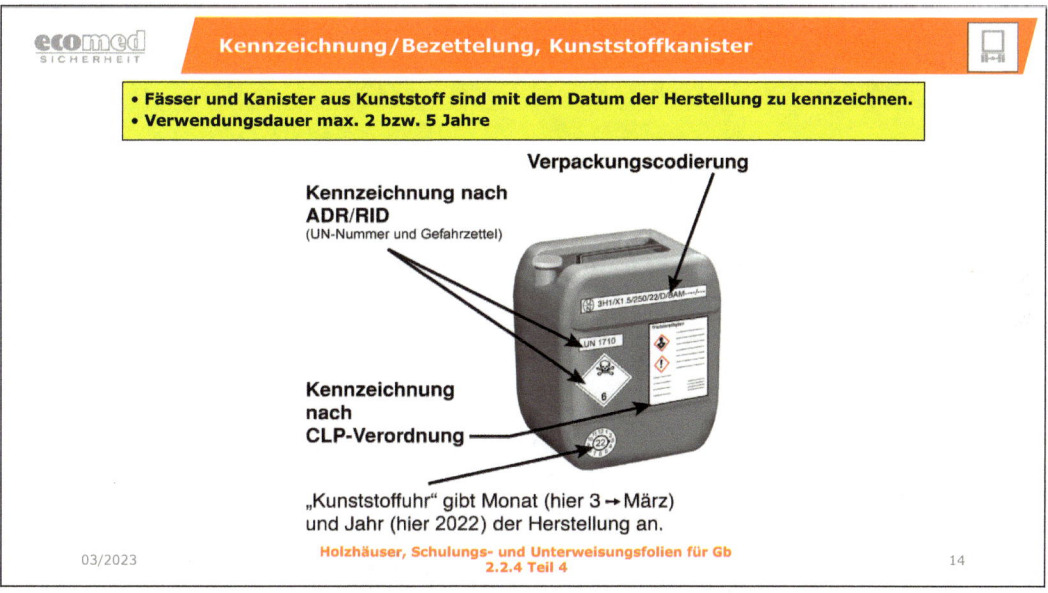

Die im Bild gezeigte Kunststoffuhr wird in Unterabschnitt 6.1.3.1 Buchstabe e) beschrieben, ebenso die Angabe des Herstellungsjahres und zusätzlich des Herstellungsmonats bei Kunststoffverpackungen 1H und 3H.

Die Verwendungsdauer bei H(Kunststoff)-Verpackungen ist normalerweise 5 Jahre (4.1.1.15), bei UN 1790 und 2031 jedoch nur 2 Jahre (siehe Sondervorschrift für Verpackungen PP81).

Frage 29:

UN 2031 Salpetersäure (mit 68 % Säure) soll in einem Kanister mit der Codierung 3H1 befördert werden. Die Verpackung wurde im Juli 2018 hergestellt. Bis wann (Monat/Jahr) darf diese Verpackung verwendet werden?

Antwort: _____

Abschnitt 4.1.2 Zusätzliche allgemeine Vorschriften für die Verwendung von Großpackmitteln (IBC)

Für Großpackmittel (IBC) sind zusätzliche allgemeine Vorschriften in Abschnitt 4.1.2 zu finden. Hier wird die Prüfpflicht angesprochen und die Möglichkeit, vorher befüllte IBC auch nach Ablauf der Prüffrist noch innerhalb von 3 Monaten zu befördern. Ebenso sind hier Möglichkeiten für die Rücksendung solcher abgelaufener IBC genannt. **Ein Eintrag ins Beförderungspapier ist dazu notwendig (5.4.1.1.11).**

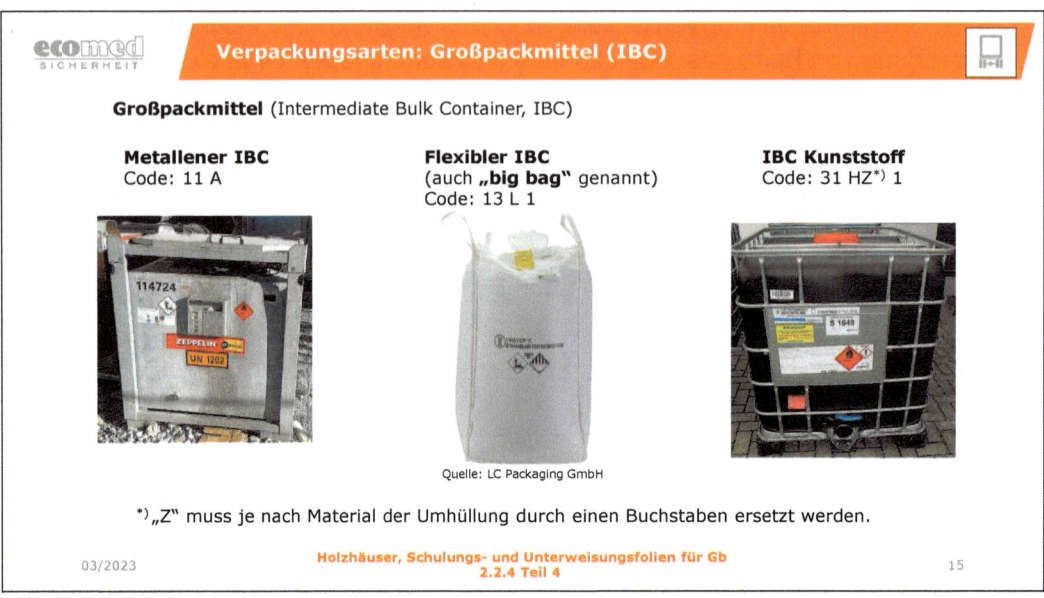

Frage 30:

Nennen Sie den maximalen Fassungsraum von Großpackmitteln für feste und flüssige Stoffe der Verpackungsgruppen II und III.

Antwort: _____

Abschnitt 4.1.3 Allgemeine Vorschriften für Verpackungsanweisungen

Abschnitt 4.1.4 Verzeichnis der Verpackungsanweisungen

Die allgemeinen Vorschriften in Abschnitt 4.1.3 sind den in **Spalte 8** der Tabelle A **codierten eigentlichen Verpackungsanweisungen in Abschnitt 4.1.4** vorgeschaltet. Die Gliederung dieses Abschnitts mit der Bedeutung der **Buchstaben P, R, IBC und LP** in den Codes der Verpackungsanweisungen wird in Unterabschnitt 4.1.3.1 erläutert.

In den mit diesen Buchstaben differenzierten und zusätzlich nummerierten Verpackungsanweisungen (z. B. P001, R001, IBC06, LP101) werden in **Unterabschnitt 4.1.4.1** die zugelassenen Verpackungstypen (z. B. 1A, 3H, 4G usw.) und die evtl. für besondere Fälle oder Stoffe geltenden **Sondervorschriften** genannt. Diese sind in der **Spalte 9a** der Tabelle A (Kapitel 3.2) ebenso codiert vermerkt (z. B. PP2, BB1, B6 oder L1).

Um für einen bestimmten Stoff die zugelassenen Verpackungen zu bestimmen, muss daher zunächst die UN-Nummer des Stoffes bekannt sein, dann wird über die Tabelle A (Kapitel 3.2) in den Spalten 8 und 9a die verwendbare Verpackungsanweisung und ggf. Sondervorschrift festgestellt und im Abschnitt 4.1.4 diese Verpackungsanweisung mit Sondervorschrift gelesen und umgesetzt.

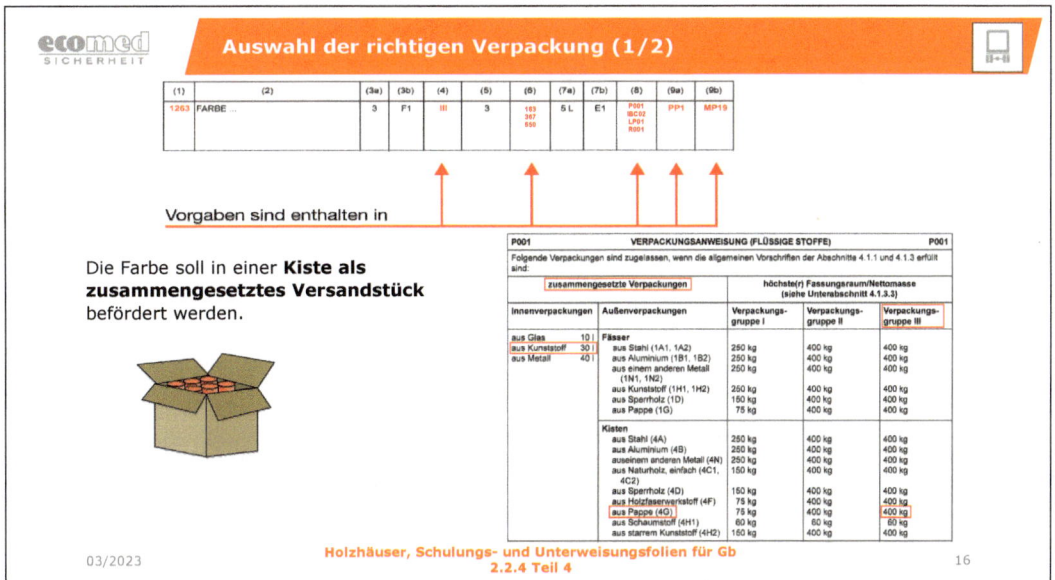

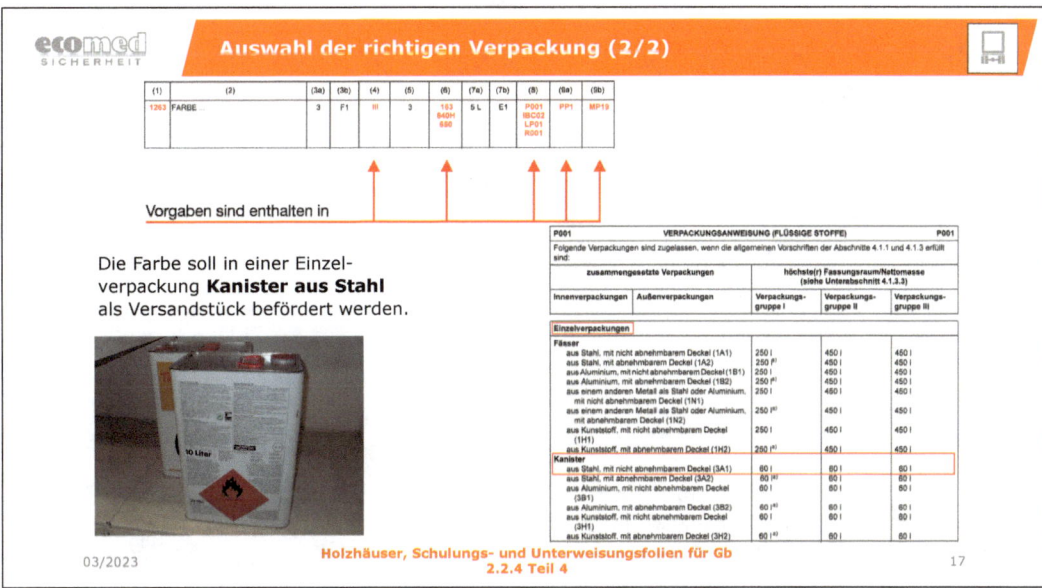

Die Verpackungsanweisung P200 für die Druckgefäße (Flaschen, Großflaschen, Druckfässer und Flaschenbündel) ist dabei sehr umfangreich. Wiederkehrende Prüfungen, wie sie im Kapitel 6.2 (6.2.1.6.1 und 6.2.3.5) für Druckgefäße vorgeschrieben werden, sind hier explizit genannt (5 Jahre, 10 Jahre, 15 Jahre).

In den verschiedenen Verpackungsanweisungen werden sowohl Einzelverpackungen als auch zusammengesetzte Verpackungen mit den zulässigen Innen- und Außenverpackungen sowie die zugelassene Höchstmenge je Innen- oder Außenverpackung (je nach Verpackungsgruppe) aufgeführt. Die hier zugelassene Höchstmenge muss nicht die höchste Nettomasse oder der höchste Fassungsraum (Definition 1.2.1) sein, die maximal für die jeweilige Verpackung nach Teil 6 (Bau- und Prüfvorschriften) zugelassen sind. Besonders bei Verpackungsgruppe I gibt es hier Differenzen nach unten.

Höchste Nettomasse oder höchster Fassungsraum für Großpackmittel (IBC), Großverpackungen (LP) und die verschiedenen Druckgefäße finden sich in den **Definitionen (1.2.1)**.

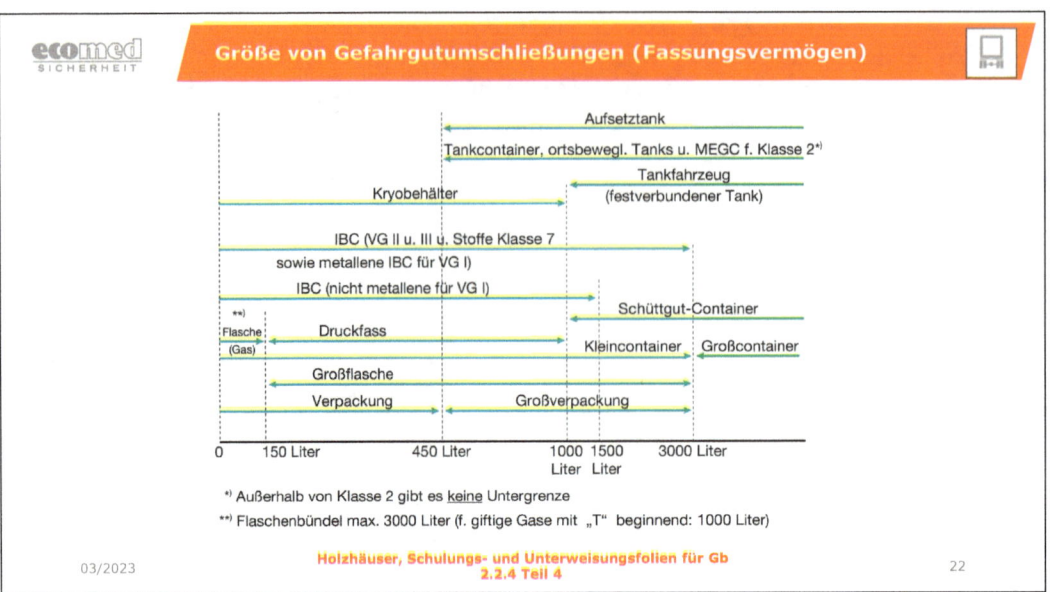

Frage 31:

Welche Einzelverpackung ist für UN 3242 zulässig?

Antwort: _____

Im Anschluss an den Abschnitt 4.1.4 werden **besondere Vorschriften** definiert und festgelegt.

▶ *Siehe Abbildung auf Seite 89 unten*

Frage 32:

Sie stellen bei einer Überprüfung fest, dass bei Ihren Gasflaschen die angegebene Prüffrist schon seit mehreren Jahren abgelaufen ist. Daher wollen Sie die Gasflaschen unter Nutzung des Unterabschnitts 4.1.6.10 ADR zur wiederkehrenden Prüfung befördern. Welcher Eintrag ist bei dieser Beförderung im Beförderungspapier, neben den allgemeinen Angaben zum Gefahrgut, zusätzlich erforderlich?

Antwort: _____

Abschnitt 4.1.10   Sondervorschriften für die Zusammenpackung

Werden mehrere Gefahrgüter in einem Versandstück zusammengefügt, so spricht man von Zusammenpacken. Das **Zusammenpacken** von gefährlichen Gütern miteinander und mit ungefährlichen Stoffen erfolgt in **einer zusammengesetzten Verpackung.**

Der Abschnitt 4.1.10 steht mit der **Spalte 9b** der Tabelle A **in Verbindung.** Die dort genannten Sondervorschriften für das Zusammenpacken, **codiert mit MP1 bis MP24,** sind hier mit dem dazugehörigen Text erläutert.

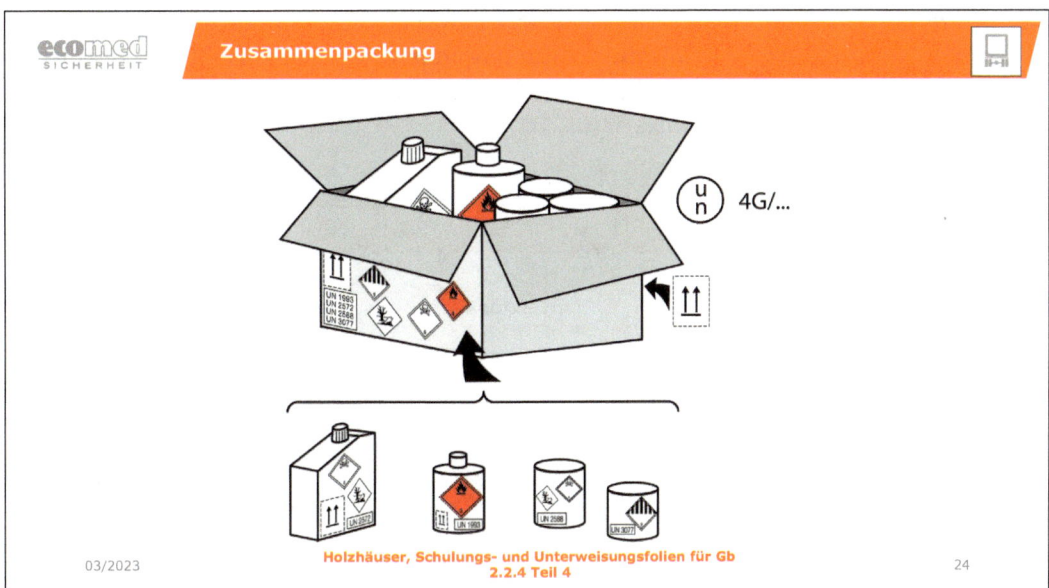

Kapitel 4.2 Verwendung von ortsbeweglichen Tanks und von UN-Gascontainern mit mehreren Elementen (MEGC)

Ortsbewegliche Tanks sind **multimodal** einsetzbare Tanks, die hauptsächlich so ausgelegt sind, dass sie auf einen Eisenbahnwagen, ein Straßenfahrzeug, ein See- oder Binnenschiff verladen werden können und mit Kufen, Tragelementen und Zubehörteilen ausgerüstet sind, um die mechanische Handhabung zu erleichtern. Ortsbewegliche Tanks für Gase müssen einen Fassungsraum von mehr als 450 Litern haben.

Die Begriffsbestimmungen sind in den **Unterabschnitten 6.7.2.1, 6.7.3.1 und 6.7.4.1** abgedruckt. Äußerlich sind ortsbewegliche Tanks von Tankcontainern kaum zu unterscheiden. Die Informationen über die Baumusterzulassung auf dem Tankschild sind mit dem **Symbol der Vereinten Nationen für Verpackungen** versehen.

Unterabschnitt 4.2.5.2 Anweisungen für ortsbewegliche Tanks

Der Unterabschnitt 4.2.5.2 steht mit der **Spalte 10** der Tabelle A in Verbindung und erläutert die **Tankanweisungen** für ortsbewegliche Tanks, die dort codiert mit **T1 bis T75** genannt werden.

Unterabschnitt 4.2.5.3 Sondervorschriften für ortsbewegliche Tanks

Die Sondervorschriften für ortsbewegliche Tanks, die in **Spalte 11** der Tabelle A mit den Kürzeln **TP1 bis TP37** genannt sind, werden in Unterabschnitt 4.2.5.3 mit Text erklärt.

Frage 33:

Darf UN 0331 Sprengstoff, Typ B, in Tanks befördert werden? Begründen Sie kurz Ihre Antwort!

Antwort: _____

Kapitel 4.3 Verwendung von festverbundenen Tanks (Tankfahrzeugen), Aufsetztanks, Tankcontainern und Tankwechselaufbauten (Tankwechselbehälter), deren Tankkörper aus metallenen Werkstoffen hergestellt sind, sowie von Batterie-Fahrzeugen und Gascontainern mit mehreren Elementen (MEGC)

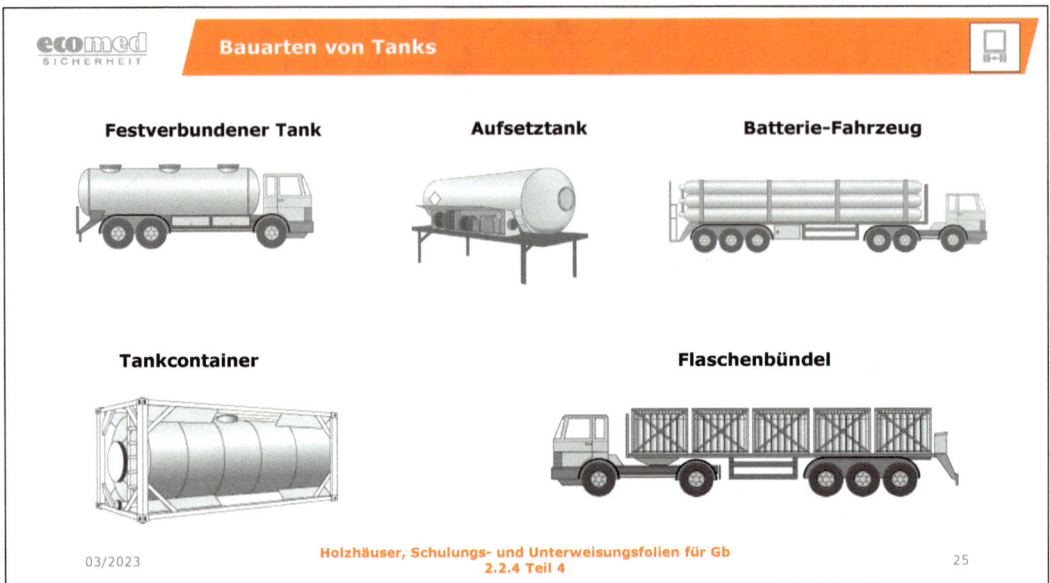

Die im Bild gezeigten Flaschenbündel sind Elemente eines MEGC.

Abschnitt 4.3.1 Anwendungsbereich

Vorschriften, die sich über die gesamte Textbreite erstrecken, gelten für alle in diesem Abschnitt genannten Tankarten. Vorschriften, die nur in einer Spalte erscheinen, gelten nur für die jeweiligen Tankarten.

Die Vorschriften gelten für	
festverbundene Tanks (Tankfahrzeuge), Aufsetztanks und Batterie-Fahrzeuge	Tankcontainer, Tankwechselaufbauten (Tankwechselbehälter) und MEGC
zur Beförderung gasförmiger, flüssiger, pulverförmiger und körniger Stoffe.	

Vorschriften für alle Klassen

Abschnitt 4.3.2 Verwendung

Der Hinweis auf die Beförderungszulässigkeit in diesen Umschließungen, wenn eine entsprechende **Tankcodierung** in der **Spalte 12** der **Tabelle A des Kapitels 3.2** angegeben ist, wird gleich zu Beginn des Abschnitts gegeben.

Ebenso der Hinweis, wo diese **Tankcodierungen**, die aus Buchstaben und Zahlen bestehen, erläutert sind: **Absatz 4.3.3.1.1 für Stoffe der Klasse 2, Absatz 4.3.4.1.1 für Stoffe der Klassen 3 bis 9.**

Absatz 4.3.2.1.3 Erforderlicher Typ

Hinweise auf den erforderlichen Typ der verwendbaren Tanks und die Möglichkeit, **höherwertige Tanks** einzusetzen (siehe auch Tankhierarchie)

Absatz 4.3.2.1.4   Sondervorschriften

Bei der Beförderung bestimmter Stoffe werden zusätzliche **Anforderungen an die Tanks** gestellt. Die **Spalte 13 der Tabelle A** enthält hierzu Sondervorschriften (siehe 4.3.5).

Absatz 4.3.2.1.6   Nahrungsmittel

in Gefahrguttanks nur bei Einhaltung der erforderlichen Maßnahmen zur Verhütung von Gesundheitsschäden

Absatz 4.3.2.1.7   Tankakte

Der Eigentümer oder Betreiber des Tanks muss eine Tankakte aufbewahren während der Lebensdauer des Tanks und bis 15 Monate danach. Bei einem Wechsel des Eigentümers bzw. Betreibers ist die Tankakte unverzüglich an den neuen Eigentümer/Betreiber zu übergeben.

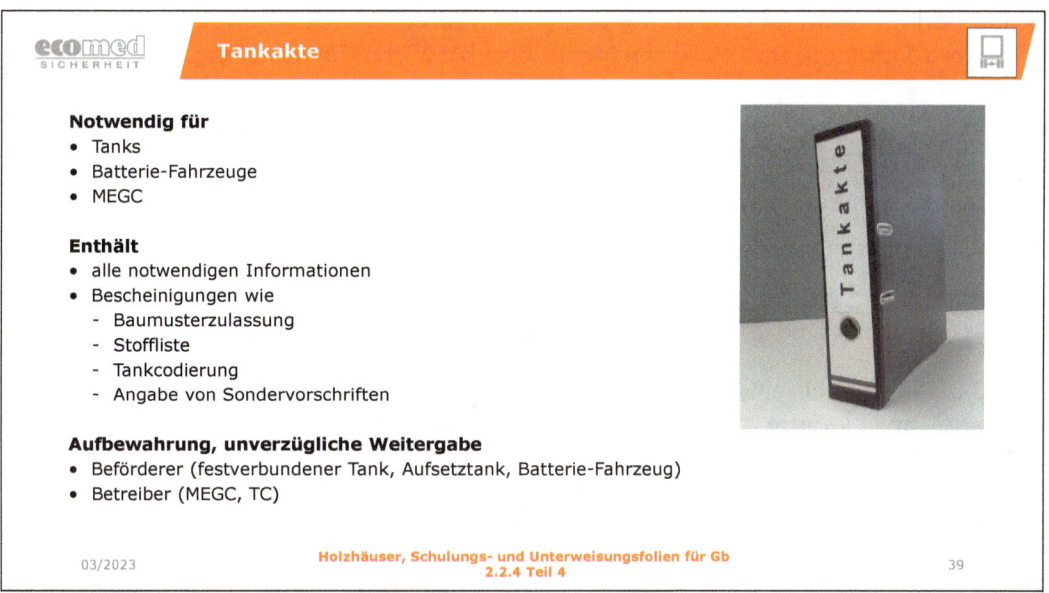

Unterabschnitt 4.3.2.2   Füllungsgrad

Maximale Füllungsgrade, ebenso auch **minimale Füllungsgrade**, wenn keine Trenn- oder Schwallwände eingebaut sind, werden im Unterabschnitt 4.3.2.2 festgelegt.

In Absatz 4.3.2.2.4 wird bestimmt, dass immer mit **mindestens 80 % oder maximal 20 % Füllungsgrad** transportiert werden muss, wenn der Tank nicht durch solche Einbauten in Abteile von höchstens 7500 l unterteilt ist.

Siehe dazu auch die in Deutschland geltende Regelung in § 28 Nr. 3 GGVSEB für den Fahrer.

Frage 34:

Es soll ein Tanksattelauflieger mit UN 1202 befüllt werden. Der Ein-Kammer-Tankaufbau hat ein Volumen von 42 000 l und ist nicht durch Trenn- oder Schwallwände unterteilt. Welche Vorgaben zum Füllungsgrad müssen in diesem Fall nach ADR stets beachtet werden?

Antwort: _____

_____

Unterabschnitt 4.3.2.3   Betrieb

Allgemeine Betriebsvorschriften in Unterabschnitt 4.3.2.3 beinhalten Vorschriften über die **Verschlüsse der Tanks und deren Prüfung, Füllgutreste am Tankäußeren und Befüllung nebeneinanderliegender Tankabteile sowie Befüllung und Beförderung nach Ablauf der Tankprüfung.**

Unterabschnitt 4.3.2.4   Ungereinigte leere Tanks, Batterie-Fahrzeuge und MEGC

Müssen ebenso verschlossen und dicht sein wie im befüllten Zustand.

Absatz 4.3.2.4.3   Nicht dichte Tanks

Wenn die Dichtheitsvorschriften nicht eingehalten werden können, dann muss die Zuführung der Tanks zu einer Reparatur oder Reinigung unter Beachtung der ausreichenden Sicherheit erfolgen.

Im **Absatz 4.3.2.4.4** ist auch eine Möglichkeit verankert, auch **nach Ablauf der Tankprüfungsfristen nach Teil 6 diese Tanks wieder einer erneuten Prüfung zuzuführen**.

Achtung: Sowohl im Falle des Absatzes 4.3.2.4.3 als auch von 4.3.2.4.4 muss ein **Eintrag ins Beförderungspapier** erfolgen; siehe Absatz 5.4.1.1.6.3 und 5.4.1.1.6.4.

Frage 35:

Der Heizölhändler H. hat bei der Kontrolle seines Tankfahrzeuges festgestellt, dass der Domdeckel nicht mehr richtig schließt. Das Fahrzeug soll daher mit leerem ungereinigtem Tank der nahe liegenden Firma R. zur Reparatur zugeführt werden. Welcher zusätzliche Vermerk ist aufgrund dessen, neben den gefahrgutspezifischen Angaben, im Beförderungspapier nach ADR erforderlich?

Antwort: _____

Abschnitt 4.3.3   Sondervorschriften für die Klasse 2

Nach **Erklärung der Tankcodierungen und der Tankhierarchie für Gas-Tanks** werden in Unterabschnitt 4.3.3.2 die Füllbedingungen und Prüfdrücke für Gase festgelegt.

Eine **Tabelle in Absatz** 4.3.3.2.5 enthält dazu ein nach UN-Nummern gegliedertes **Gasverzeichnis** mit den Werten für jedes einzelne Gas.

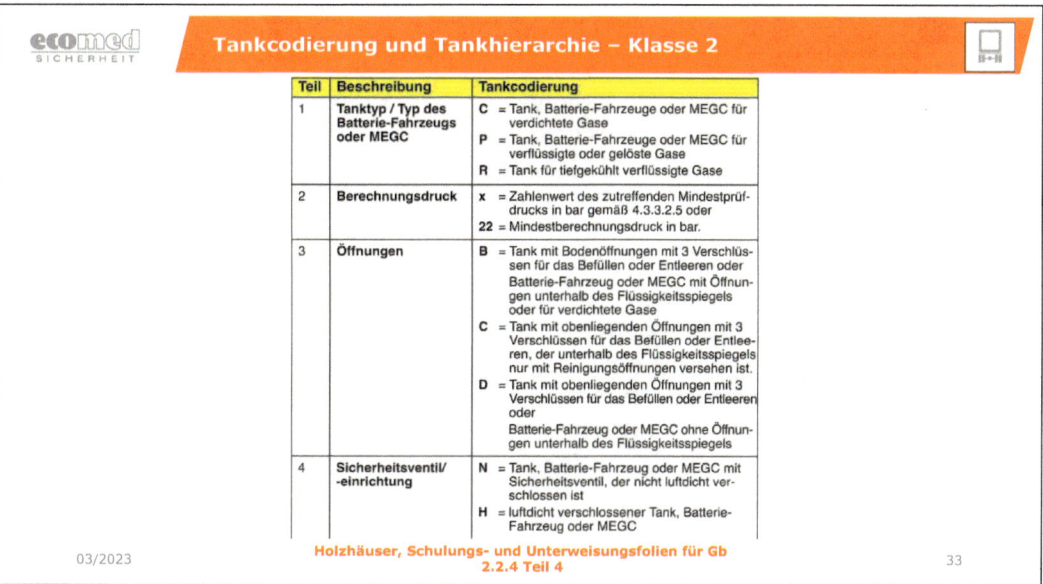

Tankcodierung und Tankhierarchie – Klasse 2

Teil	Beschreibung	Tankcodierung
1	Tanktyp / Typ des Batterie-Fahrzeugs oder MEGC	**C** = Tank, Batterie-Fahrzeuge oder MEGC für verdichtete Gase **P** = Tank, Batterie-Fahrzeuge oder MEGC für verflüssigte oder gelöste Gase **R** = Tank für tiefgekühlt verflüssigte Gase
2	Berechnungsdruck	**x** = Zahlenwert des zutreffenden Mindestprüfdrucks in bar gemäß 4.3.3.2.5 oder **22** = Mindestberechnungsdruck in bar.
3	Öffnungen	**B** = Tank mit Bodenöffnungen mit 3 Verschlüssen für das Befüllen oder Entleeren oder Batterie-Fahrzeug oder MEGC mit Öffnungen unterhalb des Flüssigkeitsspiegels oder für verdichtete Gase **C** = Tank mit obenliegenden Öffnungen mit 3 Verschlüssen für das Befüllen oder Entleeren, der unterhalb des Flüssigkeitsspiegels nur mit Reinigungsöffnungen versehen ist. **D** = Tank mit obenliegenden Öffnungen mit 3 Verschlüssen für das Befüllen oder Entleeren oder Batterie-Fahrzeug oder MEGC ohne Öffnungen unterhalb des Flüssigkeitsspiegels
4	Sicherheitsventil/ -einrichtung	**N** = Tank, Batterie-Fahrzeug oder MEGC mit Sicherheitsventil, der nicht luftdicht verschlossen ist **H** = luftdicht verschlossener Tank, Batterie-Fahrzeug oder MEGC

03/2023   Holzhäuser, Schulungs- und Unterweisungsfolien für Gb
2.2.4 Teil 4   33

Frage 36:

Darf nach ADR Sauerstoff, tiefgekühlt, flüssig, in Tanks mit der Codierung C22BN befördert werden? Nennen Sie auch die Fundstelle für Ihre Lösung!

Antwort: _____

Abschnitt 4.3.4   Sondervorschriften für die Klassen 1 und 3 bis 9

Auch hier wird zunächst die **Tankcodierung** erklärt und danach die **Tankhierarchie** aufgelistet (Verwendung höherwertiger Tanks anstelle der in Spalte 12 der Tabelle A genannten Tanks).

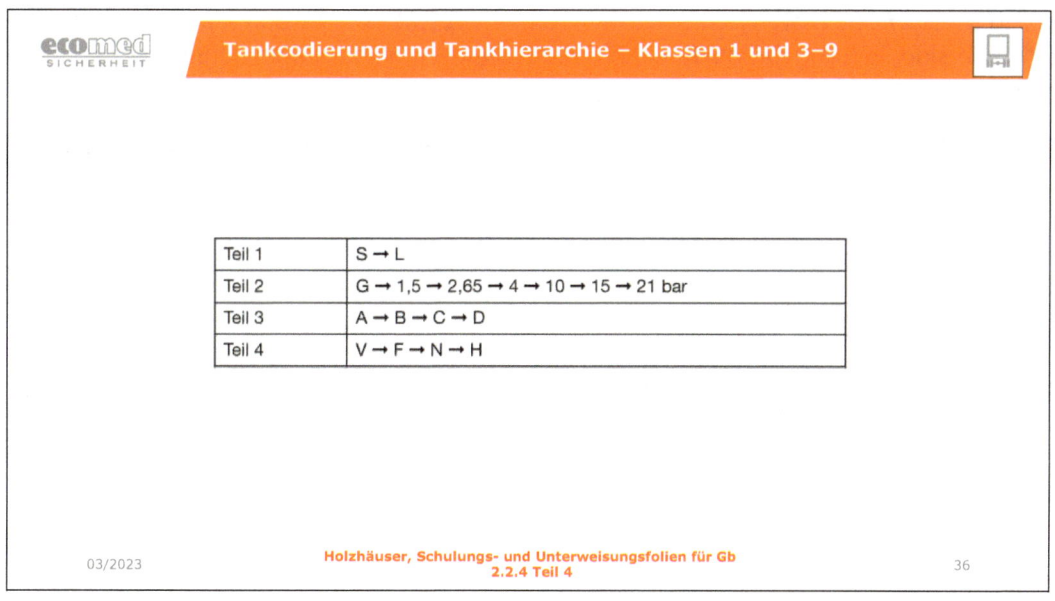

Tankcodierung und Tankhierarchie – Klassen 1 und 3–9

Teil 1	S → L
Teil 2	G → 1,5 → 2,65 → 4 → 10 → 15 → 21 bar
Teil 3	A → B → C → D
Teil 4	V → F → N → H

03/2023   Holzhäuser, Schulungs- und Unterweisungsfolien für Gb
2.2.4 Teil 4   36

Frage 37:

Toluen ist gemäß ADR zu befördern. Nennen Sie zwei Tankcodierungen (ADR-Tanks) für Tankfahrzeuge, in denen dieser Stoff befördert werden darf!

Antwort: _____

Wenn in der **Spalte 12** der Tabelle A (Kapitel 3.2) **hinter der Tankcodierung** ein **(+)** angegeben ist, dann gelten für diese Stoffe besondere Vorschriften:
Der **Absatz 4.3.4.1.3** mit Tabelle gibt hier Aufklärung, ergänzt durch die in **Spalte 13** der Tabelle A codierten Sondervorschriften.

Die Begrenzung der **Maximaltemperatur an der Außenseite** eines mit warmen Produkten beladenen Tanks auf **70 °C** sowie eine Entleerungsvorschrift für Verbindungsleitungen finden sich im **Unterabschnitt 4.3.4.2**.

Abschnitt 4.3.5 Sondervorschriften

Die codierten Sondervorschriften **TU1 bis TU41** aus der Spalte 13 der Tabelle A werden in **Abschnitt** 4.3.5 **erläutert.**

Kapitel 4.4 Verwendung von festverbundenen Tanks und Aufsetztanks aus faserverstärkten Kunststoffen (FVK)

Abschnitt 4.4.1 Allgemeines

Hier sind die **Bedingungen** aufgelistet, unter denen die Verwendung von FVK-Tanks zulässig ist.

Abschnitt 4.4.2 Betriebsvorschriften

In den **Betriebsvorschriften** wird umfänglich auf Vorschriften des Kapitels 4.3 verwiesen.

Kapitel 4.5 Verwendung und Betrieb der Saug-Druck-Tanks für Abfälle

Grundsätzlich dürfen Abfälle der Klassen 3, 4.1, 5.1, 6.1, 6.2, 8 oder 9, aber auch Stoffe dieser Klassen, die keine Abfälle sind, in Saug-Druck-Tanks befördert werden, wenn die Vorschriften des Kapitels 4.3 die Beförderung gestatten.

Stoffe, denen in der Tabelle A (Kapitel 3.2), Spalte 12, die Tankcodierung L4BH zugeordnet ist (oder eine höherwertige Tankcodierung nach der Tankhierarchie zugelassen ist), dürfen in Saug-Druck-Tanks für Abfälle befördert werden, wenn in der Tankcodierung des Saug-Druck-Tankfahrzeugs (an dritter Stelle) die Buchstaben A oder B vorhanden sind.
A steht für Bodenöffnungen mit 2 Verschlüssen.
B steht für Bodenöffnungen mit 3 Verschlüssen.

Die Tankcodierung geht aus der ADR-Zulassungsbescheinigung nach Teil 9 für das Saug-Druck-Tankfahrzeug hervor.

– Kapitel 4.6 bleibt offen. –

Kapitel 4.7 **Verwendung von mobilen Einheiten zur Herstellung von explosiven Stoffen oder Gegenständen mit Explosivstoff (MEMU)**

Die MEMU ist die Sonderform einer Gefahrgutbeförderungseinheit, in der, zur Herstellung explosiver Stoffe und Gegenstände, sowohl Versandstücke als auch Stoffe im Tank und Schüttgut transportiert werden.

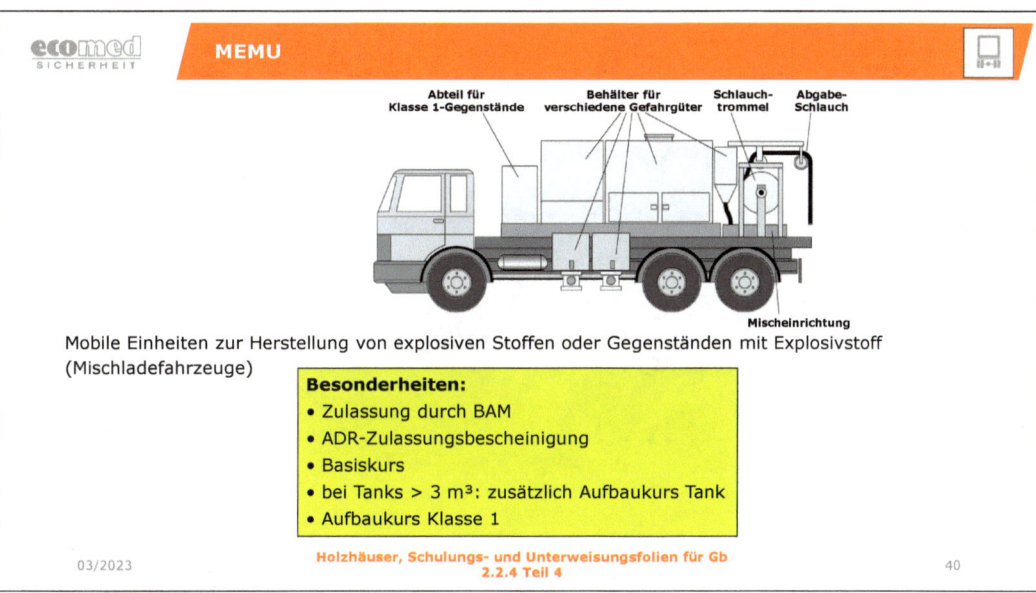

Mobile Einheiten zur Herstellung von explosiven Stoffen oder Gegenständen mit Explosivstoff (Mischladefahrzeuge)

2.2.5 ADR Teil 5 Vorschriften für den Versand

Dieser Teil enthält Vorschriften bezüglich der Kennzeichnung, Bezettelung und Dokumentation und z. B. für die Klasse 7 der Genehmigung des Versands und der vorherigen Benachrichtigung.

Die Tabelle A steht durch die **Spalte 5 (Gefahrzettel)** und die **Spalte 20 (Nummer zur Kennzeichnung der Gefahr)** mit diesem Teil des ADR in Verbindung.

Der Teil 5 des ADR ist in die Kapitel 5.1 bis 5.5 unterteilt, die im Folgenden besprochen werden.

Kapitel 5.1 Allgemeine Vorschriften

Abschnitt 5.1.2 Verwendung von Umverpackungen

Die Vorschriften **für Umverpackungen** bezüglich Kennzeichnung, Vorschriftenkonformität, Versandstückausrichtung und Zusammenladeverbote in der Umverpackung (siehe Abschnitt 7.5.2) sind in diesem Abschnitt enthalten.

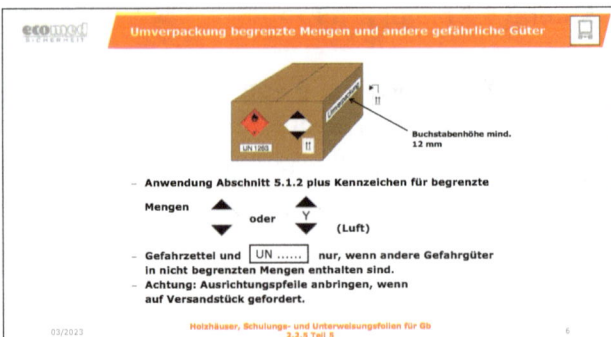

Frage 38:

30 Versandstücke mit Klebstoffen der Klasse 3, Verpackungsgruppe I, die in zusammengesetzten Verpackungen à 10 l verpackt sind, werden zur leichteren Handhabung in eine Umverpackung aus Pappe eingestellt. Geben Sie die vorgeschriebenen Kennzeichen und Gefahrzettel auf der Umverpackung nach ADR an!

Antwort: _____

Abschnitt 5.1.3 Ungereinigte leere Verpackungen (einschließlich Großpackmittel (IBC) und Großverpackungen), Tanks, MEMU, Fahrzeuge und Container für die Beförderung in loser Schüttung

enthält **Versandvorschriften** für leere ungereinigte Behältnisse, Umschließungen und bestimmte Fahrzeuge.

> **Unterabschnitt 5.1.3.1** verweist darauf, dass die leeren ungereinigten Behältnisse mit den **gleichen Kennzeichen, Gefahrzetteln und Placards** versehen sein müssen wie im gefüllten Zustand.

Abschnitt 5.1.5 Allgemeine Vorschriften für die Klasse 7

Beförderungsgenehmigung und Benachrichtigung (5.1.5.1), **Zulassungs-/Genehmigungszeugnisse der zuständigen Behörde** (5.1.5.2) sind hier geregelt (Zusammenfassung siehe 5.1.5.5), ebenso die Bestimmung der Transportkennzahl (TI) für die Versandstücke (5.1.5.3) sowie die Kritikalitätssicherheitskennzahl (CSI) für das Beförderungsmittel (bei spaltbaren Stoffen) (zur CSI siehe auch Unterabschnitt 6.4.11.13).

Für die Kennzeichnung der Versandstücke, Umverpackungen und Container mit den verschiedenen Kategorien der Gefahrzettel (I-WEISS, II-GELB oder III-GELB) werden in **Absatz 5.1.5.3.4** die Bedingungen aufgelistet. Die **Transportkennzahl (TI)** und die **Oberflächendosisleistung** sind hier wichtige Größen.

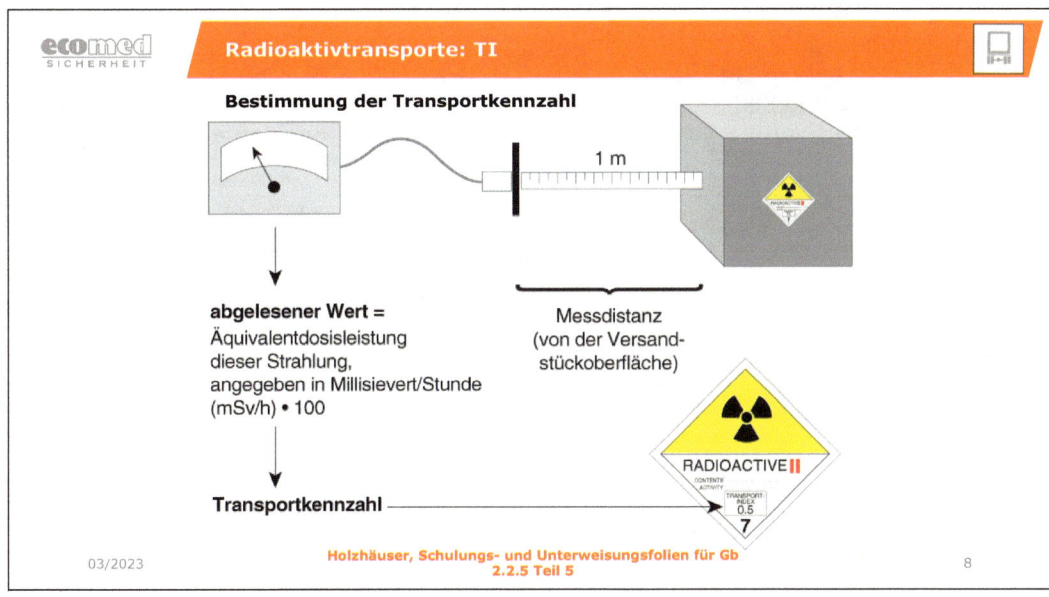

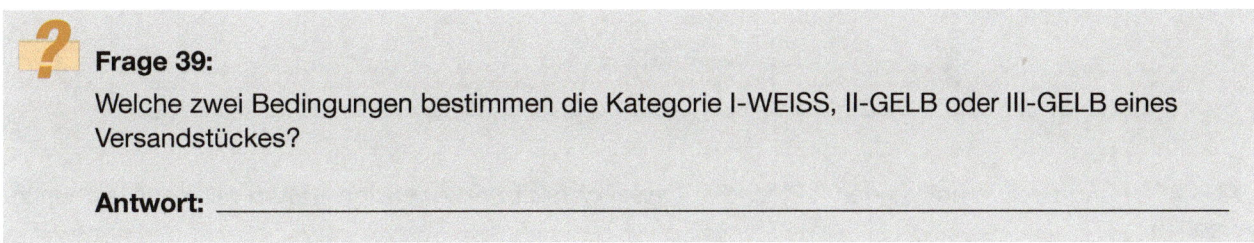

Frage 39:

Welche zwei Bedingungen bestimmen die Kategorie I-WEISS, II-GELB oder III-GELB eines Versandstückes?

Antwort: _____

Besondere Vorschriften für **freigestellte Versandstücke der Klasse 7** finden sich im **Unterabschnitt 5.1.5.4** bezüglich Kennzeichnung und Dokumentation.

Frage 40:

Nennen Sie zwei zulässige Versandstücktypen für radioaktive Stoffe.

Antwort: _____

Kapitel 5.2   Kennzeichnung und Bezettelung

Dieses Kapitel ist in zwei Abschnitte unterteilt, die sich mit der **Kennzeichnung und Bezettelung von Versandstücken** sowie mit dem Aussehen der Gefahrzettel befassen.

Abschnitt 5.2.1   Kennzeichnung von Versandstücken

Zunächst wird grundsätzlich für jedes Versandstück (siehe Definition in 1.2.1) die Angabe der **UN-Nummer** gefordert, der die Buchstaben „UN" vorangestellt sind. Diese müssen eine Zeichenhöhe von mindestens 12 mm haben; bei Versandstücken mit Fassungsraum von höchstens 30 l oder 30 kg netto oder Flaschen bis höchstens 60 l Wasserfassungsvermögen darf die Zeichenhöhe mind. 6 mm betragen, bei Versandstücken bis 5 l bzw. 5 kg netto müssen die Zeichen eine angemessene Höhe haben. Alle Kennzeichnungen müssen gut sichtbar und lesbar sein und den Witterungseinflüssen ohne nennenswerte Beeinträchtigung standhalten.

Bergungsverpackungen, Bergungsgroßverpackungen und Bergungsdruckgefäße (siehe Definition 1.2.1 und Verwendung 4.1.1.18.1 bzw. 4.1.1.20) sind zusätzlich mit dem Kennzeichen **BERGUNG** zu versehen.

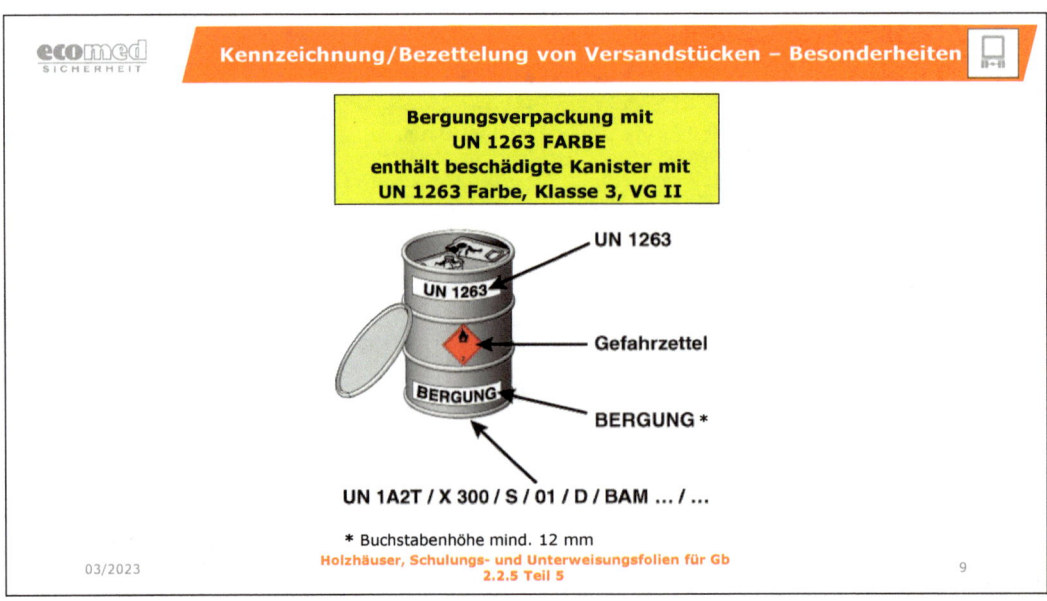

IBC > 450 l und Großverpackungen (LP) sind auf **zwei gegenüberliegenden Seiten** mit Kennzeichen zu versehen.

 Frage 41:

Wo müssen an Großpackmitteln mit einem Fassungsraum von mehr als 450 Liter, die gefährliche Güter enthalten, Gefahrzettel angebracht werden?

Antwort: _____

Unterabschnitt 5.2.1.5   Zusätzliche Vorschriften für Güter der Klasse 1

Versandstücke der Klasse 1 müssen zusätzlich mit der Angabe der offiziellen Benennung des Gutes gem. Tabelle A (Kapitel 3.2) gut lesbar und unauslöschbar in einer oder mehreren Sprachen gekennzeichnet sein. Eine dieser Sprachen muss Deutsch, Englisch oder Französisch sein, wenn keine Sondervereinbarungen zwischen den betroffenen Beförderungsstaaten etwas Anderes vorschreiben.

Unterabschnitt 5.2.1.6   Zusätzliche Vorschriften für Güter der Klasse 2

Auf den wiederbefüllbaren Gefäßen werden ebenso die **Angabe der offiziellen Benennung** bzw. alternative Benennungen und weitere Angaben gut lesbar und dauerhaft gefordert. So muss hier zusätzlich die **Füll- oder Bruttomasse** sowie das **Datum (Jahr) der nächsten wiederkehrenden Prüfung** angegeben werden.

Unterabschnitt 5.2.1.7   Besondere Vorschriften für die Kennzeichnung von radioaktiven Stoffen

Radioaktive Stoffe unterliegen bezüglich der Kennzeichnung ebenfalls besonderen Vorschriften. Hier muss zusätzlich zur **UN-Nummer** und der **offiziellen Benennung** des Gutes die **Bruttomasse** des Versandstücks angegeben werden, wenn das **Gewicht über 50 kg** liegt. Außerdem werden der **Versandstück-TYP** und eine **Identifikation des Absenders und/oder des Empfängers** verlangt. Bei bestimmten **unfallsicheren Versandstücken** (z. B. Typ B (U)) muss das behördliche Zulassungskennzeichen angegeben werden, und die Kennzeichnung mit dem Strahlensymbol durch Einstanzen oder Prägen ist vorgeschrieben.

Unterabschnitt 5.2.1.8 ff.   Besondere Vorschriften für das Kennzeichen für umweltgefährdende Stoffe

Besondere Vorschriften für das Kennzeichen für umweltgefährdende Stoffe, die den **Kriterien des Absatzes 2.2.9.1.10** entsprechen *(siehe dazu auch RSEB)*.

Das **Symbol (Fisch und Baum)** muss **neben der UN-Nummer** auf dem Versandstück dauerhaft angebracht werden, wenn der Inhalt den Kriterien für die Umweltgefährdung entspricht.

Die Bezettelungsvorschriften des Abschnitts 5.2.2 gelten zusätzlich.

Es muss **nicht angebracht** werden auf Einzelverpackungen und zusammengesetzten Verpackungen mit Innenverpackungen, die einen Inhalt von

✓ für flüssige Stoffe höchstens 5 l haben oder

✓ für feste Stoffe eine Nettomasse von höchstens 5 kg haben.

Beachte hierzu auch die Freistellungsregelung in der Sondervorschrift SV 375 (Kap. 3.3).

 Frage 42:

Mehrere Versandstücke mit festen, nicht umweltgefährdenden Stoffen unterschiedlicher UN-Nummern werden auf einer Palette transportiert, die mit einer undurchsichtigen Folie umwickelt ist. Welche Kennzeichnungen sind zusätzlich zu den Gefahrzetteln erforderlich?

Antwort: _____

Unterabschnitt 5.2.1.9 Kennzeichen für Lithiumbatterien

Versandstücke mit Lithiumzellen oder -batterien, die gem. Sondervorschrift 188 (Kap. 3.3) vorbereitet sind (d. h. sie unterliegen nicht den übrigen Vorschriften des ADR, wenn SV 188 erfüllt ist), müssen **mit dem in Absatz 5.2.1.9.2 abgebildeten neuen Kennzeichen** versehen sein.

Unterabschnitt 5.2.1.10 befasst sich mit den **Ausrichtungspfeilen**, einer Kennzeichnung, die bei der Beförderung von

✓ zusammengesetzten Verpackungen mit Innenverpackungen, die flüssige Stoffe enthalten,

✓ Einzelverpackungen, die mit Lüftungseinrichtungen ausgerüstet sind, und

✓ verschlossenen oder offenen Kryo-Behältern zur Beförderung tiefgekühlt verflüssigter Gase

✓ Maschinen und Geräte, die flüssige gefährliche Güter enthalten … (SV 301)

an zwei gegenüberliegenden senkrechten Seiten des Versandstücks angebracht sein muss, wobei die Pfeile korrekt nach oben zeigen müssen.

Die Kennzeichnung wird leider oft nicht als relevant beim Gefahrguttransport erkannt und bleibt daher unbeachtet. Die Nichtbeachtung ist empfindlich bußgeldbewehrt.

Der **Absatz 5.2.1.10.2** listet die **Ausnahmen** auf, bei denen die Anbringung der Ausrichtungspfeile nicht erforderlich ist.

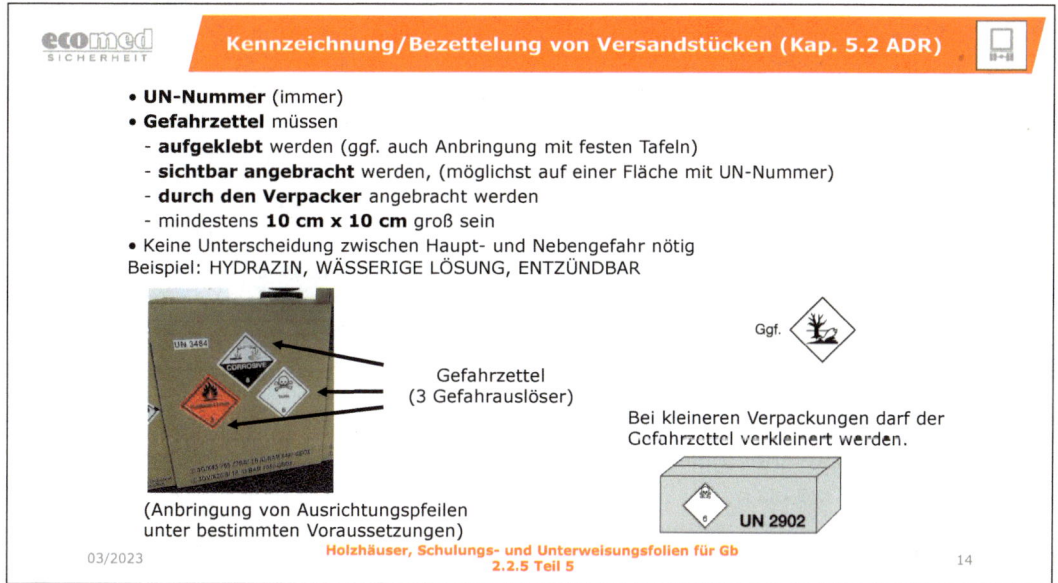

Kennzeichnung/Bezettelung von Versandstücken (Kap. 5.2 ADR)

- **UN-Nummer** (immer)
- **Gefahrzettel** müssen
  - **aufgeklebt** werden (ggf. auch Anbringung mit festen Tafeln)
  - **sichtbar angebracht** werden, (möglichst auf einer Fläche mit UN-Nummer)
  - **durch den Verpacker** angebracht werden
  - mindestens **10 cm x 10 cm** groß sein
- Keine Unterscheidung zwischen Haupt- und Nebengefahr nötig
Beispiel: HYDRAZIN, WÄSSERIGE LÖSUNG, ENTZÜNDBAR

Gefahrzettel
(3 Gefahrauslöser)

Ggf.

Bei kleineren Verpackungen darf der Gefahrzettel verkleinert werden.

(Anbringung von Ausrichtungspfeilen unter bestimmten Voraussetzungen)

UN 2902

03/2023

Holzhäuser, Schulungs- und Unterweisungsfolien für Gb
2.2.5 Teil 5

14

Frage 43:

Welche Versandstücke mit gefährlichen Gütern sind gemäß ADR mit Ausrichtungspfeilen zu kennzeichnen? Nennen Sie einen Fall!

Antwort: _____

Abschnitt 5.2.2   Bezettelung von Versandstücken

Dieser Abschnitt ist unterteilt in zwei Unterabschnitte, wobei sich der erste,

✓ **5.2.2.1**, mit den eigentlichen Bezettelungsvorschriften auf den Versandstücken befasst und der zweite,

✓ **5.2.2.2**, mit den Vorschriften, die die Form und das Aussehen der Gefahrzettel betreffen.

Dieser Abschnitt steht mit der **Spalte 5** und **indirekt** auch mit der **Spalte 6** der Tabelle A (Kapitel 3.2) in Verbindung.

Unterabschnitt 5.2.2.1   Bezettelungsvorschriften

Grundsätzlich müssen für jeden Stoff oder Gegenstand, bei dem in **Spalte 5** der Tabelle A ein oder mehrere Gefahrzettel angegeben sind, diese auf dem Versandstück angebracht werden, es sei denn, eine **Sondervorschrift in Spalte 6** der Tabelle sieht etwas anderes vor.

Die Art und Weise der Anbringung der Gefahrzettel sowie die Platzierung auf den Versandstücken wird in **Absatz 5.2.2.1.6** genau geregelt.

Wie schon von der Kennzeichnung mit der UN-Nummer bekannt, müssen auch die **Gefahrzettel bei IBC > 450 l** und **Großverpackungen** auf **zwei gegenüberliegenden Seiten** angebracht werden.

Frage 44:

Ein Großpackmittel mit einem Fassungsraum von 1000 l enthält eine Kaliumhydroxidlösung. Welche Kennzeichen sind zusätzlich zu den Gefahrzetteln erforderlich und wo müssen die Kennzeichen angebracht werden? Die Kriterien des Absatzes 2.2.9.1.10 treffen für dieses Gefahrgut nicht zu.

Antwort: _____

Besonderheiten sind in **Absatz 5.2.2.1.9** angegeben für **selbstzersetzliche Stoffe** der Klasse 4.1 und **organische Peroxide** der Klasse 5.2. Hier sind Besonderheiten in Bezug auf die zusätzliche Anbringung von Zetteln nach Muster 1 (explosiv) oder Muster 8 (ätzend) zu beachten, die zu den Zetteln nach Muster 4.1 bzw. 5.2 anzubringen sind.

Absatz 5.2.2.1.10 enthält Besonderheiten für die Bezettelung von Versandstücken mit **ansteckungsgefährlichen Stoffen** der Klasse 6.2.

Absatz 5.2.2.1.11 ff. befasst sich mit den Besonderheiten bei der Bezettelung **radioaktiver Stoffe** der Klasse 7.

In einem Überblick in **Absatz 5.2.2.1.11.1** wird die Anbringung der Zettel Muster 7A, 7B und 7C erläutert, sowie die Notwendigkeit des Zettels Muster 7E bei spaltbaren Stoffen (außer den nach 6.4.11.2 bzw. 2.2.7.2.3.5 freigestellten) vorgeschrieben.

Auf den Zetteln Muster 7A, 7B und 7C **sind bestimmte Angaben einzutragen.** Diese werden in **Absatz 5.2.2.1.11.2** erläutert: Name des Nuklids (außer LSA-I), Aktivität, Transportkennzahl (TI) (außer Kategorie I weiß). Die **Kritikalitätssicherheitskennzahl (CSI)** ist auf dem Zettel Muster 7E einzutragen. Zettel 7E auf Umverpackungen und Containern sind mit dem Gesamtbetrag der CSI für den spaltbaren Inhalt zu beschriften.

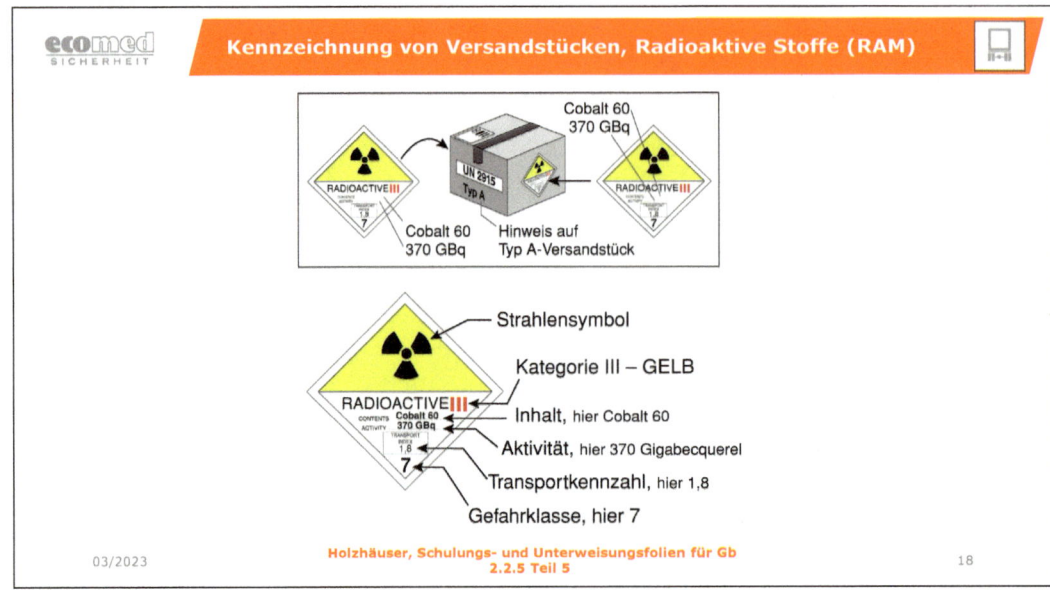

Frage 45:

Wie wird die Transportkennzahl (TI) für ein Versandstück ermittelt?

Antwort: _____

Absatz 5.2.2.1.12 schreibt besondere Vorschriften für die Bezettelung von **Gegenständen, die gefährliche Güter enthalten und die unter den UN-Nummern 3537, 3538, 3539, 3540, 3541, 3542, 3543, 3544, 3545, 3546, 3547 und 3548** befördert werden, vor.

Unterabschnitt 5.2.2.2   Vorschriften für Gefahrzettel

Grundsätzlich müssen die Gefahrzettel den Vorschriften dieses Unterabschnitts in **Form, Farbe und Aussehen** genügen. Die Symbole und die allgemeine Form der Gefahrzettelmuster sind im **Absatz 5.2.2.2.2** bildlich dargestellt. Es wird zugelassen, dass Gefahrzettelmuster, die für andere Verkehrsträger vorgeschrieben sind, mit geringfügigen Abweichungen, welche die offensichtliche Bedeutung des Gefahrzettels nicht beeinträchtigen, Verwendung finden.

Das Format, als auf die Spitze gestelltes Quadrat (Raute) mit einer Seitenlänge von mindestens 100 mm und einer etwa 5 mm vom Rand parallel verlaufenden Linie wird in **Absatz 5.2.2.2.1.1.2** festgelegt. Es werden weitere Farb- und Kontrastvorgaben gemacht. Es wird auch die Möglichkeit eingeräumt, die Abmessungen von 10 × 10 cm zu verringern, sofern es die Größe des Versandstücks erfordert und der Gefahrzettel deutlich sichtbar bleibt.

Ein Gefahrzettel darf aber nicht z. B. zugunsten einer Werbeaufschrift verkleinert werden.

Frage 46:

Welche Form und Seitenlänge müssen Gefahrzettel haben?

Antwort: _____

Für **Gasflaschen der Klasse 2** wird in Absatz 5.2.2.2.1.2 die generelle Verkleinerung der Gefahrzettel und Anbringung auf dem Flaschenhals sowie eine Überlappung erlaubt.

Im oberen Teil der Gasflasche findet man in der Praxis die sog. Banane, die alle vorgeschriebenen Kennzeichnungen enthält.

Auf leeren ungereinigten Gasflaschen dürfen auch veraltete und beschädigte Gefahrzettel während des Rücktransports angebracht sein. Siehe hierzu auch die RSEB, die beschreibt, was als beschädigter, aber noch verwendbarer Gefahrzettel anzusehen ist.

 Frage 47:

Dürfen auf Gasflaschen Gefahrzettel angebracht werden, deren Abmessung kleiner als 100 × 100 mm ist? Geben Sie auch den Absatz der Fundstelle an!

Antwort: _____

Der **Absatz 5.2.2.2.1.3** befasst sich mit den Beschriftungen und Symbolen, die im unteren und im oberen Teil der Gefahrzettel anzugeben sind. Zusätzliche Beschriftungen mit z. B. der UN-Nummer oder Gefahrenbeschreibungen werden erlaubt, vorausgesetzt, sie beeinträchtigen nicht die vorgeschriebenen Elemente auf den Zetteln *(siehe auch 5.2.2.2.1.5)*.

 Wird die UN-Nummer im Gefahrzettel angegeben, muss sie trotzdem zusätzlich als Kennzeichnung auf den Versandstücken erscheinen *(siehe hierzu die RSEB)*.

Besonderheiten der Klasse 1 bezüglich der zusätzlichen Angabe der Verträglichkeitsgruppe bzw. der Unterklasse sowie weiterer Beschaffenheitsvorgaben werden in weiteren Absätzen beschrieben.

Die Gefahrzettelmuster sind bildlich dargestellt im Absatz 5.2.2.2.2. Im Jahr 2019 wurde das in Form einer Tabelle umgesetzt.

Kapitel 5.3   Anbringung von Großzetteln (Placards) an und (orangefarbene) Kennzeichnung von Fahrzeugen, Containern, Tankcontainern, ortsbeweglichen Tanks, MEGC und MEMU

Für Beförderungen in einer Transportkette, die eine **Seebeförderung** einschließt, ist auch die Kennzeichnung nach den Seebeförderungsvorschriften zugelassen **(Absatz 1.1.4.2.1)**.

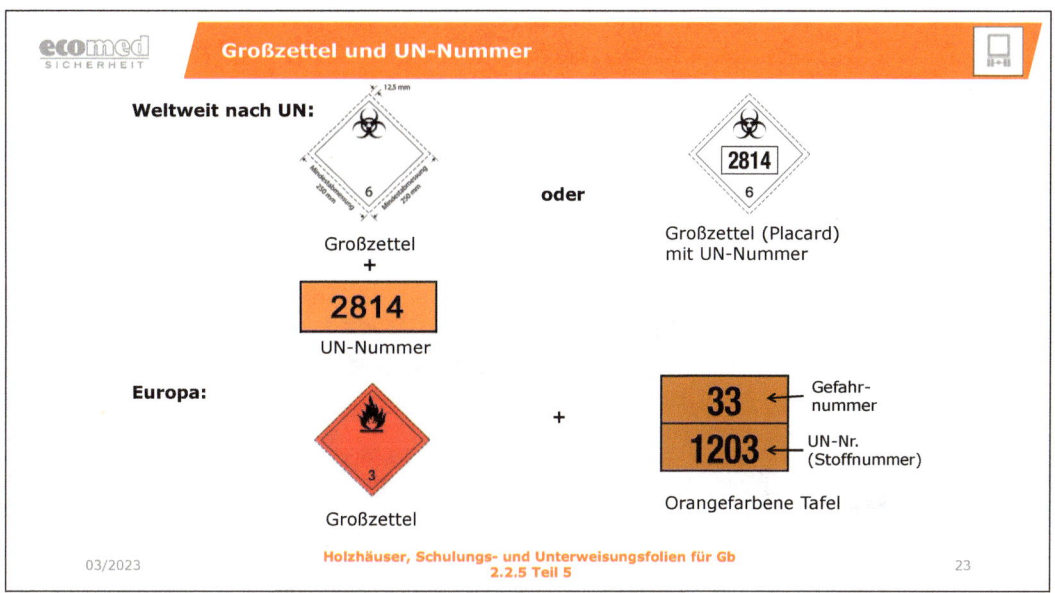

Dieses Kapitel ist in **6 Abschnitte** unterteilt, wobei lediglich vier mit Inhalten versehen sind:

5.3.1 Anbringen von Großzetteln (Placards) 25 × 25 cm

5.3.2 Orangefarbene Kennzeichnung (Tafeln) 40 × 30 cm

5.3.3 Kennzeichen für erwärmte Stoffe (Dreieck mit Thermometer) 25 × 25 cm

5.3.6 Kennzeichen für umweltgefährdende Stoffe (Fisch und Baum) 25 × 25 cm

Abschnitt 5.3.1 Anbringung von Großzetteln (Placards)

Der **Unterabschnitt 5.3.1.1 ff.** bestimmt die allgemeinen Vorschriften für die Anbringung der Großzettel an den Außenseiten der verschiedenen Fahrzeuge und Container, nennt Besonderheiten bei Klasse 1, Klasse 7 und Klasse 9 und bestimmt Sicherungsregeln von Placards, die auf Klapptafeln angebracht sind, um ein Umklappen oder Lösen zu verhindern.

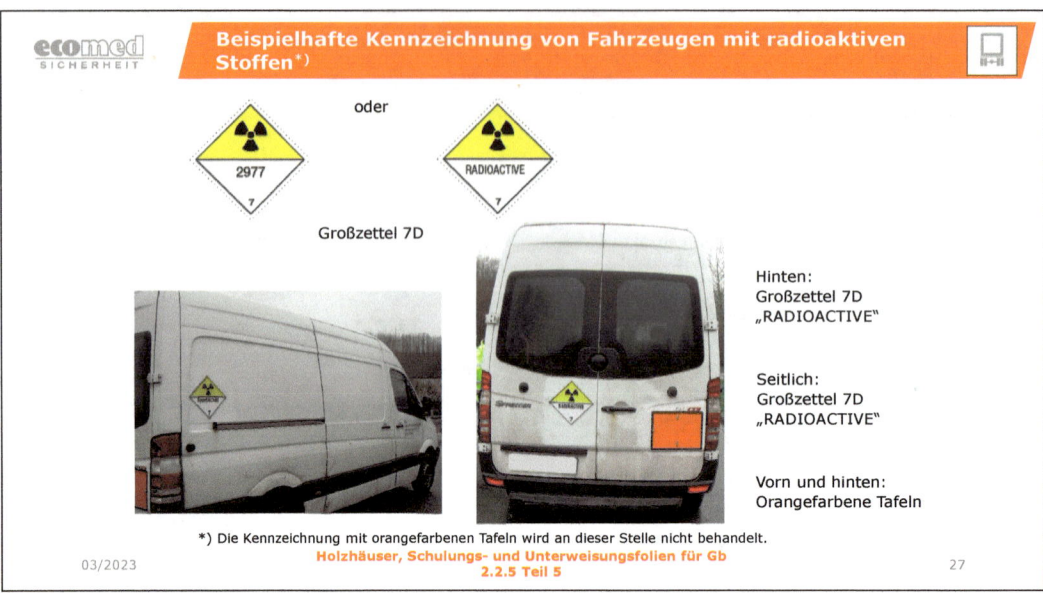

Im **Unterabschnitt 5.3.1.2 ff.** werden die Stellen benannt, an denen die Placards anzubringen sind. **Grundsatz** hier:

✓ **an Containern** aller Art (außer Schüttgut-Containern und außer Wechselaufbauten/Wechselbehälter mit Stückgut, beim reinen Straßenverkehr): Placards vorn und hinten sowie an den Längsseiten (4 Seiten). Wenn solche Placards an den o. g. Containern sowie an Kleincontainern und Tanks bis 3 m³ (siehe dazu 5.3.1.7.3) auf dem Trägerfahrzeug verdeckt sind (z. B. durch Planen etc.), dann müssen diese Placards außen am Trägerfahrzeug wiederholt werden (beide Längsseiten und hinten).

✓ an flexiblen Schüttgut-Containern sind die Placards an zwei **gegenüberliegenden Seiten** anzubringen. (Hier gibt es keine Längsseiten und keine Enden.)

✓ **an Fahrzeugen** aller Art (bei Stückgutfahrzeugen nur Klasse 1 und Klasse 7): Placards an beiden Längsseiten und hinten (3 Seiten)

 Frage 48:

An welchen Stellen und mit welchen Großzetteln (Placards) muss ein Fahrzeug nach ADR versehen sein, das Versandstücke mit radioaktiven Stoffen der Klasse 7, UN 2915, befördert?

Antwort: _____

Das Aussehen der Großzettel (Placards) wird im **Unterabschnitt 5.3.1.7** beschrieben. Hier gibt es **Besonderheiten** für Placards **der Klasse 7**. Die Placards müssen den Gefahrzettelmustern aus Kapitel 5.2 (5.2.2.2.2) entsprechen. Mögliche Abweichungen gelten auch für Großzettel.

Die Placards dürfen verkleinert werden (10 × 10 cm) an Tanks mit höchstens 3 m³ Fassungsraum und Kleincontainern (Definition in 1.2.1) sowie bei Klasse 1 und Klasse 7, wenn die verfügbare Fläche am Fahrzeug nicht ausreicht.

Abschnitt 5.3.2   Kennzeichnung mit orangefarbenen Tafeln

Vorab muss hier der Unterschied zwischen dem **Begriff Fahrzeuge** (wie in der Überschrift dieses Kapitels verwendet) und dem **Begriff Beförderungseinheit** (der in diesem Abschnitt verwendet wird) geklärt werden.

Die Definitionen für beide Begriffe sind **in 1.2.1** erläutert, wobei der Begriff Fahrzeug im § 2 Nr. 6 der GGVSEB für den innerstaatlichen und innergemeinschaftlichen Verkehr erweitert wird. Auch zwei- und dreirädrige Fahrzeuge sowie selbstfahrende Land-, Forst-, Bau- und sonstige Arbeitsmaschinen, mit denen eine Gefahrgutbeförderung durchgeführt wird, sind hier eingeschlossen.

Das Vorhandensein eines **Kraft**fahrzeugs ist für den Begriff Beförderungseinheit zwingende Voraussetzung. Ist dies nicht der Fall, kann nur von einem Fahrzeug ausgegangen werden, nicht von einer Beförderungseinheit (z. B. Anhänger/Sattelauflieger). Ebenso ist Voraussetzung, dass auf eine Beförderungseinheit auch Güter aufgeladen werden können (z. B. nicht bei Sattelzugmaschine).

Absatz 5.3.2.1.1 Grundsatz

> **Grundsätzlich** müssen **alle Beförderungseinheiten**, in denen **gefährliche Güter befördert** werden, vorn und hinten mit **orangefarbenen Tafeln** (nach 5.3.2.2.1) versehen sein. Wenn während der Beförderung ein Anhänger mit gefährlichen Gütern vom Zugfahrzeug getrennt wird, muss an der Heckseite eine orangefarbene Tafel angebracht **bleiben**. (Anm. des Verf.: Bei Stückgut nur sinnvoll, wenn kennzeichnungspflichtige Menge nach 1.1.3.6 überschritten.)

Bei Stückguttransporten bietet die sog. 1000-Punkte-Regel (Unterabschnitt 1.1.3.6) eine **Abweichung von diesem Grundsatz**, wenn bestimmte Mengen in der Beförderungseinheit nicht überschritten werden. Bei der Beförderung von Stückgut in begrenzten Mengen (Kapitel 3.4) und in freigestellten Mengen (Kapitel 3.5) wird dieser Grundsatz ebenfalls durchbrochen. Wobei bei den begrenzten Mengen (Kapitel 3.4) eine alternative Kennzeichnung notwendig wird, wenn mehr als 8 t davon befördert werden.

Wenn in der **Tabelle A** (Kapitel 3.2) in der **Spalte 20** eine **Nummer zur Kennzeichnung der Gefahr** angegeben ist, dann müssen

- ✓ bei Tankfahrzeugen, Batterie-Fahrzeugen oder Beförderungseinheiten mit einem oder mehreren Tanks (siehe Begriffsbestimmung 1.2.1),
- ✓ bei Fahrzeugen und Schüttgut-Containern, in denen unverpackte feste Stoffe oder Gegenstände (Schüttgut) befördert werden, oder
- ✓ bei radioaktiven Stoffen einer einzigen UN-Nummer, die unter ausschließlicher Verwendung zu befördern sind und wenn keine anderen gefährlichen Güter befördert werden,

zusätzlich an den Tank-/Tankabteil-/Batterie-Element-/Fahrzeug- oder Container- und Schüttgut-Container-Längsseiten orangefarbene Tafeln angebracht werden, auf denen oben die Nummer zur Kennzeichnung der Gefahr und unten die UN-Nummer angegeben sind.

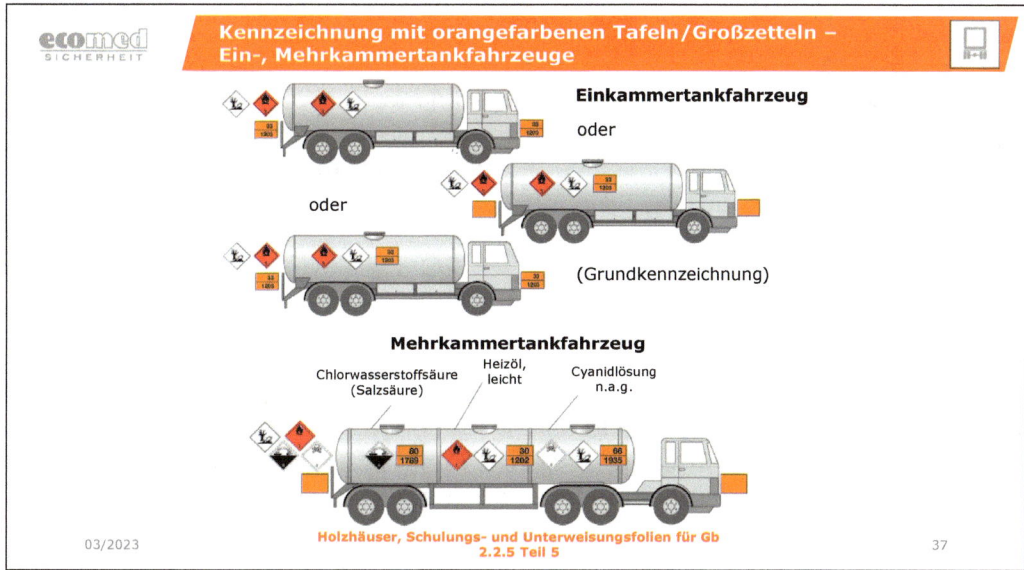

 Frage 49:

Auf einer Beförderungseinheit wird ein Container, der 8000 kg UN 2212 in Versandstücken à 100 kg enthält, nach ADR befördert. An welchen Stellen müssen an diesem Container Großzettel angebracht sein?

An welchen Stellen müssen die orangefarbenen Tafeln an dieser Beförderungseinheit angebracht werden?

Antwort: _____

Wenn an Containern, Schüttgut-Containern, Tankcontainern, MEGC und ortsbeweglichen Tanks **seitlich orangefarbene Tafeln angebracht** sind und diese **auf dem Trägerfahrzeug verdeckt** oder von außerhalb nicht deutlich sichtbar sind, so müssen nach Absatz 5.3.2.1.5 diese Tafeln auch an den Seiten des Trägerfahrzeugs wiederholt werden. Dieser Absatz muss nicht angewendet werden bei Fahrzeugen

✓ mit Containern für die Beförderung in loser Schüttung

✓ Tanks und MEGC mit einem höchsten Fassungsraum von 3000 L.

Frage 50:

Für den Transport eines Tankcontainers mit 10 000 l Dieselkraftstoff steht ein offenes Fahrzeug zur Verfügung. Durch die seitlichen Bordwände sind allerdings die orangefarbenen Tafeln verdeckt. Sichtbar sind jedoch die Großzettel. Welche Maßnahme ist bezüglich der orangefarbenen Tafeln gemäß ADR zu ergreifen? Geben Sie auch die Fundstelle für Ihre Lösung an!

Antwort: _____

Es gibt aber auch **vereinfachte Kennzeichnungen** in bestimmten Fällen:

Absatz 5.3.2.1.6: Wenn in der gesamten Beförderungseinheit **nur ein gefährlicher Stoff** befördert wird und kein nicht gefährlicher Stoff, dann kann die seitliche Kennzeichnung mit orangefarbenen Tafeln unterbleiben, dafür müssen die orangefarbenen Tafeln vorn und hinten an der Beförderungseinheit mit der Nummer zur Kennzeichnung der Gefahr und der UN-Nummer versehen sein.

Kennzeichnung – Batterie-Fahrzeug

Großzettel (5.3.1.4):
An beiden Längsseiten und hinten

Orangefarbene Tafeln (5.3.2.1.2):
Tafeln mit Kennzeichnungsnummern vorne und hinten an der Beförderungseinheit

Außerdem Kennzeichnung nach Kapitel 6.8 beachten! (6.8.3.5.10 bis 6.8.3.5.13)

23
1049

03/2023

Holzhäuser, Schulungs- und Unterweisungsfolien für Gb
2.2.5 Teil 5

41

Absatz 5.3.2.1.3 erlaubt darüber hinaus eine Besonderheit, jedoch nur für die UN-Nummern 1202, 1203, 1223, 1268 und 1863. Hier darf trotz Mischbeförderung verschiedener dieser Stoffe in einem Tankfahrzeug oder einer Beförderungseinheit mit mehreren Tanks die seitliche Kennzeichnung der Tankabteile oder Tanks mit orangefarbenen Tafeln unterbleiben, wenn die Beförderungseinheit vorn und hinten mit orangefarbenen Tafeln und den Nummern des gefährlichsten beförderten Stoffes (niedrigster Flammpunkt) gekennzeichnet ist. Bei abgestellten Anhängern entsprechende orangefarbene Tafeln nur hinten.

Bei Anwendung dieser besonderen Kennzeichnung bedarf es jedoch **zusätzlicher Einträge in das Beförderungspapier** (siehe 5.4.1.1.13).

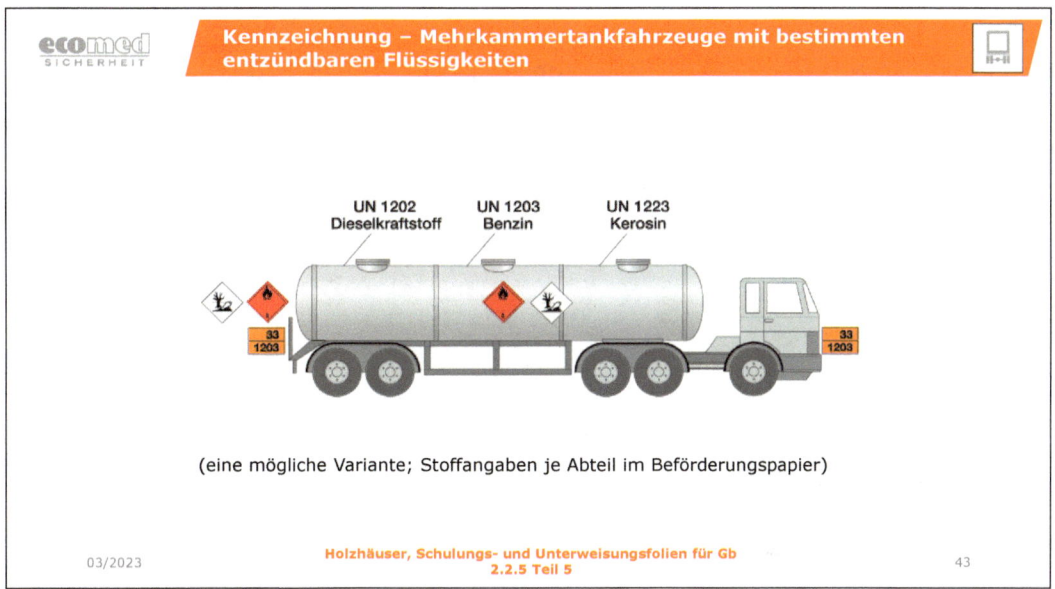

03/2023 — Holzhäuser, Schulungs- und Unterweisungsfolien für Gb 2.2.5 Teil 5 — 43

Die **Beschaffenheitsvorschriften für orangefarbene Tafeln**, wie Größe, Farbe, Befestigung (muss 15 Min. feuerresistent sein und auch bei umgestürzten Fahrzeugen befestigt bleiben), sowie die Lesbarkeit der Angaben nach 15minütiger Feuereinwirkung und bei umgestürzten Fahrzeugen sind im Unterabschnitt **5.3.2.2** festgelegt. Dort ist auch ein Beispielbild abgedruckt.

03/2023 — Holzhäuser, Schulungs- und Unterweisungsfolien für Gb 2.2.5 Teil 5 — 44

Unterabschnitt 5.3.2.3 Bedeutung der Nummern zur Kennzeichnung der Gefahr

Hier wird die Bedeutung der Nummern zur Kennzeichnung der Gefahr erläutert. Eine Auflistung der Gefahrnummern gibt Auskunft über deren genaue Bedeutung.

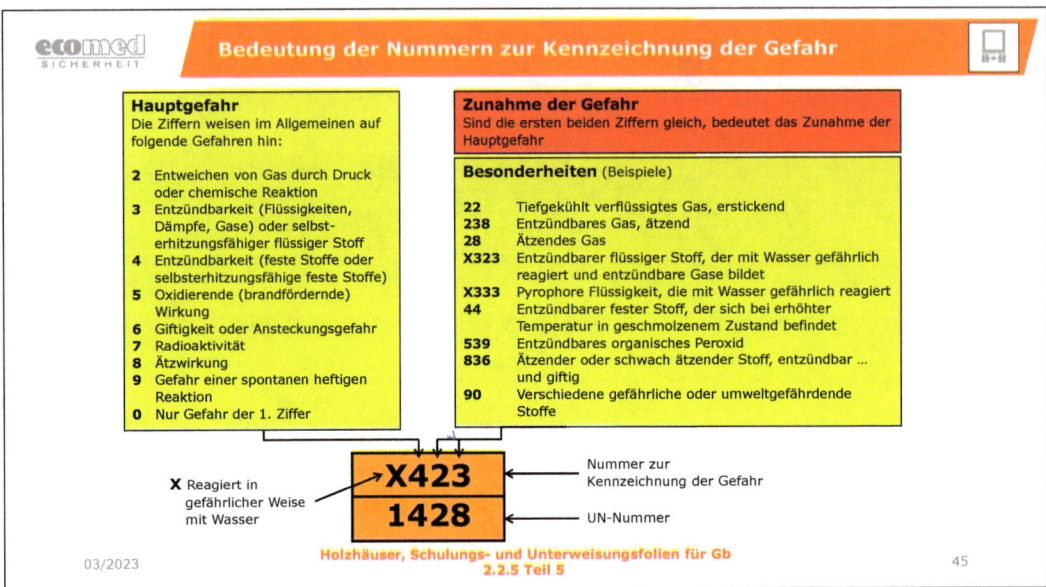

Bedeutung der Nummern zur Kennzeichnung der Gefahr

Hauptgefahr
Die Ziffern weisen im Allgemeinen auf folgende Gefahren hin:

2 Entweichen von Gas durch Druck oder chemische Reaktion
3 Entzündbarkeit (Flüssigkeiten, Dämpfe, Gase) oder selbsterhitzungsfähiger flüssiger Stoff
4 Entzündbarkeit (feste Stoffe oder selbsterhitzungsfähige feste Stoffe)
5 Oxidierende (brandfördernde) Wirkung
6 Giftigkeit oder Ansteckungsgefahr
7 Radioaktivität
8 Ätzwirkung
9 Gefahr einer spontanen heftigen Reaktion
0 Nur Gefahr der 1. Ziffer

Zunahme der Gefahr
Sind die ersten beiden Ziffern gleich, bedeutet das Zunahme der Hauptgefahr

Besonderheiten (Beispiele)

22 Tiefgekühlt verflüssigtes Gas, erstickend
238 Entzündbares Gas, ätzend
28 Ätzendes Gas
X323 Entzündbarer flüssiger Stoff, der mit Wasser gefährlich reagiert und entzündbare Gase bildet
X333 Pyrophore Flüssigkeit, die mit Wasser gefährlich reagiert
44 Entzündbarer fester Stoff, der sich bei erhöhter Temperatur in geschmolzenem Zustand befindet
539 Entzündbares organisches Peroxid
836 Ätzender oder schwach ätzender Stoff, entzündbar … und giftig
90 Verschiedene gefährliche oder umweltgefährdende Stoffe

X423 — Nummer zur Kennzeichnung der Gefahr
1428 — UN-Nummer

X Reagiert in gefährlicher Weise mit Wasser

Holzhäuser, Schulungs- und Unterweisungsfolien für Gb
2.2.5 Teil 5

03/2023 — 45

 Frage 51:

In welchem Unterabschnitt wird die Bedeutung der Nummern zur Kennzeichnung der Gefahr erläutert?

Antwort: _____

Abschnitt 5.3.3 Kennzeichen für erwärmte Stoffe

Tankfahrzeuge, Tankcontainer, ortsbewegliche Tanks, Spezialfahrzeuge oder -container oder besonders ausgerüstete Fahrzeuge oder Container, in denen Stoffe **im flüssigen Zustand bei oder über 100 °C oder im festen Zustand bei oder über 240 °C** befördert oder zur Beförderung aufgegeben werden, müssen außen mit dem Kennzeichen für die Beförderung bei erhöhter Temperatur gekennzeichnet sein (Seitenlänge 25 cm; Abbildung in 5.3.3). Verkleinerung ist bei bestimmten Tanks möglich.

Das Kennzeichen ist an Fahrzeugen insgesamt dreimal (beide Längsseiten und hinten), bei Containern an allen vier Seiten anzubringen. Es muss witterungsbeständig sein und eine dauerhafte Kennzeichnung während der gesamten Beförderung gewährleisten.

Transport erwärmter flüssiger und fester Stoffe nach VC3

Vorgaben in § 26 (4), § 36b u. Anl. 3 GGVSEB:
- Besondere Anforderungen an Konstruktion und Prüfungen
- Zusätzliche Anforderungen an Fahrzeugtechnik
- Besondere Ausbildung Fahrzeugführer

Das flüssige und heiße Metall wird
in isolierten Behältern von der Metall-
schmelze zur Gießerei befördert.

Bild: Uta Sabath

UN 3258 Erwärmter fester Stoff

03/2023

Holzhäuser, Schulungs- und Unterweisungsfolien für Gb
2.2.5 Teil 5

46

Abschnitt 5.3.6   Kennzeichen für umweltgefährdende Stoffe

Wenn an Fahrzeugen, Containern, Schüttgut-Containern, MEGC, Tankcontainern und ortsbeweglichen Tanks Großzettel angebracht werden müssen und die beförderten Stoffe **umweltgefährdend im Sinne der Klasse 9 (2.2.9.1.10)** sind, dann muss zusätzlich zum klassenspezifischen Placard **das Kennzeichen für umweltgefährdende Stoffe (Fisch und Baum)** angebracht werden, und zwar ebenfalls in der Größe von Placards (25 × 25 cm). Verkleinerung ist bei bestimmten Tanks möglich.

Kapitel 5.4   Dokumentation

Dieses Kapitel ist in die sechs Abschnitte 5.4.0 bis 5.4.5 unterteilt.

Abschnitt 5.4.0   Allgemeine Vorschriften

Grundsätzlich sind **bei jeder** durch das ADR geregelten Beförderung Dokumente nach diesem Kapitel mitzuführen, es sei denn, es ist etwas anderes festgelegt.

Die **Mitführpflicht** für ein **Beförderungspapier** wird **nur in sehr seltenen Fällen freigestellt**. Z.B. bei der Beförderung von begrenzten Mengen (Kapitel 3.4) wird komplett auf ein Beförderungspapier verzichtet, bei der Beförderung von freigestellten Mengen (Kapitel 3.5) hingegen muss, wenn sich ein Begleitdokument bei der Sendung befindet, in dieses auch ein Hinweis auf freigestellte Mengen eingetragen werden. Für **innerstaatliche Transporte** unterhalb der Mengen der Tabelle 1.1.3.6 bietet die **Ausnahme Nr. 18** im Punkt 2.1 eine sehr begrenzte Möglichkeit (z.B. Handwerker), komplett auf ein Beförderungspapier zu verzichten.

Die **schriftlichen Weisungen** müssen z.B. bei Anwendung der Freistellungen der 1000-Punkte-Regel (1.1.3.6) für Stückguttransporte unterhalb der Grenzmengen, aber auch bei Transporten nach Kapitel 3.4 und 3.5 **nicht** mitgeführt werden.

Werden die Informationen vom Absender in EDV-Form übermittelt, so muss dieser in der Lage sein, diese Informationen dem Beförderer auch in Papierform zu übergeben.

Abschnitt 5.4.1 Beförderungspapier für die Beförderung gefährlicher Güter und damit zusammenhängende Informationen

Das **Beförderungspapier** ist zweifellos das **wichtigste Dokument** bei der Beförderung gefährlicher Güter, beinhaltet es doch die genauen Informationen über das beförderte Gut, ohne die bei Unfällen oder Zwischenfällen für die Einsatzkräfte keine effektive und umfassende Gefahrenabwehr und Schadensbekämpfung möglich ist.

Der Abschnitt 5.4.1 ist historisch gewachsen, daher und wegen der umfangreichen Vorschriften auch ein wenig unübersichtlich.

So wird in **Absatz 5.4.1.1.2** (also ziemlich vorn im Abschnitt) mit der Überschrift „**Anforderungen an die Einträge**" geregelt, dass die vorgeschriebenen Angaben im Beförderungspapier **lesbar** sein müssen und dass für die Angaben im Beförderungspapier **Großbuchstaben oder Kleinbuchstaben** verwendet werden dürfen; im Unterabschnitt **5.4.1.4** (viel weiter hinten) mit der Überschrift „**Form und Sprache**" wird dann erst geregelt, dass das Beförderungspapier **keine bestimmte Form** haben muss, sondern die erforderlichen Angaben auch in ein Papier eingetragen werden dürfen, das aus anderen Gründen bereits mitgeführt wird. Hier wird auch die **amtliche Sprache des Versandlandes** gefordert: wenn diese nicht Deutsch, Englisch oder Französisch (ADR-Sprachen) ist, dann zusätzlich in einer dieser Sprachen.

Dieser Abschnitt erfährt annähernd bei jeder ADR-Anpassung alle zwei Jahre eine Änderung und erfordert daher **genaueste Lektüre** und regelmäßiges Update der erforderlichen Angaben und Eintragungen. **Inhalt und Reihenfolge der Informationen können dabei ebenso variieren wie Wegfall oder Ergänzungen bisheriger Angaben.**

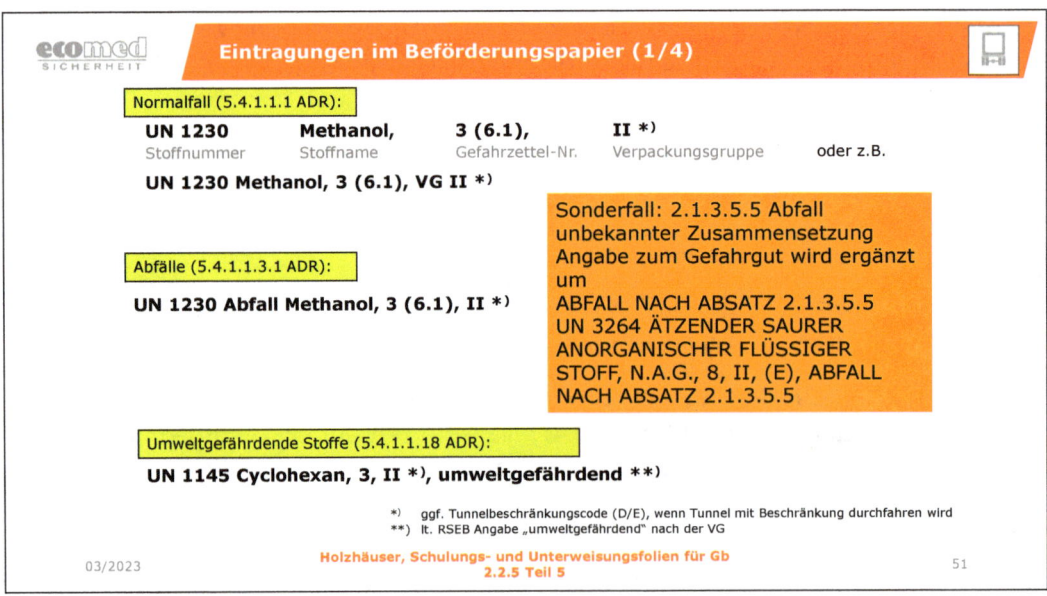

Unterabschnitt 5.4.1.1   Allgemeine Angaben, die im Beförderungspapier enthalten sein müssen

Absatz 5.4.1.1.1   Erforderliche Angaben und Reihenfolge

In den **Buchstaben a) bis k)** werden die vorgeschriebenen Einträge ins Beförderungspapier genannt. Von der UN-Nummer bis zum Tunnelbeschränkungscode wird hier auch die Reihenfolge der wichtigsten Angaben im Beförderungspapier festgelegt. Anhand eines Beispiels kann das nachvollzogen werden:

> UN 1098 ALLYLALKOHOL, 6.1 (3), I, (C/D) oder
> UN 1098 Allylalkohol, 6.1 (3) VG I, (C/D)

Absatz 5.4.1.1.3   Sondervorschriften für Abfälle

Das Wort „Abfall" muss bei der Beförderung gefährlicher Abfälle vor der offiziellen Benennung des Stoffes eingefügt werden, wenn es nicht schon zur offiziellen Benennung gehört. Zum Beispiel:

> UN 1230 Abfall, Methanol, 3 (6.1), II, (D/E) oder
> UN 1993 Abfall, entzündbarer flüssiger Stoff, n. a. g. (Toluen und Ethylalkohol) 3, II

Abfälle, die nach Absatz 2.1.3.5.5 klassifiziert sind, bedürfen eines besonderen Eintrages im Beförderungspapier, bei dem die Information über die besondere Klassifizierung hintangestellt wird. Beispiel:

> UN 3264 Ätzender saurer anorganischer flüssiger Stoff, n. a. g., 8, II, (E), Abfall nach Absatz 2.1.3.5.5.

Wenn die genaue Menge der Abfälle am Verladeort nicht gemessen werden kann, darf unter den Bedingungen von Absatz 5.4.1.1.3.2 ADR die Menge auch geschätzt werden. Aber dies muss ins Beförderungspapier eingetragen werden.

Absatz 5.4.1.1.5   Sondervorschriften für Bergungsverpackungen, Bergungsgroßverpackungen und Bergungsdruckgefäße

Das Wort „Bergungsverpackung" oder „Bergungsdruckgefäß" ist im Beförderungspapier nach der Beschreibung der Güter hinzuzufügen

Absatz 5.4.1.1.6   Sondervorschriften für ungereinigte leere Umschließungsmittel

Außer Klasse 7 werden hier **mehrere Möglichkeiten** geboten, diese leeren, ungereinigten **Behälter und Fahrzeuge** im Beförderungspapier zu benennen.

Eine Vielzahl weiterer Sonderfälle schließt sich in den folgenden Absätzen bis Absatz 5.4.1.1.21 – zusätzliche Angaben bei der Anwendung von Sondervorschriften – an.

Von der Beförderung
- ✓ zur Reinigung oder Reparatur,
- ✓ zur verspäteten Prüfungszuführung,
- ✓ in einer Transportkette, die eine See- oder Luftbeförderung einschließt,
- ✓ von IBC oder ortsbeweglichen Tanks nach Ablauf der Frist für die wiederkehrende Prüfung oder Inspektion,
- ✓ von Tankfahrzeugen mit mehreren Abteilen und abweichender Kennzeichnung,
- ✓ erwärmter Stoffe,

✓ von stabilisierten und temperaturkontrollierten Stoffen,

✓ von Schüttgut-Containern mit Sonderzulassung,

✓ von umweltgefährdenden Stoffen (aquatische Umwelt),

✓ von leeren, ungereinigten Altverpackungen (UN 3509),

✓ von gemäß Unterabschnitt 2.1.2.8 klassifizierten Stoffen,

✓ von Stoffen im geschmolzenen Zustand,

✓ von wiederbefüllbaren Druckgefäßen die vom Verkehrsministerium der USA zugelassen wurden

werden im Beförderungspapier **zusätzliche Einträge** gefordert.

Bei umweltgefährdenden Stoffen kann der Eintrag im Beförderungspapier gem. 5.4.1.1.18 entweder „umweltgefährdend" oder „Meeresschadstoff/umweltgefährdend" lauten. Dieser Eintrag ist nicht notwendig bei UN 3077 und 3082 und wenn Verpackungen transportiert werden, an denen das Kennzeichen für umweltgefährdende Stoffe nicht angebracht werden muss (siehe 5.2.1.8.1).

Während der **Unterabschnitt 5.4.1.1 ff. allgemeine Angaben** enthält, die das Beförderungspapier für die verschiedensten Beförderungsfälle betreffen, werden in **Unterabschnitt 5.4.1.2 ff. zusätzliche Sondervorschriften** für bestimmte Klassen gefordert.

Dies sind die **Klassen 1, 2, 4.1, 5.2, 6.2 und 7**.

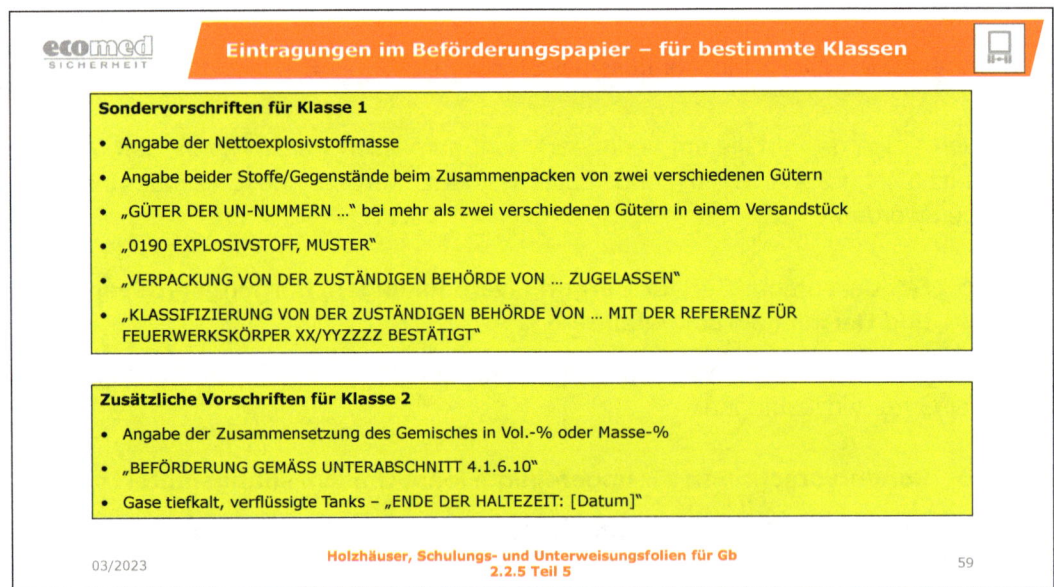

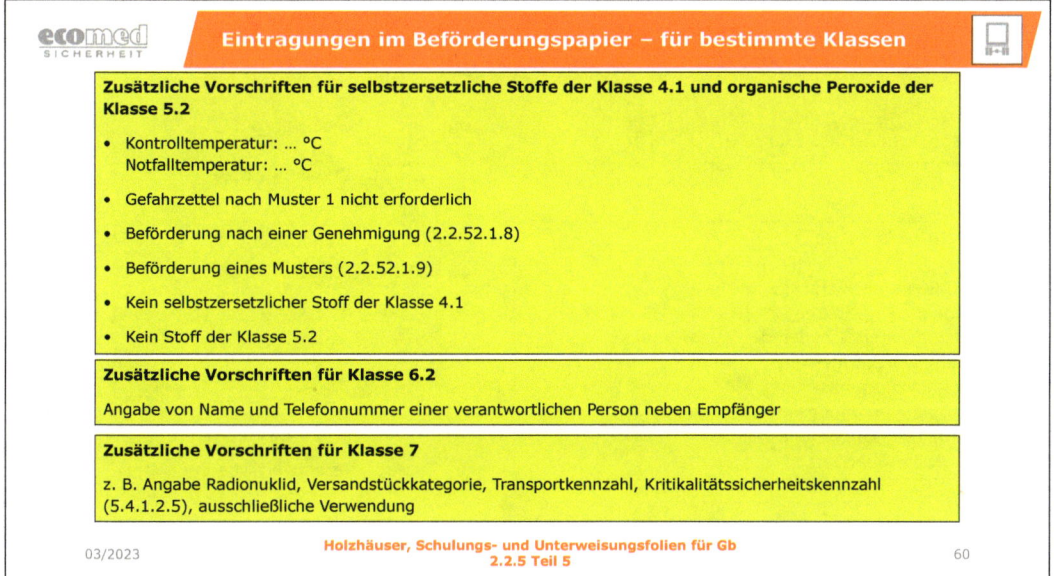

Eintragungen im Beförderungspapier – für bestimmte Klassen

Zusätzliche Vorschriften für selbstzersetzliche Stoffe der Klasse 4.1 und organische Peroxide der Klasse 5.2

- Kontrolltemperatur: … °C
  Notfalltemperatur: … °C

- Gefahrzettel nach Muster 1 nicht erforderlich

- Beförderung nach einer Genehmigung (2.2.52.1.8)

- Beförderung eines Musters (2.2.52.1.9)

- Kein selbstzersetzlicher Stoff der Klasse 4.1

- Kein Stoff der Klasse 5.2

Zusätzliche Vorschriften für Klasse 6.2

Angabe von Name und Telefonnummer einer verantwortlichen Person neben Empfänger

Zusätzliche Vorschriften für Klasse 7

z. B. Angabe Radionuklid, Versandstückkategorie, Transportkennzahl, Kritikalitätssicherheitskennzahl (5.4.1.2.5), ausschließliche Verwendung

Frage 52:

Wie muss die Angabe im Beförderungspapier nach ADR für den Transport eines leeren un-gereinigten Aufsetztanks (Tankcodierung „L4BN") lauten, der zuletzt Natriumhydroxidlösung enthalten hat?

Antwort: _____

Unterabschnitt 5.4.1.3 bleibt frei und der schon angesprochene **Unterabschnitt 5.4.1.4** beschäftigt sich mit Form und Sprache des Beförderungspapiers.

Abschnitt 5.4.2   Container-/Fahrzeugpackzertifikat

Wenn einer Beförderung gefährlicher Güter in Containern (Definition siehe 1.2.1) eine Seebeförderung folgt, darf dem Beförderungspapier ein Container-/Fahrzeugpackzertifikat mitgegeben werden. Es kann dafür das Formular aus Abschnitt 5.4.5 als kombiniertes Dokument verwendet werden.

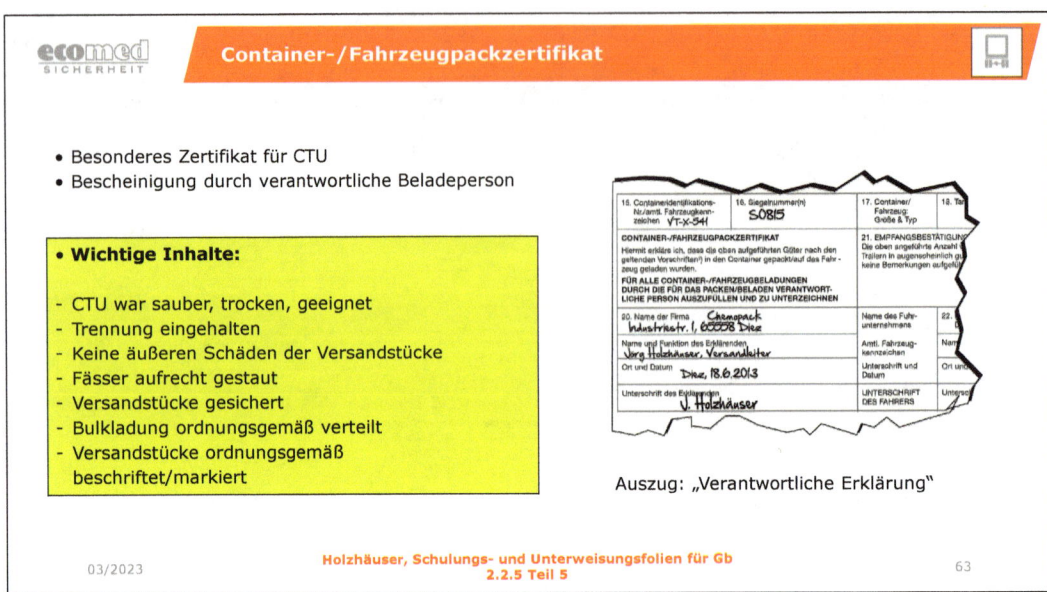

Container-/Fahrzeugpackzertifikat

- Besonderes Zertifikat für CTU
- Bescheinigung durch verantwortliche Beladeperson

• Wichtige Inhalte:

- CTU war sauber, trocken, geeignet
- Trennung eingehalten
- Keine äußeren Schäden der Versandstücke
- Fässer aufrecht gestaut
- Versandstücke gesichert
- Bulkladung ordnungsgemäß verteilt
- Versandstücke ordnungsgemäß beschriftet/markiert

Auszug: „Verantwortliche Erklärung"

03/2023

Holzhäuser, Schulungs- und Unterweisungsfolien für Gb
2.2.5 Teil 5

63

Frage 53:

Bei wem muss ein Container-/Fahrzeugpackzertifikat vorliegen?

Antwort: _____

Abschnitt 5.4.3   Schriftliche Weisungen

Für **unfallbedingte Notfallsituationen** müssen in der Fahrzeugkabine an leicht zugänglicher Stelle schriftliche Weisungen mitgeführt werden, die der in diesem Abschnitt **festgelegten Form** entsprechen (farbige Darstellung der Gefahrzettelmuster, keine Schwarz-Weiß-Kopien) und vom Beförderer der Fahrzeugbesatzung vor Fahrtantritt in der/den Sprache(n) bereitzustellen ist, die jedes Besatzungsmitglied lesen und verstehen kann. Offizielle Übersetzungen werden auf der Webseite der UNECE veröffentlicht. *(Die gängigsten Sprachen können in gedruckter Form bezogen werden von www.ecomed-storck.de.)*

Der Beförderer hat weiter darauf zu achten, dass jedes Besatzungsmitglied die Weisungen versteht und in der Lage ist, diese richtig anzuwenden. Er hat für die Schutzausrüstung nach den schriftlichen Weisungen zu sorgen.

Die Fahrzeugbesatzung muss sich vor Fahrtbeginn selbst über die geladenen Güter informieren (Beförderungspapier, Augenschein etc.) und die schriftlichen Weisungen wegen der im Notfall zu ergreifenden Maßnahmen einsehen.

Achtung: Der Inhalt der schriftlichen Weisungen wird bei fälligen ADR-Änderungen immer wieder leicht verändert. Die Fahrer sind immer mit den neuesten Exemplaren gem. Abschnitt 5.4.3 auszurüsten.

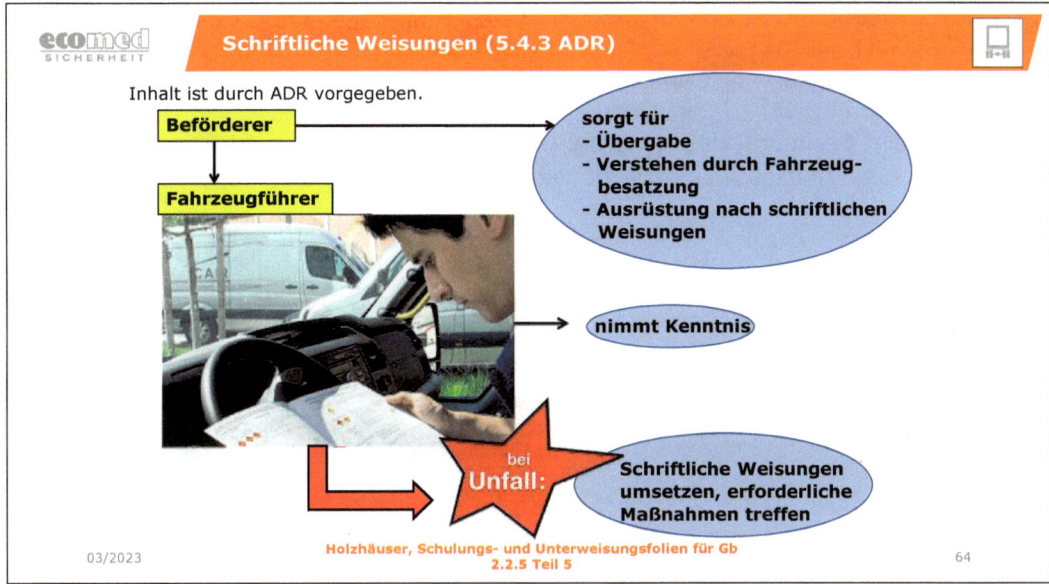

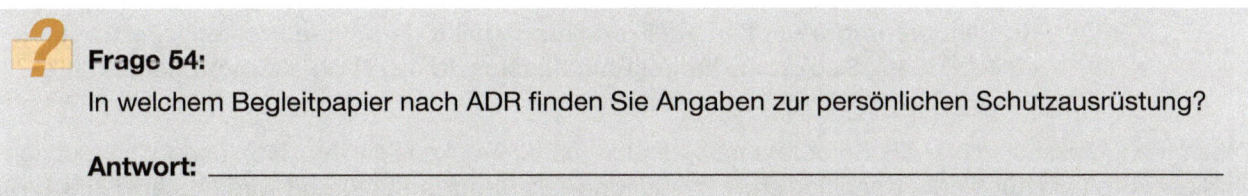

Frage 54:

In welchem Begleitpapier nach ADR finden Sie Angaben zur persönlichen Schutzausrüstung?

Antwort: _____

Abschnitt 5.4.4   Aufbewahrung von Informationen über die Beförderung gefährlicher Güter

Seit ADR 2011 müssen Absender und Beförderer eine **Kopie des Beförderungspapiers** und evtl. vorgeschriebene zusätzliche Informationen sowie die Dokumentation für die Dauer von **drei Monaten** aufbewahren.

Abschnitt 5.4.5   Formular für die multimodale Beförderung gefährlicher Güter

Das abgedruckte Formblatt darf auch für den ausschließlichen Straßentransport verwendet werden. Für die Eintragung mehrerer verschiedener gefährlicher Güter ist ein Fortsetzungsblatt vorgesehen.

Kapitel 5.5   Sondervorschriften

Abschnitt 5.5.2   Sondervorschriften für begaste Güterbeförderungseinheiten der UN-Nummer 3359

Begaste Beförderungseinheiten, die keine anderen gefährlichen Güter enthalten, **unterliegen nur den Vorschriften dieses Abschnitts** und sonst keinen anderen Vorschriften des ADR.

Begaste Beförderungseinheiten, die zusätzlich zum Begasungsmittel noch mit gefährlichen Gütern beladen sind, unterliegen den **Vorschriften dieses Abschnitts und den anwendbaren Vorschriften des ADR** für das geladene Gefahrgut (z. B. Großzettel, orangefarbene Tafeln etc.).

Die Vorschriften dieses Abschnitts schreiben ein **Warnkennzeichen für Begasung** vor, das im **Absatz 5.5.2.3.2** abgebildet ist und an jedem Zugang zur Beförderungseinheit an leicht einsehbarer Stelle anzubringen ist. Dieses Warnkennzeichen darf erst entfernt werden, wenn die begaste Beförderungseinheiten belüftet ist und die begasten Güter entladen sind.

Die Dokumentationsvorschriften des **Unterabschnitts 5.5.2.4** schreiben vor, dass außer der UN-Nummer und Benennung sowie 9 oder Klasse 9 das Datum und die Zeit der Begasung sowie Typ und Menge des Begasungsmittels in den Begleitdokumenten enthalten sein müssen (ADR-Sprachen!).

Im **Absatz 5.5.2.3.5** wird bestimmt, dass (obwohl UN 3359 der Klasse 9 zugeordnet ist) an der begasten CTU keine Großzettel nach Muster 9 angebracht werden dürfen, es sei denn, es sind tatsächlich Güter der Klasse 9 verladen.

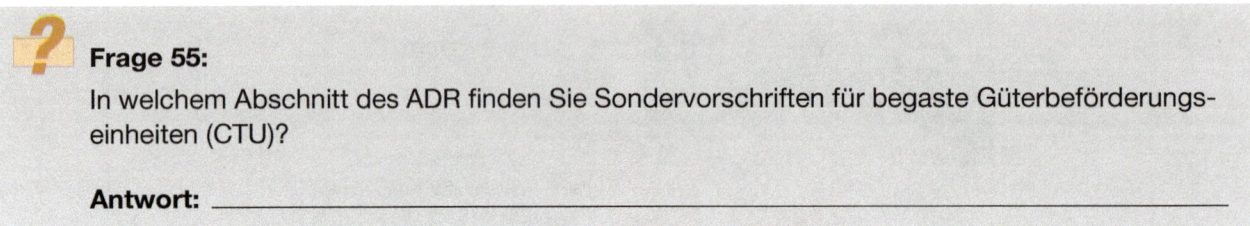

Frage 55:

In welchem Abschnitt des ADR finden Sie Sondervorschriften für begaste Güterbeförderungs-einheiten (CTU)?

Antwort: _____

Abschnitt 5.5.3 **Sondervorschriften für die Beförderung von Trockeneis und für Versandstücke, Fahrzeuge und Container mit Stoffen, die bei der Verwendung zu Kühl- oder Konditionierungszwecken ein Erstickungsrisiko darstellen können (wie Trockeneis (UN 1845), Stickstoff, tiefgekühlt, flüssig (UN 1977) oder Argon, tiefgekühlt, flüssig (UN 1951) oder Stickstoff**

Zusammengefasst sind hier die Beförderungsbedingungen für Trockeneis (UN 1845), unabhängig davon, ob dieser Stoff als Kühl- oder Konditionierungsmittel **oder als Sendung** befördert wird (Absatz 5.5.3.1.1.), sowie für Fahrzeuge und Container bzw. Umschließungen, in denen andere Stoffe als Kühl- oder Konditionierungsmittel verwendet werden.

Mögliche Erstickungsrisiken und entsprechende Maßnahmen und Kennzeichnungen müssen von den Beteiligten beurteilt bzw. vor der Beförderung vorgenommen werden. Dies unter Berücksichtigung der eingesetzten Stoffe, Mengen und Umschließungen sowie der Beförderungsdauer.

Siehe dazu Absatz 5.5.3.1.5.

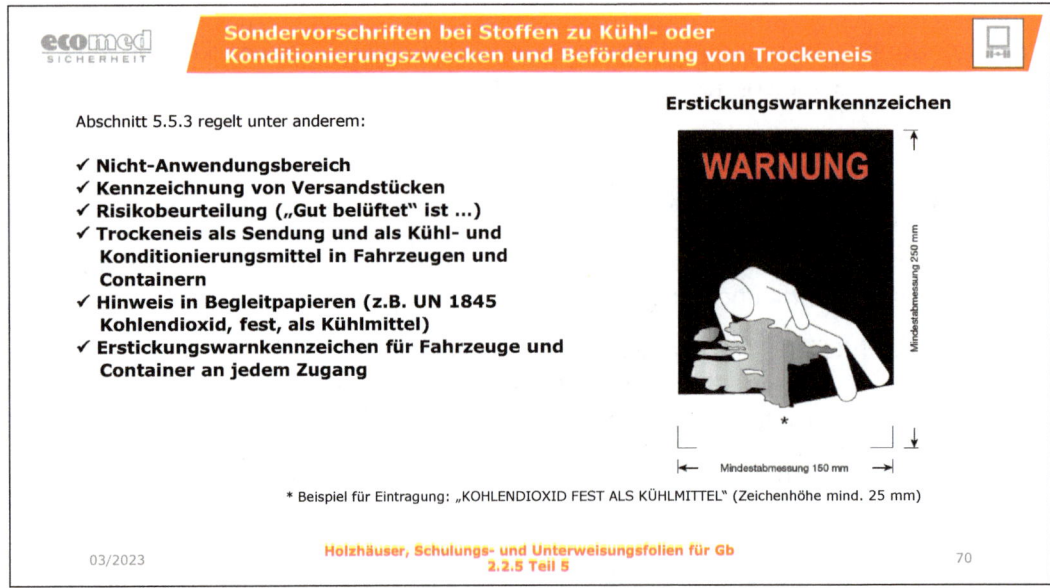

Neu mit ADR 2021 aufgenommen:

Abschnitt 5.5.4   **Gefährliche Güter in Geräten, die während der Beförderung verwendet werden oder für eine Verwendung während der Beförderung bestimmt sind und die an Versandstücken, Umverpackungen, Containern oder Ladeabteilen angebracht sind oder in diese eingesetzt sind**

(Bezug zu den Freistellungen nach 1.1.3.7 b). Siehe dort Verweis auf 5.5.4)

Hier werden erheblich erleichterte Beförderungsbedingungen vom ADR/RID/ADN festgelegt für **z.B. Lithiumbatterien, Brennstoffzellen-Kartuschen** o.ä., die in bestimmten Geräten eingebaut und während der Beförderung verwendet werden oder dafür bestimmt sind.

Wenn diese Geräte mit diesen gefährlichen Gütern als Sendung befördert werden, gelten die normalen Beförderungsbedingungen des ADR/RID/ADN.

2.2.6 ADR Teil 6   Bau- und Prüfvorschriften für Verpackungen; Großpackmittel (IBC), Großverpackungen und Tanks

Mit Bezug auf den **Teil 4**, der sich mit der **Verwendung** der verschiedenen Gefahrgutumschließungen beschäftigt, werden im **Teil 6 deren Bau- und Prüfvorschriften** sehr umfassend geregelt.

Dazu zählen auch Zulassungsvorschriften für Verpackungen und **radioaktive Stoffe** sowie Vorschriften für die Auslegung, Ausrüstung und Zulassung von Baumustern für die verschiedenen Tankarten.

In der Überschrift nicht genannt, jedoch geregelt sind hier auch die Auslegung, der Bau und die Prüfung von **Schüttgut-Containern** (BK1, BK2 und BK3 in Kapitel 6.11) sowie von **MEMU** (Kapitel 6.12).

Der Teil 6 ist neben dem Teil 3 (mit der Tabelle A) zweifellos der umfangreichste Teil des ADR. Um sich hier zurechtzufinden, sollte vor Suchbeginn genau feststehen, für welche Gefahrgutumschließung (*siehe Begriffsbestimmungen in 1.2.1 ADR*) Vorschriften und Daten gesucht werden. Ist dies nicht der Fall, kann es zu fatalen Fehleinschätzungen und Problemen kommen. Eine detaillierte Suchhilfe bietet hierzu das Inhaltsverzeichnis des ADR, um zunächst das für die Umschließung zutreffende Kapitel herauszufinden. Die Überschriften der einzelnen Abschnitte und Unterabschnitte führen dann weiter zu dem entsprechenden Suchergebnis.

In der **Tabelle A** (Kapitel 3.2) findet sich **nur ein direkter Verweis** auf den Teil 6 in der **Spalte 13** (Sondervorschriften für ADR-Tanks in 6.8.4). Sonst geschieht der Verweis auf den Teil 6 nur **indirekt über die Vorschriften für die Verwendung** der einzelnen Gefahrgutumschließungen (Teil 4) in den Spalten 8 bis 13 der Tabelle. Die verwendete Umschließung muss in der Regel auch den Bau- und Prüfvorschriften des Teils 6 entsprechen, wenn dies nicht durch Sondervorschriften, evtl. auch Sondervereinbarungen, ausgeschlossen wird.

Der Teil 6 des ADR ist in die im Folgenden besprochenen Kapitel 6.1 bis 6.12 unterteilt.

Kapitel 6.1   Bau- und Prüfvorschriften für Verpackungen

Gleich zu Beginn des Kapitels in **Unterabschnitt 6.1.1.1** wird festgelegt, für welche Versandstücke und Druckgefäße das Kapitel 6.1 **keine Gültigkeit** hat:

- ✓ Versandstücke mit radioaktiven Stoffen der Klasse 7 (siehe dazu Kapitel 6.4)
- ✓ Versandstücke mit Stoffen der Klasse 6.2 (siehe Bem. zur Überschrift in Kap. 6.3 und Unterabschnitt 4.1.4.1 Verpackungsanweisung P621)

✓ Druckgefäße mit Gasen der Klasse 2 (siehe dazu Kapitel 6.2)

✓ Versandstücke, deren Nettomasse 400 kg überschreitet (siehe Kapitel 6.5 u. 6.6)

✓ Versandstücke mit Fassungsraum von mehr als 450 l (siehe Kapitel 6.5 u. 6.6)

Abschnitt 6.1.2   Codierung für die Bezeichnung des Verpackungstyps

Der **Abschnitt 6.1.2** beschreibt die **Codierung** für die Bezeichnung des Verpackungstyps, der bei Verpackungen dieses Kapitels aus einer arabischen Ziffer für die Verpackungsart, einem oder mehreren lateinischen Großbuchstaben für den Werkstoff und, wenn zutreffend, einer arabischen Ziffer für eine Kategorie innerhalb der Verpackungsart besteht (z. B. 1A2 für ein Fass aus Stahl mit abnehmbarem Deckel). Zusätzlich angebrachte Sonderbuchstaben wie T, V oder W beschreiben besondere Verpackungsformen.

Der **Unterabschnitt 6.1.2.7** enthält eine übersichtliche **Tabelle**, in der die einzelnen Verpackungsarten, Werkstoffe und Kategorien mit dem dazugehörigen Code angegeben sind und in der auf den zutreffenden Unterabschnitt verwiesen wird, in dem die Vorschriften für die jeweilige Verpackungsart nachzulesen sind.

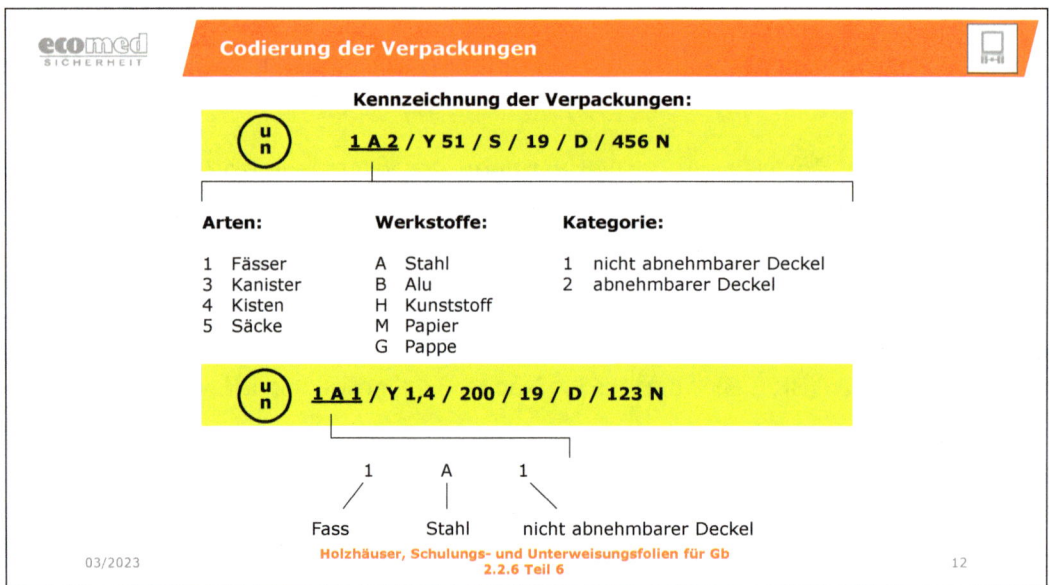

Abschnitt 6.1.3   Kennzeichnung

Im Abschnitt 6.1.3 ff. werden die **Kennzeichen auf den Verpackungen** beschrieben, die angeben, dass diese Verpackung einer erfolgreich geprüften Bauart entspricht und die Vorschriften des Kapitels 6.1 erfüllt, soweit sich diese auf die Herstellung und nicht auf die Verwendung (Teil 4) beziehen. **Daraus folgt, dass diese Kennzeichen nicht unbedingt darüber Auskunft geben, ob die Verpackung auch für einen bestimmten Stoff verwendet werden darf** (siehe dazu weiterführend die Bemerkungen in Abschnitt 6.1.3).

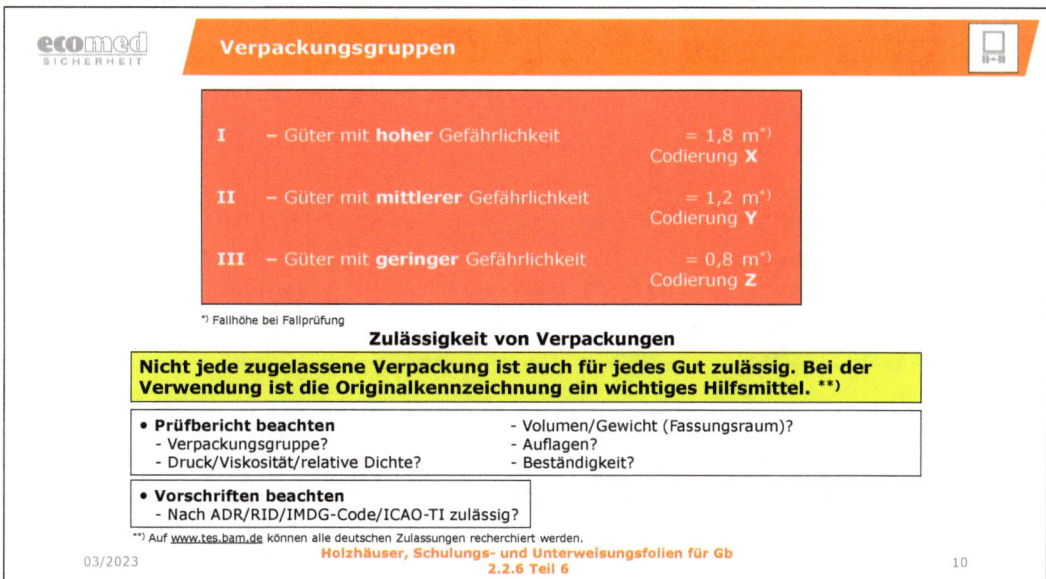

Das Kennzeichen beginnt mit dem **Symbol** der Vereinten Nationen für Verpackungen (☊): Dieses Symbol darf nur zum Zweck der Bestätigung verwendet werden, dass eine Verpackung, ein flexibler Schüttgut-Container, ein ortsbeweglicher Tank oder ein MEGC den entsprechenden Vorschriften des Kapitels 6.1, 6.2, 6.3, 6.5, 6.6, 6.7 oder 6.11 entspricht. Weitere Angaben folgen im Unterabschnitt 6.1.3.1 Buchstaben a) bis g).

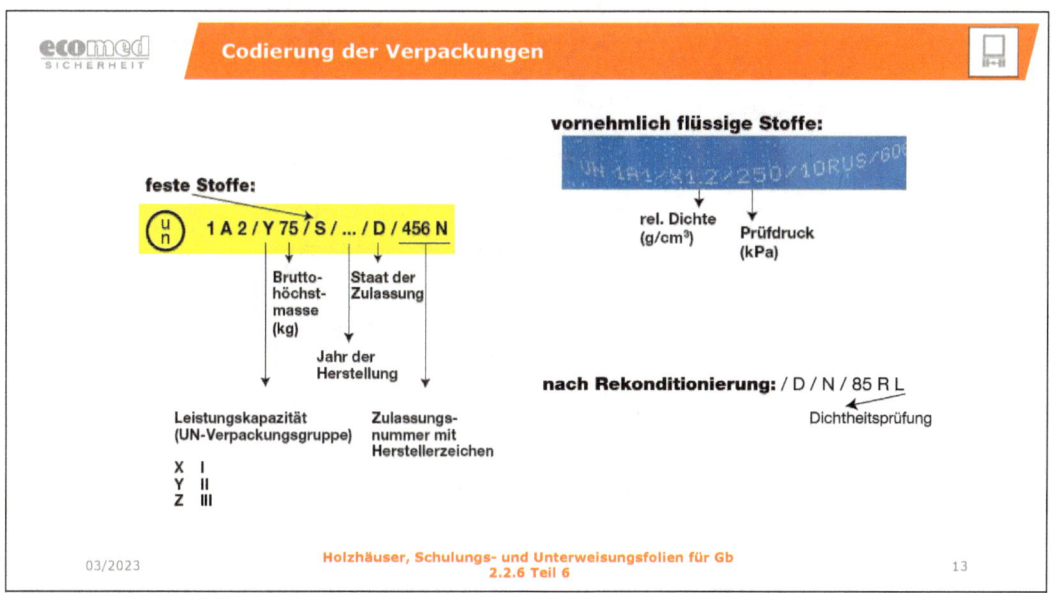

Im **Unterabschnitt 6.1.3.1 Buchstabe e)** wird die Angabe des **Herstellungsjahres** in der Kennzeichnung der Verpackung vorgeschrieben. Für Kunststoffverpackungen (Großbuchstabe H in der Codierung) 1H und 3H wird zusätzlich die Angabe des **Herstellungsmonats** gefordert. Diese darf an anderer Stelle der Verpackung angebracht werden. Vorgeschlagen wird hier als geeignete Weise die sog. **Kunststoffuhr** mit den Monatsangaben als Zifferblatt und die Jahresangabe in der Mitte. Wenn die Uhr neben dem Bauartzulassungskennzeichen angebracht ist, darf auf die Angabe des Jahres im Kennzeichen verzichtet werden. Dies ist eine wichtige Angabe zur Kontrolle der **5 Jahre zulässigen Verwendungsdauer** aus Unterabschnitt 4.1.1.15. Bei bestimmten Stoffen (UN 1790 und 2031) ist nur eine **2-jährige Verwendungsdauer** zugelassen (siehe Sondervorschriften zur Verwendung der Verpackung im Teil 4).

Verschiedene Kennzeichnungsbeispiele werden in den **Unterabschnitten 6.1.3.11 bis 6.1.3.14** dargestellt und beschrieben.

 Frage 56:

Auf einem Großpackmittel aus Kunststoff ist angegeben: ⓗ 31H1/Y/0118/... Die letzte Dichtheitsprüfung/Inspektion war im Juli 2020. Bis wann (Monat/Jahr) darf das Großpackmittel noch für die Beförderung von UN 1173 Ethylacetat eingesetzt werden?

Antwort: _____

Abschnitt 6.1.4   Vorschriften für die Verpackungen

Im Abschnitt 6.1.4 ff. wird jede einzelne Verpackung aus der Tabelle in 6.1.2.7 genau beschrieben und definiert, inkl. des jeweils höchsten Fassungsraumes bzw. der höchsten Nettomasse. Für **zusammengesetzte Verpackungen** ist der Abschnitt 6.1.4.21 zu beachten.

Abschnitt 6.1.5   Prüfvorschriften für Verpackungen

Die Prüfvorschriften für die Baumusterzulassung sind im Abschnitt 6.1.5 ff. aufgezählt.

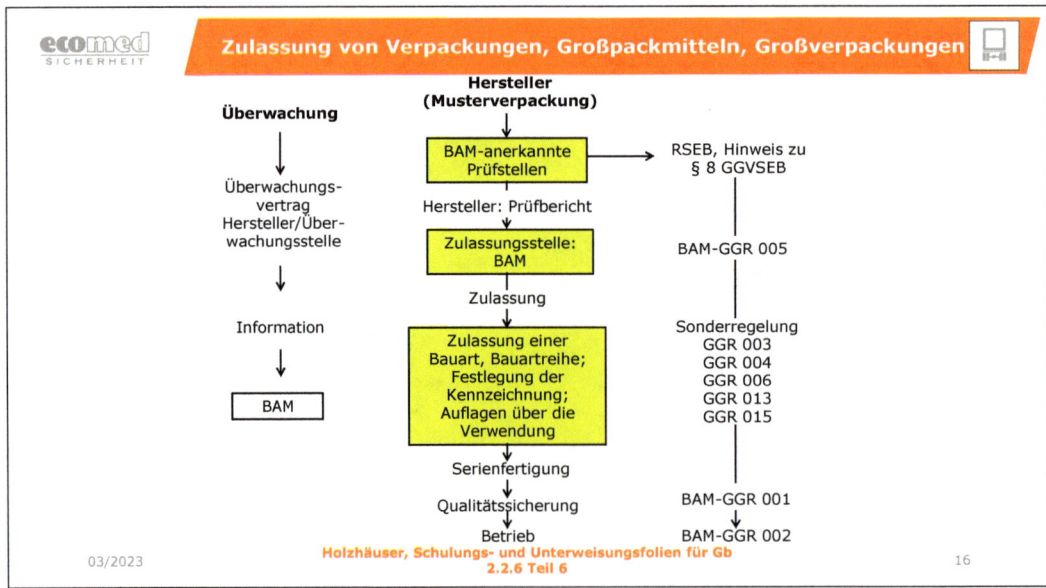

Fallprüfungen, Dichtheitsprüfungen, Innendruckprüfung, Stapeldruckprüfung, Permeationsprüfung für Kunststoffverpackungen und Prüfung der chemischen Verträglichkeit bei Verpackungen aus PE mit Standardflüssigkeiten werden hier der Reihe nach beschrieben.

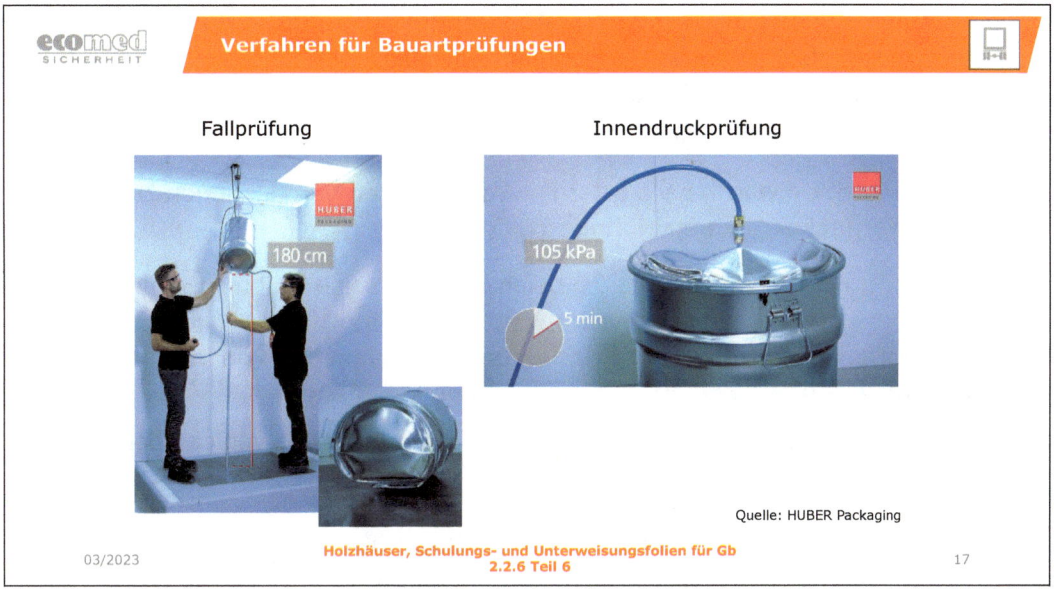

Verfahren für Bauartprüfungen

Fallprüfung   Innendruckprüfung

180 cm

105 kPa

5 min

Quelle: HUBER Packaging

03/2023   Holzhäuser, Schulungs- und Unterweisungsfolien für Gb
2.2.6 Teil 6   17

Kapitel 6.2   Bau- und Prüfvorschriften für Druckgefäße, Druckgaspackungen, Gefäße, klein, mit Gas (Gaspatronen) und Brennstoffzellen-Kartuschen mit verflüssigtem entzündbarem Gas

In die 6 folgenden Abschnitte ist dieses Kapitel gegliedert:

6.2.1   Allgemeine Vorschriften

6.2.2   Vorschriften für UN-Druckgefäße

6.2.3   Vorschriften für Druckgefäße, die keine UN-Druckgefäße sind (z. B. Bergungsdruckgefäße)

6.2.4   Vorschriften für in Übereinstimmung mit in Bezug genommenen Normen ausgelegte, gebaute und geprüfte Druckgefäße, die keine UN-Druckgefäße sind

6.2.5   Vorschriften für nicht in Übereinstimmung mit in Bezug genommenen Normen ausgelegte, gebaute und geprüfte Druckgefäße, die keine UN-Druckgefäße sind

6.2.6   Allgemeine Vorschriften für Druckgaspackungen, Gefäße, klein, mit Gas (Gaspatronen) und Brennstoffzellen-Kartuschen mit verflüssigtem entzündbarem Gas

Besonderes Augenmerk soll hier auf **die Prüfvorschriften in Unterabschnitt 6.2.1.5** und die wiederkehrenden Prüfungen für Druckgefäße in **Absatz 6.2.1.6.1** und **Unterabschnitt 6.2.3.5** gelenkt werden. Für diese **wiederkehrenden Prüfungen** werden im **Abschnitt 4.1.4, Verpackungsanweisung P200**, die Prüfintervalle genannt (z. B. 5, 10, 15 Jahre).

Frage 57:

In welchen Zeitabständen müssen die wiederkehrenden Prüfungen von Gefäßen (kein Verbundwerkstoff) für UN 2036 Xenon erfolgen?

Antwort: _____

Kapitel 6.3 Bau- und Prüfvorschriften für Verpackungen für ansteckungsgefährliche Stoffe der Kategorie A der Klasse 6.2

Wenn für Stoffe der Klasse 6.2 Verpackungen nach der **Verpackungsanweisung P621** (4.1.4.1) verwendet werden, dann **gilt dieses Kapitel nicht.**

Nach dem Verpackungscode (siehe Tabelle 6.1.2.7) wird bei diesen Verpackungen zusätzlich die Angabe „KLASSE 6.2" in der **Verpackungskennzeichnung** gefordert.

Umfangreiche Prüfvorschriften in Abschnitt 6.3.5 beinhalten auch eine Durchstoßprüfung.

Kapitel 6.4 Vorschriften für den Bau, die Prüfung und die Zulassung von Versandstücken für radioaktive Stoffe sowie für die Zulassung solcher Stoffe

Beginnend bei den allgemeinen Vorschriften in Abschnitt **6.4.2** werden die verschiedenen Verpackungsarten in den folgenden Abschnitten behandelt:

6.4.4   Vorschriften über **freigestellte Versandstücke**

6.4.5   Vorschriften für **Industrieversandstücke, IP-1, IP-2, IP-3**

6.4.6   Vorschriften für spezielle Versandstücke für **Uranhexafluorid**

6.4.7   Vorschriften für **Typ A-Versandstücke**

6.4.8   Typ **B(U)-Versandstücke (unfallsicher unilateral)**

6.4.9   Typ **B(M)-Versandstücke (unfallsicher multilateral)**

6.4.10 Typ **C-Versandstücke (unfallsicher Lufttransport)**

Abschnitt 6.4.11 Vorschriften für Versandstücke, die spaltbare Stoffe enthalten

Abschnitt 6.4.11 enthält Vorschriften für Versandstücke, die spaltbare Stoffe enthalten, die so zu befördern sind, dass sie auch unter Unfallbedingungen unterkritisch bleiben. Im **Unterabschnitt 6.4.11.14** wird die Berechnung der Kritikalitätssicherheitskennzahl (CSI) für Versandstücke erklärt.

Siehe dazu auch die Formeln zur Berechnung der CSI in 6.4.11.2 und 6.4.11.3 für die dort genannten Versandstücke mit bestimmten spaltbaren Stoffen.

Abschnitte 6.4.12 bis 6.4.23 beinhalten Prüfmethoden, Nachweisverfahren und die Vorschriften für die Bauartzulassung und Beförderungsgenehmigung für radioaktive Stoffe.

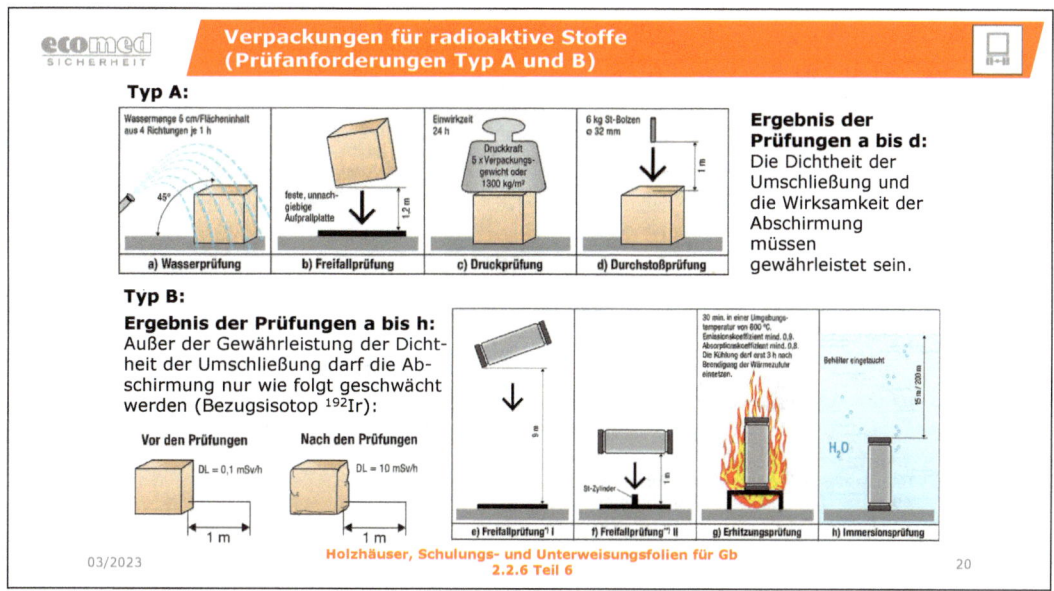

Verpackungen für radioaktive Stoffe (Prüfanforderungen Typ A und B)

Typ A:

Wassermenge 5 cm/Flächeninhalt aus 4 Richtungen je 1 h

a) Wasserprüfung

feste, unnachgiebige Aufprallplatte 1,2 m

b) Freifallprüfung

Einwirkzeit 24 h
Druckkraft 5 x Verpackungsgewicht oder 1300 kg/m²

c) Druckprüfung

6 kg St-Bolzen ⌀ 32 mm 1 m

d) Durchstoßprüfung

Ergebnis der Prüfungen a bis d: Die Dichtheit der Umschließung und die Wirksamkeit der Abschirmung müssen gewährleistet sein.

Typ B:

Ergebnis der Prüfungen a bis h: Außer der Gewährleistung der Dichtheit der Umschließung darf die Abschirmung nur wie folgt geschwächt werden (Bezugsisotop ^{192}Ir):

Vor den Prüfungen
DL = 0,1 mSv/h
1 m

Nach den Prüfungen
DL = 10 mSv/h
1 m

e) Freifallprüfung I

f) Freifallprüfung II
St-Zylinder

g) Erhitzungsprüfung
30 min. in einer Umgebungstemperatur von 800 °C. Emissionskoeffizient mind. 0,9. Absorptionskoeffizient mind. 0,8. Die Kühlung darf erst 3 h nach Beendigung der Wärmezufuhr einsetzen.

h) Immersionsprüfung
H₂O

Holzhäuser, Schulungs- und Unterweisungsfolien für Gb
2.2.6 Teil 6

03/2023   20

Kapitel 6.5   Bau- und Prüfvorschriften für Großpackmittel (IBC)

In den allgemeinen Vorschriften zu Beginn des Kapitels wird der Hinweis gegeben, dass **IBC** nach diesem Kapitel **nicht als Container** gelten (obwohl diese Bezeichnung im allgemeinen Sprachgebrauch für IBC oft verwendet wird).

Wie schon aus Kapitel 6.1 für Verpackungen bekannt, werden auch die IBC durch eine Codierung unterschieden. Zunächst wird die **Art des IBC** mit arabischen Ziffern festgelegt. Dieser Code besteht im Gegensatz zu den Verpackungsarten nicht aus einer, **sondern aus zwei Ziffern.**
Die vier Arten **11, 21, 31** und **13** werden in **Absatz 6.5.1.4.1** übersichtlich erklärt.

Der Werkstoff wird wie bei den Verpackungen mit einem oder zwei Großbuchstaben dargestellt und die IBC-Variante mit einer weiteren arabischen Ziffer, z.B. 31 HZ2 für einen Kombinations-IBC für flüssige Stoffe (31) mit Kunststoffinnenbehälter (H), der flexibel ist (2). **Das Z ist beim Kombinations-IBC ein Platzhalter** für den Werkstoffbuchstaben der äußeren Umhüllung (bei Stahl HA, bei Aluminium HB, bei einem anderen Metall HN).

▶ *Siehe Abbildung auf Seite 92*

Die **verschiedenen IBC-Typen** und Varianten werden übersichtlich in der **Tabelle 6.5.1.4.3** dargestellt.

Daran anschließend wird die Kennzeichnung der IBC dargestellt, die aus der Grundkennzeichnung mit dem UN-Symbol ⊎ und einer zusätzlichen Kennzeichnung nach Unterabschnitt 6.5.2.2 besteht.

Diese zusätzliche Kennzeichnung erfordert je nach IBC Angaben über Fassungsraum, Eigenmasse und Prüfdruck. Die Zeichenhöhe ist mit 12 mm festgelegt.

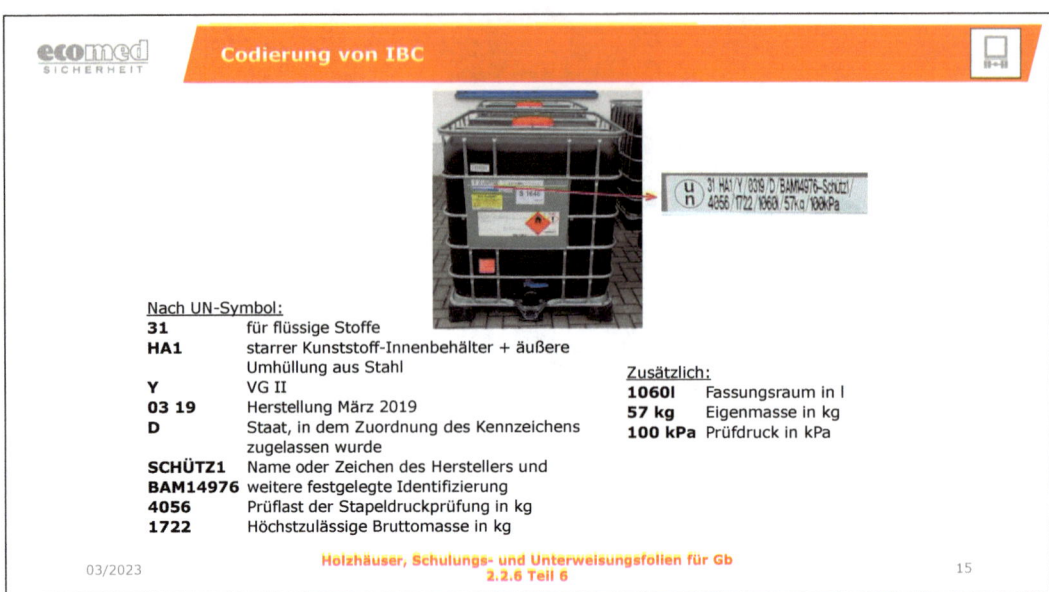

Codierung von IBC

Nach UN-Symbol:

31	für flüssige Stoffe
HA1	starrer Kunststoff-Innenbehälter + äußere Umhüllung aus Stahl
Y	VG II
03 19	Herstellung März 2019
D	Staat, in dem Zuordnung des Kennzeichens zugelassen wurde
SCHÜTZ1	Name oder Zeichen des Herstellers und
BAM14976	weitere festgelegte Identifizierung
4056	Prüflast der Stapeldruckprüfung in kg
1722	Höchstzulässige Bruttomasse in kg

Zusätzlich:

1060l	Fassungsraum in l
57 kg	Eigenmasse in kg
100 kPa	Prüfdruck in kPa

03/2023

Holzhäuser, Schulungs- und Unterweisungsfolien für Gb
2.2.6 Teil 6

15

Im **Absatz 6.5.2.2.2** werden zwei Piktogramme dargestellt, die angeben, ob der IBC gestapelt werden kann oder nicht. Kann gestapelt werden, muss die zulässige Stapellast angegeben sein.

> Diese Vorschrift gilt seit 01.01.2011 für alle neuen, reparierten oder wiederaufgearbeiteten IBC. **Vorher gebaute**, reparierte oder wiederaufgearbeitete IBC **müssen nicht gekennzeichnet** werden *(siehe 1.6.1.15 Übergangsvorschriften)*.

IBC unterliegen besonderen wiederkehrenden Prüfungen und Inspektionen. Alle **5 Jahre** muss eine Inspektion stattfinden (6.5.4.4.1) sowie alle **2,5 Jahre** eine Prüfung des äußeren Zustandes und der Bedienausrüstung sowie eine Dichtheitsprüfung (6.5.4.4.2).

Diese Prüfungen dürfen auch in anderen Ländern durchgeführt werden (siehe Bem. zu 6.5.1.1.3).

Abschnitt 6.5.5 enthält besondere Vorschriften für bestimmte, dort genannte IBC.

In **Abschnitt 6.5.6** werden detailliert der Prüfungsablauf für IBC und die dabei vorzunehmenden Prüfungen beschrieben.

 Frage 58:

Welchen wiederkehrenden Prüfungen unterliegen metallene Großpackmittel mit dem Code 31A?

Antwort: _____

Kapitel 6.6   Bau- und Prüfvorschriften für Großverpackungen

Großverpackungen sind ebenso wie IBC codiert, und die Art wird durch zwei Ziffern dargestellt. Diese Codierungen beginnen bei Großverpackungen immer mit der Ziffer 5.

So steht „50" für starre Großverpackungen und „51" für flexible Großverpackungen.

Die Buchstaben für die Werkstoffe sind mit denen bei Verpackungen und IBC identisch. Die Zeichenhöhe der Kennzeichnung muss mind. 12 mm betragen.

Piktogramme zur Stapellast bzw. zum Stapelverbot sind hier ebenfalls vorgesehen.

Kapitel 6.7   Vorschriften für die Auslegung, den Bau und die Prüfung von ortsbeweglichen Tanks und von UN-Gascontainern mit mehreren Elementen (MEGC)

Das Kapitel ist unterteilt in 5 Abschnitte. Am Beginn jedes Abschnitts sind Begriffsbestimmungen enthalten, die u. a. die Begriffe „ortsbeweglicher Tank" und „ortsbeweglicher Offshore-Tank" erklären.

Am Ende jedes Abschnitts sind die Vorschriften für die Kennzeichnung der ortsbeweglichen Tanks und MEGC mit einem **korrosionsbeständigen Identifizierungsschild** und einem **Tankschild (oder Aufschrift auf dem Tank)** angesiedelt. Jeder UN-Tank oder MEGC darf mit dem **UN-Verpackungssymbol** gekennzeichnet sein.

Offshore-Tanks zur Verwendung auf hoher See müssen zusätzlich auf dem Identifizierungsschild mit „OFFSHORE PORTABLE TANK" gekennzeichnet sein.

Kapitel 6.8   Vorschriften für den Bau, die Ausrüstung, die Zulassung des Baumusters, die Prüfung und die Kennzeichnung von festverbundenen Tanks (Tankfahrzeugen), Aufsetztanks, Tankcontainern und Tankwechselaufbauten (Tankwechselbehältern), deren Tankkörper aus metallenen Werkstoffen hergestellt sind, sowie von Batterie-Fahrzeugen und Gascontainern mit mehreren Elementen (MEGC)

In der Bemerkung 2 wird für festverbundene Tanks (Tankfahrzeuge) und Aufsetztanks mit **Additivierungseinrichtungen** auf die Sondervorschrift SV 664 in Kap. 3.3 verwiesen.

In diesem Kapitel gibt es eine Besonderheit, die früher schon einmal in der „alten deutschen" GGVS angewendet wurde. An verschiedenen Stellen werden die Seiten durch einen Mittelstrich geteilt, und die Vorschriften links und rechts der Linie haben für verschiedene Tankarten Gültigkeit.

Im Kapitel 6.8 gelten die Vorschriften	
(links) für festverbundene Tanks (Tankfahrzeuge), Aufsetztanks und Batterie-Fahrzeuge	(rechts) für Tankcontainer, Tankwechselaufbauten (Tankwechselbehälter) und MEGC
zur Beförderung gasförmiger, flüssiger, pulverförmiger oder körniger Stoffe.	

▶ *Siehe Abbildung auf Seite 96.*

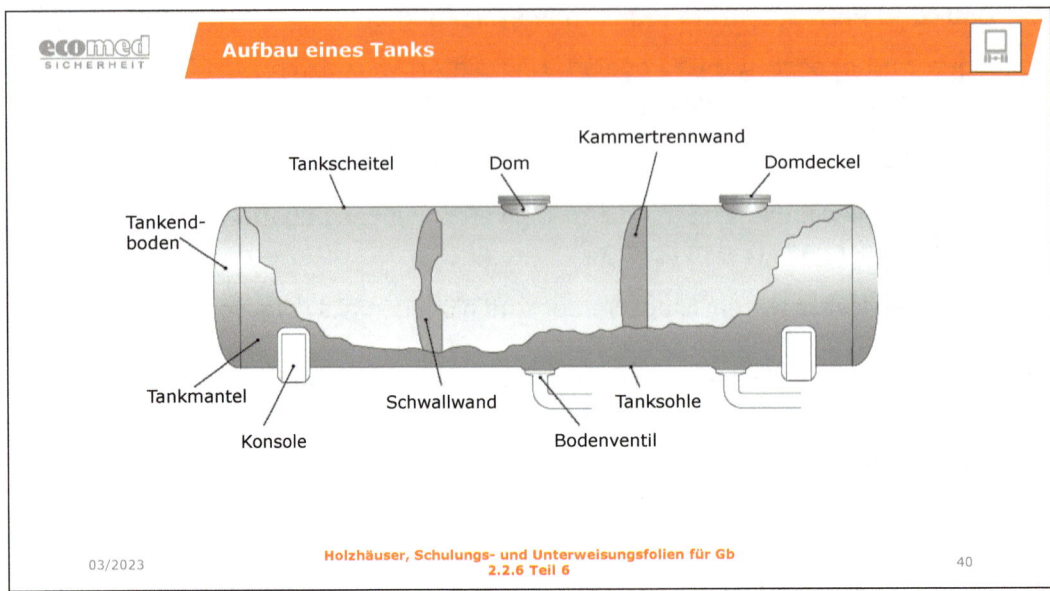

Im **Unterabschnitt 6.8.1.3** werden die Fundstellen in diesem Kapitel benannt.

Abschnitt 6.8.2   Vorschriften für alle Klassen

Abschnitt 6.8.2 enthält die Vorschriften, die für die verschiedenen Tankarten, ggf. in Verbindung mit bestimmten Gefahrklassen, gelten.

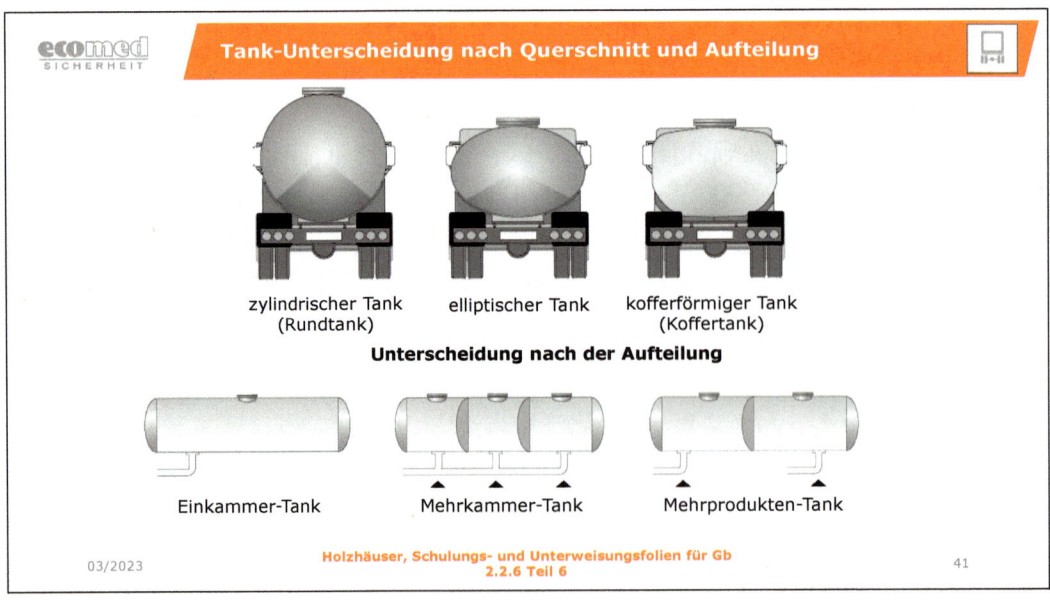

Im **Unterabschnitt 6.8.2.3** z. B. werden die Zulassung der Baumuster und die Bescheinigung mit den entsprechenden Inhaltsangaben geregelt. Eine Kopie ist der Tankakte (4.3.2.1.7) beizugeben.

Der **Unterabschnitt 6.8.2.4** gibt Auskunft über die verschiedenen Prüfungen, denen ein Tank erstmals und danach wiederkehrend unterliegt.

Die **Prüfzeiträume für die wiederkehrenden Prüfungen**, die alle **6 Jahre** (z. B. Tankfahrzeuge) bzw. **5 Jahre** (z. B. Tankcontainer) zu durchlaufen sind, werden von **Zwischenprüfungen** unterbrochen, die alle **3 bzw. 2,5 Jahre** durchgeführt werden müssen.

Außerplanmäßige Reparaturen, Ausbesserungen, Umbau oder Unfallschäden lassen eine **außerordentliche Prüfung** (6.8.2.4.4) notwendig werden.

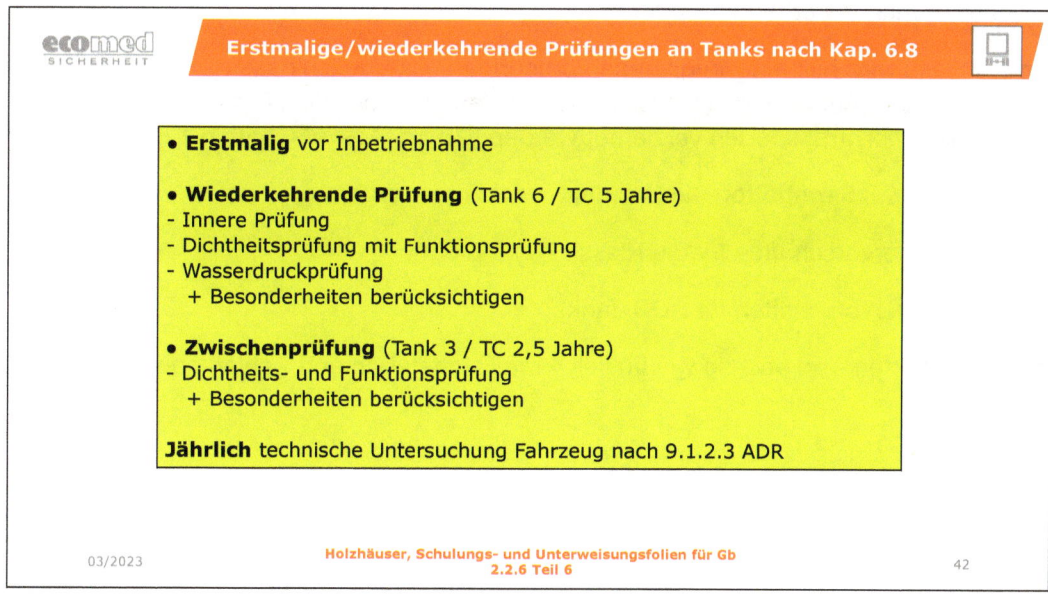

Die **Bescheinigungen (6.8.2.4.5) über solche Prüfungen**, auch wenn sie nicht erfolgreich waren, müssen zur Tankakte (4.3.2.1.7) genommen werden.

Jeder Tank ist nach **Unterabschnitt 6.8.2.5** zu kennzeichnen. Dies geschieht nach **Absatz 6.8.2.5.1** mit einem Tankschild aus nicht korrodierendem Material an leicht zugänglicher Stelle, auf dem die Angaben eingeprägt sind. Das Datum und die Art der zuletzt durchgeführten Prüfung sind dort anzugeben: Monat/Jahr mit dem Buchstaben „P" für eine **Hauptprüfung nach 6.8.2.4.1 oder 6.8.2.4.2** und dem Buchstaben „L" für eine **Zwischenprüfung nach 6.8.2.4.3**.

In Absatz 6.8.2.5.2 werden auf dem Tank selbst oder einer Tanktafel weitergehende Angaben gefordert. Insbesondere bei Tankcontainern und (neu) Aufsetztanks müssen hier bestimmte zur Beförderung in diesem Tank zugelassenen Stoffe, die Tankcodierung und Sondervorschriften (TC, TE), die für die zugelassenen Stoffe gelten, genannt werden.

Bei den Aufsetztanks wird hier eine langjährige Vorschriftenlücke geschlossen. Daher kann künftig, wenn diese Angaben auf dem Aufsetztank (Tanktafel) vorhanden sind, auf die Mitgabe der Tankprüfbescheinigung bei innerstaatlichen Transporten verzichtet werden (Übergangsvorschrift in 1.6.3.41).

Abschnitte 6.8.3 bis 6.8.5 enthalten die Sondervorschriften, wobei

Abschnitt 6.8.3 Sondervorschriften für die Klasse 2 enthält und

Abschnitt 6.8.4 Sondervorschriften für ADR-Tanks.

Diese Sondervorschriften sind ebenso wie im Teil 4 mit Buchstaben und Zahlen codiert:

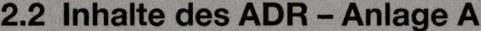

TC steht für **Bau**, z. B. TC7 (Mindestwanddicke des Tankkörpers nicht geringer als 3 mm).

TE steht für **Ausrüstung**, z. B. TE13 (Tanks mit Wärmeisolierung und Heizausrüstung).

TA steht für **Baumusterzulassung**, z. B. TA1 (keine Zulassung für organische Stoffe).

TT steht für **Prüfungen**, z. B. TT5 (Wasserdruckprüfung alle 3 bzw. 2,5 Jahre).

TM steht für **Kennzeichnung**, z. B. TM1.

 Frage 59:

In welchen zeitlichen Abständen sind Tanks von Tankfahrzeugen, die für Stoffe der Klasse 3 zugelassen sind, zu prüfen? Nennen Sie die unterschiedlichen Prüfungsarten und Fristen nach ADR!

Antwort: _____

Kapitel 6.9   Vorschriften für die Auslegung, den Bau und die Prüfung von ortsbeweglichen Tanks mit Tankkörpern aus faserverstärktem Kunststoff (FVK)

Kapitel 6.10   Vorschriften für den Bau, die Ausrüstung, die Zulassung, die Prüfung und die Kennzeichnung von Saug-Druck-Tanks für Abfälle

Die **Begriffsbestimmung** in **Abschnitt 6.10.1** legt fest, dass ein Tank, der vollständig den Vorschriften des Kapitels 6.8 entspricht, nicht als Saug-Druck-Tank gilt.

Eine Weiterführung dieser Begriffsbestimmung findet man im **Absatz 6.10.1.2.1** mit der Überschrift „Vorschriftengeltung".

Hier wird bestimmt, dass die Vorschriften der **Abschnitte 6.10.2 bis 6.10.4** die Vorschriften des Kapitels 6.8 ändern und ergänzen und für **Saug-Druck-Tanks** Gültigkeit haben. Eine Aussage über öffnungsfähige Böden, die als Untenentleerung gemäß Tankcodierung (3. Stelle) Buchstabe A oder B gelten, z. B. L4BH, wird hier ebenfalls getroffen.

Saug-Druck-Tanks müssen ansonsten allen Vorschriften des Kapitels 6.8 entsprechen (außer 6.8.2.1.19 bis 6.8.2.1.21), sofern im Kapitel 6.10 keine abweichende besondere Vorschrift aufgeführt ist.

Kapitel 6.11   Vorschriften für die Auslegung, den Bau und die Prüfung von Schüttgut-Containern

Eine Möglichkeit des zulässigen Schüttguttransports nach den Vorschriften des Kapitels 7.3 ist die Variante, dass in der **Tabelle A, Spalte 10** eine Anweisung mit einem mit den **Buchstaben BK** beginnenden alphanumerischen Code angegeben ist und dadurch die Beförderungsart „lose Schüttung" für diesen Stoff ausdrücklich zulässt.

Das Kapitel 6.11 beschreibt die drei möglichen Varianten des Codes „BK":

BK 1 für bedeckte Schüttgut-Container

BK 2 für geschlossene Schüttgut-Container

BK 3 für flexible Schüttgut-Container

Im Kapitel 6.11 wird für BK 1 und BK 2 nochmals unterschieden zwischen zwei Varianten dieser Container:

✓ **Abschnitt 6.11.3** Container, die dem **CSC entsprechen**, als Schüttgut-Container und

✓ **Abschnitt 6.11.4** Container, die keine **CSC-Container** sind, als Schüttgut-Container

Während **die CSC-Container nach 6.11.3** eine CSC-Zulassung haben müssen und wiederkehrende Prüfungen nach CSC (Safety Aproval) durchlaufen müssen (CSC = Container Safety Convention), haben **Container nach 6.11.4** nur eine Zulassung von der zuständigen Behörde (in D die BAM), in der, sofern angemessen, Prüfvorschriften enthalten sind. Um welche Containerarten es sich hier handelt, wird in Unterabschnitt 6.11.4.1 begrifflich bestimmt.

Bei Verwendung von Containern nach Abschnitt 6.11.4 muss ein **Vermerk ins Beförderungspapier: „Schüttgut-Container BK (x) von der zuständigen Behörde von ...... zugelassen"** *(siehe Absatz 5.4.1.1.17).* (x) muss durch die Zahl 1 oder 2 ersetzt werden.

Abschnitt 6.11.5   Auslegung, Bau und Prüfung von flexiblen Schüttgut-Containern des Typs BK 3

Vorschriften, die ab 2017 neu in ADR/RID/ADN aufgenommen wurden.

Kapitel 6.12 **Vorschriften für den Bau, die Ausrüstung, die Zulassung des Baumusters, die Prüfung und die Kennzeichnung von Tanks, Schüttgut-Containern und besonderen Laderäumen für explosive Stoffe oder Gegenstände mit Explosivstoff in mobilen Einheiten zur Herstellung von explosiven Stoffen und Gegenständen mit Explosivstoff (MEMU)**

Die Besonderheit der MEMU liegt darin, dass sich dabei auf einem Fahrzeug sowohl Räume für Stückgut als auch Schüttgut-Container und Tanks befinden, um aus deren Inhalten und Füllgütern explosive Stoffe oder Gegenstände mit Explosivstoff am Einsatzort herzustellen.

▶ *Siehe Abbildung auf Seite 101*

Tanks auf diesen MEMU müssen den Vorschriften des **Abschnitts 6.8.2** entsprechen, wobei Tanks unter 1000 l bestimmte Anforderungen nicht erfüllen müssen. **Schüttgut-Container** müssen BK 2 entsprechen. **Laderäume** müssen mit wirksamen **Trennungen** gegen Zündübertragung ausgelegt sein.

Die **Vorschriften über eine erstmalige und wiederkehrende Prüfung dieser Tanks nach 6.8.2.4 finden bei der MEMU keine Anwendung**; Prüfungen müssen jedoch unter **Verantwortung des Verwenders** oder Eigentümers alle **drei Jahre** „zur Zufriedenheit der zuständigen Behörde" (in D die BAM) einer Untersuchung innen und außen sowie einer Dichtheitsprüfung unterzogen werden.

Die Baumusterzulassungs-Bestimmungen (6.8.2.3) und die Kennzeichnungsvorschriften (Tankschild 6.8.2.5) sind ebenfalls nicht anzuwenden.

Kapitel 6.13 **Vorschriften für die Auslegung, den Bau, die Ausrüstung, die Zulassung des Baumusters, die Prüfung und die Kennzeichnung von festverbundenen Tanks (Tankfahrzeugen), Aufsetztanks aus faserverstärkten Kunststoffen (FVK)**

Im Vorschriftenverweis des **Abschnitts 6.13.1.2** wird auf viele Bauvorschriften des **Kapitels 6.8 verwiesen**.

Auf die Besonderheiten des Werkstoffs und der daraus resultierenden Bauweise wird im **Abschnitt 6.13.2ff.** genauer eingegangen.

Bei den Ausrüstungsteilen in Abschnitt 6.13.3 finden sich wieder viele Verweise auf Kapitel 6.8, ebenso bei den Prüfungs- und Baumusterzulassungsvorschriften in Abschnitt 6.9.4, was die Prüffristen, Bescheinigungen und Einträge auf dem Tankschild betrifft.

Bei den Werkstoffprüfungen sind materialabhängig natürlich andere Prüfpunkte zu berücksichtigen.

Als Besonderheit bei der Kennzeichnung mit dem Tankschild wird hier das Auflaminieren auf den Tankkörper erlaubt, und es ist immer der Auslegungstemperaturbereich anzugeben.

2.2.7 ADR Teil 7 Vorschriften für die Beförderung, die Be- und Entladung und die Handhabung

Wie aus den bisher betrachteten Vorschriften zu entnehmen ist, kann der Transport gefährlicher Güter in drei unterschiedliche Kategorien eingeteilt werden:

✓ Das ist einmal die **Versandstückbeförderung**, bei der das gefährliche Gut in Verpackungen ein-gefüllt ist oder als Gegenstand in Fahrzeugen oder Containern transportiert wird
(= Normalbeförderung für zugelassene Stoffe),

✓ zweitens ist das die **Schüttgutbeförderung**, bei der Gefahrgut **ohne Verpackung**, lose in einem Fahrzeug oder einem Container transportiert wird (Schüttgutzulassung!)

✓ und drittens die **Beförderung in Tanks** (Definition 1.2.1) (Tankzulassung!).

Nicht jede dieser **drei Beförderungsarten** kann ohne Weiteres gewählt und durchgeführt werden. Die **Schüttgutbeförderung bedarf einer expliziten Zulassung**, die durch Einträge in den **Spalten 10 oder 17** der Tabelle A (Kapitel 3.2) erkennbar wird. Die **Tankbeförderung ist nur zulässig**, wenn in den **Spalten 10 oder 12** der Tabelle A eine Tankcodierung angegeben ist. **Versandstücke benötigen eine Verpackungsanweisung** bzw. Sonderregelung (LQ, EQ) und das Gut muss zum Transport zugelassen sein (*siehe Abbildung zu 2.2.x.2, Seite 52 unten*).

Der Teil 7 gibt vor, unter welchen Bedingungen (und in welchen Beförderungsmitteln) diese drei Beförderungsarten durchgeführt werden können bzw. müssen.

Der Teil steht mit den **Spalten 10, 16, 17 und 18 der Tabelle A** (Kapitel 3.2) in Verbindung, im Bezug auf Sondervorschriften, die für bestimmte gefährliche Güter anzuwenden sind. Er ist klar gegliedert in die 5 Kapitel 7.1 bis 7.5.

Kapitel 7.1 Allgemeine Vorschriften

Im Kapitel 7.1 werden allgemeine Fahrzeuganforderungen für die verwendeten Fahrzeuge definiert, die Konformität von **CSC-Containern** wird angesprochen sowie für Container eine genaue Beschreibung des Begriffs „In bautechnischer Hinsicht geeignet".

Wenn für bestimmte Stoffe und Ladungen nach diesem Teil oder Teil 9 Vorschriften für den Fahrzeugaufbau gemacht werden, dann müssen **Großcontainer diese Vorschriften ebenfalls erfüllen**. Bei der Klasse 1 gilt das auch für Kleincontainer.

Mit ADR 2019 wurde hier der neue **Abschnitt 7.1.7** mit den **Sondervorschriften** für die **Temperaturkontrolle** bei der Beförderung selbstzersetzlicher Stoffe der Klasse 4.1, organischer Peroxide der Klasse 5.2 und anderer Stoffe (als die genannten), die unter Temperaturkontrolle stabilisiert werden, eingefügt.

In den Sondervorschriften V8 (Tabelle Spalte 16) und S4 (Tabelle Spalte 19) wird auf diesen Abschnitt 7.1.7 verwiesen.

Bis zur Änderung in ADR 2019 waren die Sondervorschriften für die Temperaturkontrolle direkt in V8 und S4 nachzulesen. Durch die Verschiebung in den Abschnitt 7.1.7 ergaben sich keine gravierenden inhaltlichen Änderungen. Redaktionelle Folgeänderungen jedoch in den Teilen 2, 3, 5, 7, 8 und 9, z.B. in 7.5.11 CV20 und CV21.

 Frage 60:

Güterbeförderungseinheiten dürfen nach ADR für die Beförderung nur verwendet werden, wenn sie in „bautechnischer Hinsicht" geeignet sind. In welchem Unterabschnitt finden Sie diese Eignungsmerkmale?

Antwort: _____

Kapitel 7.2 Vorschriften für die Beförderung in Versandstücken

Im Kapitel 7.2 werden alle möglichen **Fahrzeug- und Containertypen** (gedeckt, bedeckt, geschlossen, offen ohne Plane) für den Versandstücktransport zugelassen.

Abschnitt 7.2.2: Für **nässeempfindliche** Versandstücke und Verpackungen müssen jedoch gedeckte oder bedeckte Fahrzeuge bzw. geschlossene oder bedeckte Container verwendet werden.

Sondervorschriften für den Versandstücktransport für bestimmte Güter werden in der **Spalte 16 der Tabelle A** mit dem Code V und einer Zahl angegeben, z. B. **V1, V10** usw.

Diese codierten Sondervorschriften werden im **Unterabschnitt 7.2.4** aufgelistet.

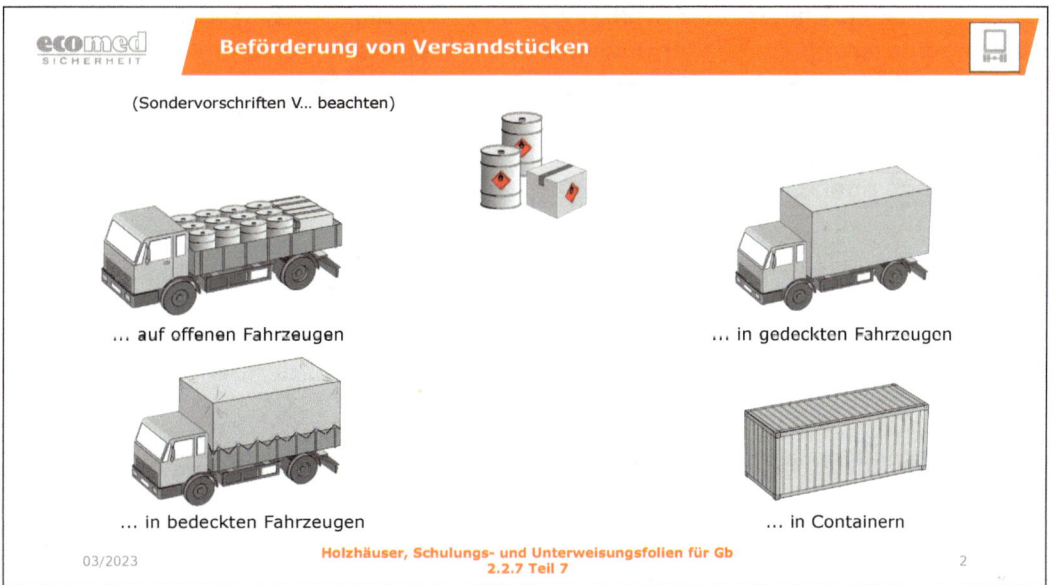

Beförderung von Versandstücken

(Sondervorschriften V... beachten)

... auf offenen Fahrzeugen

... in gedeckten Fahrzeugen

... in bedeckten Fahrzeugen

... in Containern

03/2023

Holzhäuser, Schulungs- und Unterweisungsfolien für Gb
2.2.7 Teil 7

2

 Frage 61:

Ist die Beförderung von UN 3141 in Großpackmitteln des Typs 31HA2 in bedeckten Fahrzeugen zulässig? Nennen Sie auch die Fundstelle für Ihre Lösung!

Antwort: _____

Kapitel 7.3 Vorschriften für die Beförderung in loser Schüttung

Im Kapitel 7.3 wird gleich zu Beginn in 7.3.1.1 die **Zulässigkeit der Beförderungsart „lose Schüttung"** in Schüttgut-Containern, Containern oder Fahrzeugen bestimmt. Es gibt hier **drei Möglichkeiten:**

a) In der Spalte 10 der Tabelle A wird ein Code für Schüttgut-Container **BK1, BK2 oder BK3** angegeben oder

b) in der Spalte 17 der Tabelle A wird ein Code beginnend mit den **Buchstaben VC** angegeben.

c) **Leere, ungereinigte Verpackungen** dürfen in loser Schüttung transportiert werden, wenn dies durch andere Vorschriften nicht ausdrücklich verboten ist.

Wird nach **Variante a)** transportiert, dann gelten **zusätzlich** zu den allgemeinen Vorschriften für „lose Schüttung" in **Abschnitt 7.3.1 die Vorschriften des Abschnitts 7.3.2.**

Wird nach **Variante b)** transportiert, dann gelten zusätzlich zum **Abschnitt 7.3.1** die Vorschriften des **Abschnitts 7.3.3**, in dem die Codierungen VC1, VC2, VC3 und ergänzende Vorschriften (stoff- bzw. fallbezogen) mit der Codierung AP aufgelistet sind.

Es ist erlaubt, bei Code VC1 in der Spalte 17 der Tabelle A im Landverkehr **auch einen BK1-Schüttgutcontainer** und bei Code VC2 auch einen **BK2-Schüttgutcontainer** zu verwenden. Die ergänzenden Vorschriften des Unterabschnitts 7.3.3.2 müssen jedoch erfüllt werden.

Der bisherige Regelungsinhalt der Anlage 12 der RSEB **(Festlegung der Bedingungen für besonders ausgerüstete Fahrzeuge/Wagen und Container/Großcontainer nach Abschnitt 7.3.3 Sondervorschrift VC3 zur Beförderung erwärmter flüssiger und fester Stoffe der UN-Nummern 3257 und 3258 ADR/RID)** wird im Jahr 2019 in die GGVSEB überführt. Die dort festgelegten Pflichten werden durch die Überführung in die GGVSEB (neuer Absatz 4 in § 26) auch mit Ordnungswidrigkeiten belegt. Dies betrifft den Verlader, Befüller, Beförderer im Straßen- und Eisenbahnverkehr, den Betreiber eines Containers und den Fahrzeugführer im Straßenverkehr sowie den Betreiber eines Wagens oder Großcontainers im Eisenbahnverkehr.

Ergänzend werden ein neuer § 36b und eine neue Anlage 3 mit dem eigentlichen Regelungsinhalt zur Beförderung erwärmter flüssiger und fester Stoffe in die GGVSEB aufgenommen.

Die **Variante c)** gilt nur für leere ungereinigte Verpackungen, die nicht der UN 3509 zugeordnet wurden (unten Ziff. 1.).

Bei leeren ungereinigten Verpackungen muss seit 2015 unterschieden werden:

1. Ungereinigte leere Verpackungen, die nicht UN 3509 zugeordnet wurden oder nicht zugeordnet werden durften
2. Ungereinigte leere Altverpackungen, klassifiziert in UN 3509, Kl. 9

Für die Ziff. 1.: Es gelten außer den allgemeinen Vorschriften des **Abschnitts 7.3.1 keine zusätzlichen Vorschriften.**

Für die Ziff. 2.: Es gelten die allgemeinen Vorschriften des **Abschnitts 7.3.1** und zusätzlich **Absatz 7.3.2.9.1**, wenn in **BK2**-Containern transportiert wird, und **VC2 mit AP10**, wenn nach **Abschnitt 7.3.3** im Container oder Fahrzeug transportiert wird.

Anm. d. Verf.: Alternativ besteht auch die Möglichkeit zur Beförderung leerer ungereinigter Verpackungen nach Unterabschnitt 1.1.3.6, Beförderungskategorie 4, hier allerdings unter Stückgutbedingungen mit Ladungssicherung.

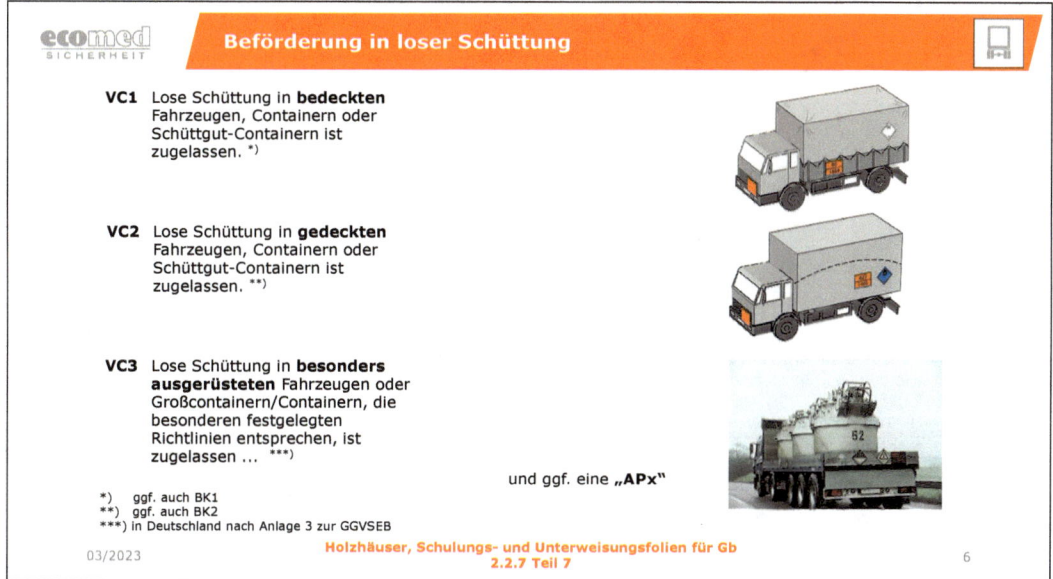

 Frage 62:

Stellen Sie fest, ob ein gefährliches Gut (UN 2717) nach ADR zur Beförderung in loser Schüttung in einem offenen Fahrzeug zugelassen ist! Nennen Sie auch die spezifischen Sondervorschriften für Ihre Lösung!

Antwort: _____

Kapitel 7.4   Vorschriften für die Beförderung in Tanks

Im **Unterabschnitt 7.4.1** wird die Zulässigkeit von Tankbeförderung mit der Angabe einer Tankcodierung in den **Spalten 10 oder 12 der Tabelle A** (Kapitel 3.2) festgelegt oder wenn eine zuständige Behörde eine **vorläufige Zulassung nach Abschnitt 6.7.1.3** für UN-Tanks und UN-MEGC erteilt hat.

Die Fahrzeuge für die Tankbeförderung, egal ob Trägerfahrzeuge, Zugfahrzeuge oder Anhänger, müssen den **Vorschriften des Teils 9** entsprechen (EX/III, FL, AT).

 Wenn ein AT-Fahrzeug vorgeschrieben ist, darf auch ein FL-Fahrzeug verwendet werden, umgekehrt geht dies jedoch nicht. Bei FL und EX/III darf ausschließlich dieser Fahrzeugtyp verwendet werden.

Kapitel 7.5 Vorschriften für die Be- und Entladung und die Handhabung

Abschnitt 7.5.1 Allgemeine Vorschriften

Dieser Abschnitt befasst sich mit der **Vorschriftenkonformität von Fahrzeug und Mitgliedern der Fahrzeugbesatzung und** ggf. der **Container** bei der Ankunft am Be- und Entladeort, die hinsichtlich der Sicherheit, der Sicherung, der Sauberkeit und der ordnungsgemäßen Funktion der bei der Be- und Entladung verwendeten Ausrüstung den Rechtsvorschriften genügen müssen.

Die **Unzulässigkeit der Beladung** tritt ein, wenn eine Kontrolle der Dokumente oder die Sichtprüfung des Fahrzeugs oder Containers zeigt, dass die Rechtsvorschriften nicht eingehalten sind. Die **Unzulässigkeit der Entladung** tritt ein, wenn bei solchen Kontrollen Verstöße festgestellt werden, die die Sicherheit oder Sicherung bei der Entladung in Frage stellen.

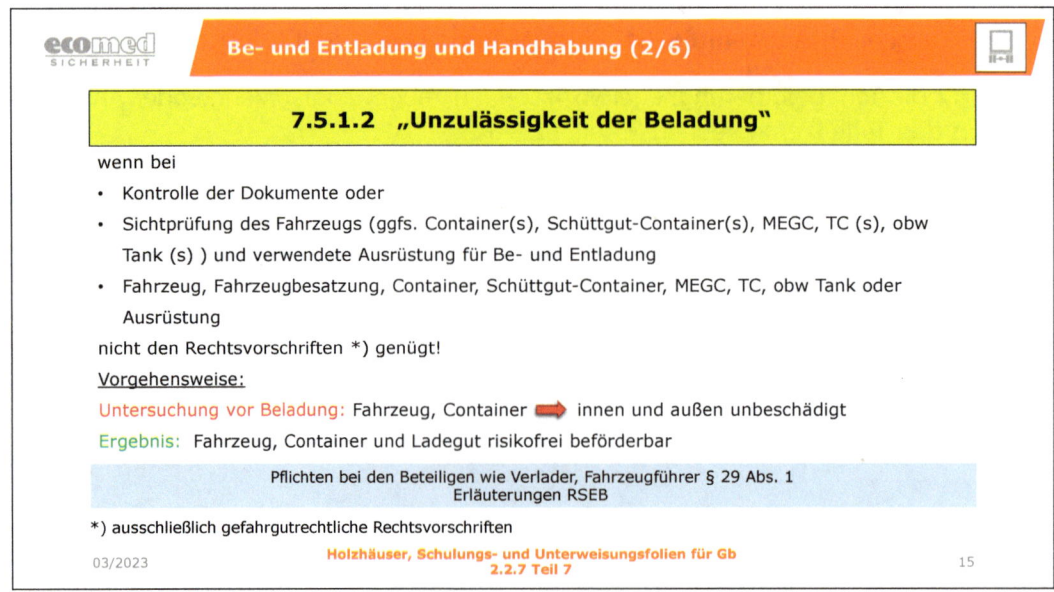

Mit dem ADR/RID 2023 wurden konkrete Vorgaben übernommen, für die Überprüfung der Güterbeförderungseinheit geeignet sind, um sicherzustellen, dass diese in bautechnischer Hinsicht geeignet ist Ladung aufzunehmen. Hierbei wird auch definiert, was ggf. größere Beschädigungen sind, die es nicht mehr zulassen die Güterbeförderungseinheit zu beladen.

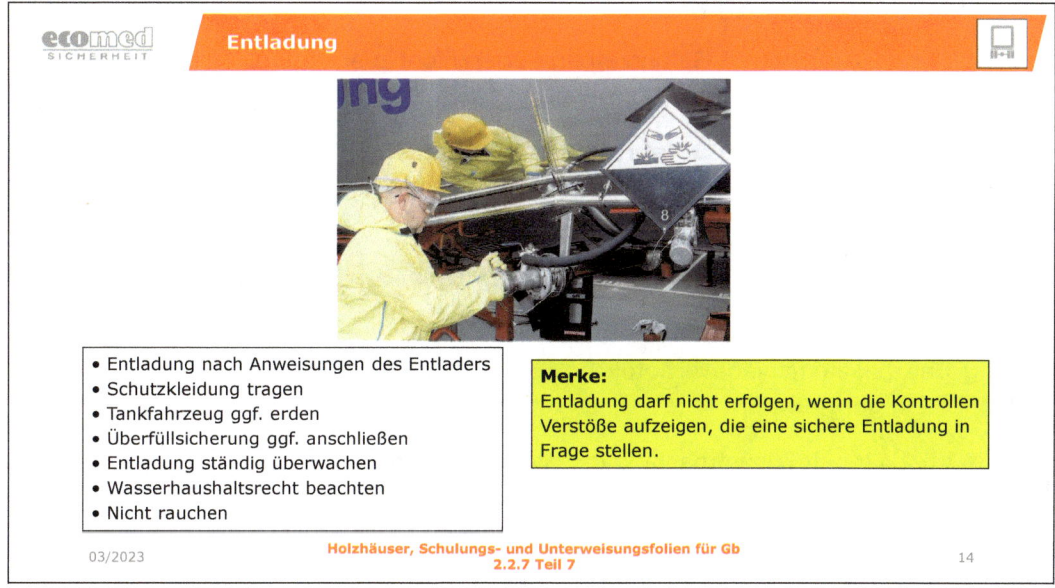

Entladung

- Entladung nach Anweisungen des Entladers
- Schutzkleidung tragen
- Tankfahrzeug ggf. erden
- Überfüllsicherung ggf. anschließen
- Entladung ständig überwachen
- Wasserhaushaltsrecht beachten
- Nicht rauchen

Merke:
Entladung darf nicht erfolgen, wenn die Kontrollen Verstöße aufzeigen, die eine sichere Entladung in Frage stellen.

03/2023 — Holzhäuser, Schulungs- und Unterweisungsfolien für Gb — 2.2.7 Teil 7 — 14

Unterabschnitt 7.5.1.4 befasst sich mit der Sondervorschrift **„Geschlossene Ladung"**, die für bestimmte Güter über die **Spalten 17 und 18** der Tabelle A vorgeschrieben wird. Bei der Klasse 7 wird diese Anforderung an die Beförderung **„Unter ausschließlicher Verwendung"** benannt *(siehe dazu auch die Verwendungsvorschriften 4.1.9.1.12 und 5.3.2.1.4)*. Die Definitionen der beiden Begriffe sind in Abschnitt 1.2.1 zu finden.

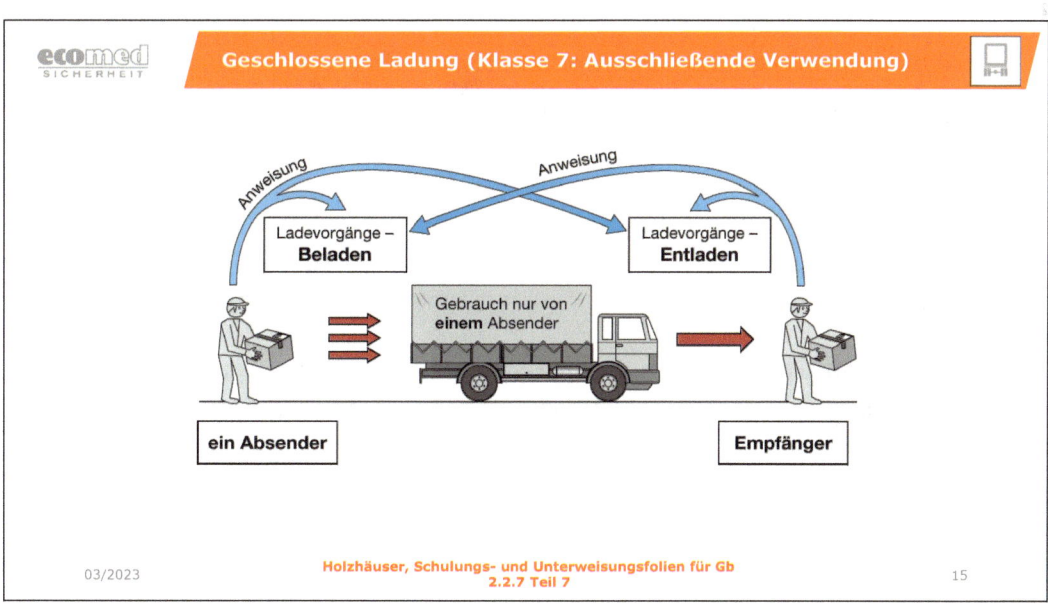

Geschlossene Ladung (Klasse 7: Ausschließende Verwendung)

Anweisung — Anweisung

Ladevorgänge – **Beladen**   Ladevorgänge – **Entladen**

Gebrauch nur von **einem Absender**

ein Absender   **Empfänger**

03/2023 — Holzhäuser, Schulungs- und Unterweisungsfolien für Gb — 2.2.7 Teil 7 — 15

Unterabschnitt 7.5.1.5 befasst sich mit der **Versandstückausrichtung**. Wenn **Ausrichtungspfeile** nach Unterabschnitt 5.2.1.9 vorgeschrieben sind, dann müssen die Versandstücke und Umverpackungen während der Beförderung auch entsprechend den nach oben weisenden Pfeilspitzen ausgerichtet werden. Die Nichteinhaltung dieser Vorschrift ist seit einigen Jahren mit einem verhältnismäßig hohen Bußgeld bewehrt.

Abschnitt 7.5.2   Zusammenladeverbote

Versandstücke mit unterschiedlichen Gefahrzetteln dürfen nicht zusammen verladen werden, **sofern** dies **nicht** gemäß nachfolgender Tabelle aus Unterabschnitt 7.5.2.1 **zugelassen** ist.

In der Tabelle ist erkennbar, dass die **Gefahrzettel nach Muster 1, 1.4** (außer 1.4S), **1.5 und 1.6** ein solches Zusammenladeverbot auslösen, selbst dann, wenn sie nur als Zusatzzettel bei Klasse 4.1 und 5.2 vorgeschrieben sind.

Übrigens gelten diese Zusammenladeverbote **auch für Umverpackungen** (*siehe dazu Unterabschnitt 5.1.2.4 ADR*).

Die Anwendung des Zusammenladeverbotes bei Beförderungen in geschlossenen Containern wird in Unterabschnitt 7.5.2.3 **geregelt.**

Unterabschnitt 7.5.2.4 regelt Zusammenladeverbote von in begrenzten Mengen verpackten gefährlichen Gütern (Kap. 3.4).

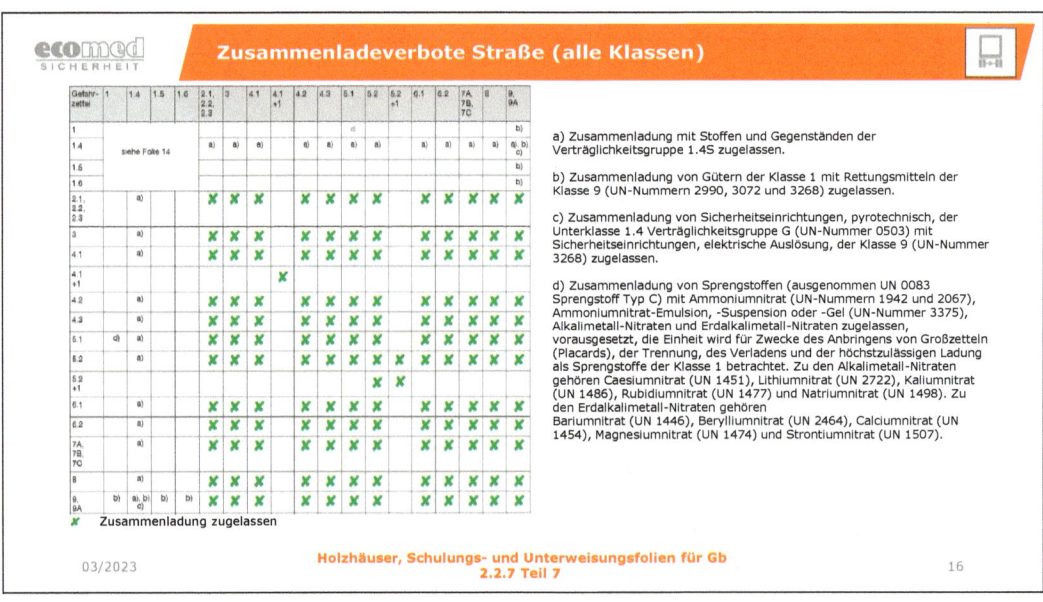

Selbst **innerhalb der Klasse 1** sind **Zusammenladeverbote** zu beachten. Diese werden mittels der verschiedenen Verträglichkeitsgruppen umgesetzt, die in Großbuchstaben auf den Gefahrzetteln der Klasse 1 ausgedrückt sind. Unterschiedliche Verträglichkeitsgruppen dürfen nicht zusammen in ein Fahrzeug oder einen Container verladen werden, sofern es nicht nach der Tabelle in 7.5.2.2 erlaubt ist.

 Frage 63:

Gilt das Zusammenladeverbot nach Unterabschnitt 7.5.2.1 ADR auch dann, wenn auf einem Fahrzeug Gasflaschen der Klasse 2 und Versandstücke der Klasse 1.4G geladen sind und die in der Tabelle nach Absatz 1.1.3.6.3 genannten Mengen nicht überschritten werden? Geben Sie auch eine kurze Begründung für Ihre Lösung!

Antwort: _____

Abschnitt 7.5.4 Vorsichtsmaßnahmen bei Nahrungs-, Genuss- und Futtermitteln

Diese Vorschrift steht mit der **Spalte 18** der Tabelle A (Kapitel 3.2) und der **Sondervorschrift CV 28**, die dort bei bestimmten Stoffen angegeben ist, in Verbindung.

Werden solche Stoffe zusammen mit Nahrungs-, Genuss- und Futtermitteln in Fahrzeuge oder Container verladen, dann dürfen sie **nicht übereinander** oder **in unmittelbarer Nähe** verladen werden. Es muss hier eines der im Abschnitt genannten drei **Trenngebote** beachtet werden (Trennung durch vollwandige Trennwand, neutrales Gut oder mindestens 80 cm Abstand).

 Frage 64:

Nahrungs-, Genuss- und Futtermittel sollen mit gefährlichen Gütern in Versandstücken zusammen auf einer Ladefläche befördert werden. Bei welcher Bezettelung der Versandstücke sind nach ADR Vorsichtsmaßnahmen zu treffen? Nennen Sie zwei Beispiele!

Antwort: _____

Abschnitt 7.5.5 Begrenzung der beförderten Menge

Durch eine Sondervorschrift in Spalte 18 der Tabelle A (Kapitel 3.2) kann für bestimmte Güter die Menge in einer Beförderungseinheit begrenzt werden (z. B. CV 15). Für die **Klasse 1 und die Klasse 5.2** sind in dem Abschnitt die Mengen genannt, die pro Beförderungseinheit nicht überschritten werden dürfen.

Abschnitt 7.5.7 Handhabung und Verstauung

Die Ladungssicherung (7.5.7.1) und die Stapelung der Versandstücke mit Gefahrgut (7.5.7.2), aber auch der Schutz der Versandstücke beim Be- und Entladen (7.5.7.3) und die Ladungssicherung von Containern auf Fahrzeugen (7.5.7.4) werden hier explizit geregelt.

Die ausreichende Ladungssicherung nach diesem Unterabschnitt gilt als erfüllt, wenn die Ladung nach der Norm EN 12195-1:2010 gesichert ist.

Der **Unterabschnitt 7.5.7.5** enthält ein Öffnungsverbot für Versandstücke durch die Fahrzeugbesatzung.

Unterabschnitt 7.5.7.6 enthält die Vorschriften für die Verladung flexibler Schüttgut-Container BK3.

2

Vorschriften für den Verkehrsträger Straße

2.2 Inhalte des ADR – Anlage A

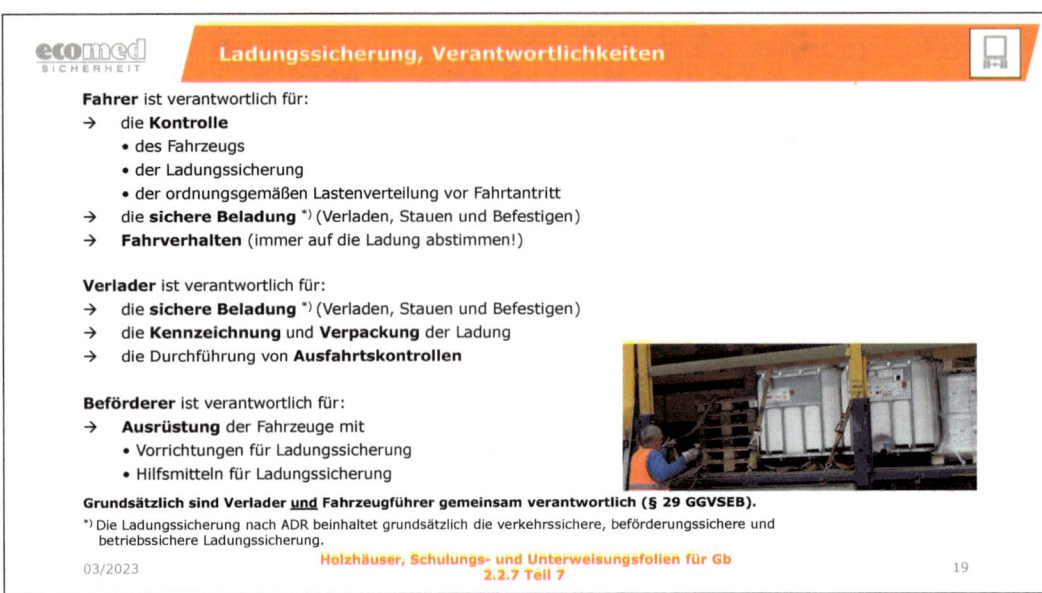

Abschnitt 7.5.8   Reinigung nach dem Entladen

Abschnitt 7.5.9   Rauchverbot

Abschnitt 7.5.10   Maßnahmen zur Vermeidung elektrostatischer Aufladung (Erdung)

Dies sind weitere Vorschriften, die beim Be- und Entladen zu beachten sind:

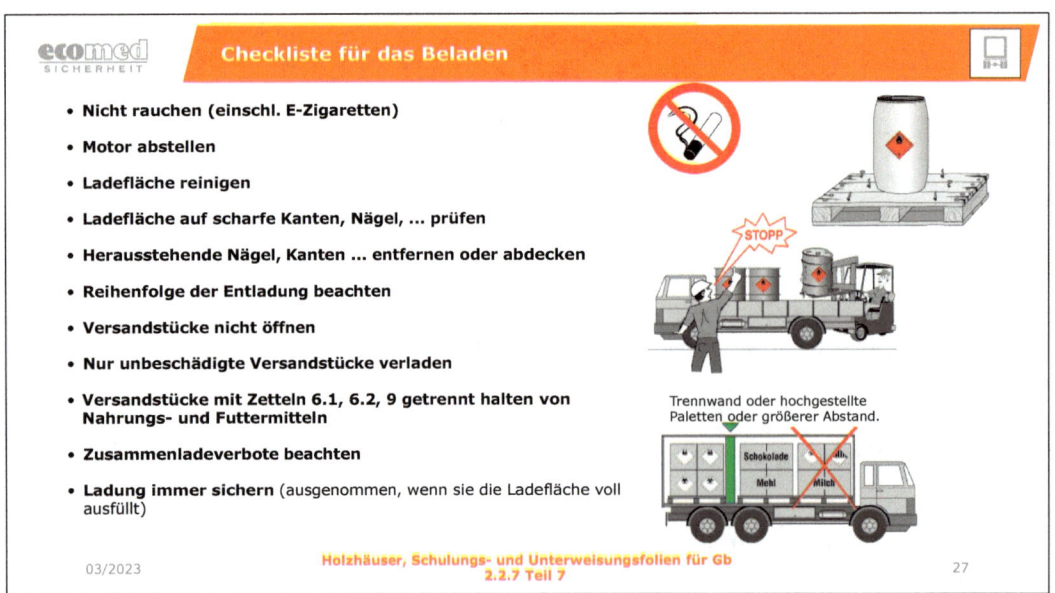

 Frage 65:

Beim Entladen von Versandstücken der Klasse 3 wurde ein Versandstück beschädigt. Auf der Ladefläche des Fahrzeugs befinden sich noch Reste der Flüssigkeit. Was ist nach ADR vor dem erneuten Beladen zu tun? Nennen Sie auch den entsprechenden Abschnitt!

Antwort: _____

Abschnitt 7.5.11   Zusätzliche Vorschriften für bestimmte Klassen oder Güter

Der Abschnitt 7.5.11 listet die **Sondervorschriften** auf (CV1 bis CV37), die in der **Spalte 18** der Tabelle A (Kapitel 3.2) in codierter Form angegeben werden.

Sehr umfangreich ist hier die Sondervorschrift **CV33** für radioaktive Stoffe.

Bemerkenswert ist die Sondervorschrift **CV36** für Versandstücke mit Gasen, die vorzugsweise in offene oder belüftete Fahrzeuge oder Container zu verladen sind, jedoch, „wenn dies nicht möglich ist" (sehr unbestimmter Rechtsbegriff!), auch in anderen gedeckten Fahrzeugen oder geschlossenen Containern (unbelüftet) befördert werden dürfen, wenn die Ladetüren mit einem besonderen Kennzeichen „ACHTUNG KEINE BELÜFTUNG VORSICHTIG ÖFFNEN" versehen sind. Dabei muss ein **Gasaustausch zwischen** dem **Ladeabteil** und dem **Fahrerhaus** (ADR) bzw. zwischen den bei der Beförderung zugänglichen Abteilen (RID) **unbedingt verhindert** werden.

▶ *Die RSEB enthält für diesen Abschnitt wichtige Erläuterungen zur Klarstellung.*

Frage 66:

Es wurde der Stoff UN 1350 in loser Schüttung gemäß ADR befördert. Das Fahrzeug soll mit dem gleichen Stoff wieder beladen werden. Muss das Fahrzeug vor der Beladung gereinigt werden? Nennen Sie auch die Fundstelle für Ihre Lösung!

Antwort: _____

2.3   Inhalte des ADR – Anlage B

Die Anlage B, die nur im ADR, nicht aber im RID und ADN vorkommt, hat für den Straßentransport spezifische Vorschriften in Teil 8 und Teil 9 zum Inhalt.

2.3.1 ADR Teil 8   Vorschriften für die Fahrzeugbesatzung, die Ausrüstung, den Betrieb der Fahrzeuge und die Dokumentation

Der Teil 8 ist wiederum in 8 Kapitel unterteilt, von denen **Kapitel 8.5** mit der **Tabelle A** (Kapitel 3.2) **Spalte 19** in Verbindung steht. Die Spalte 19 enthält eine Codierung für die Sondervorschriften des Kapitels 8.5, die zusätzlich zu den Vorschriften der Kapitel 8.1 bis 8.4 für die Beförderung der betreffenden Stoffe und Gegenstände gelten.

Das **Kapitel 8.6** steht mit der **Spalte 15** der Tabelle A in Verbindung bezüglich des **Tunnelbeschränkungscodes** und damit der einzuhaltenden **Tunnelkategorie**.

Kapitel 8.1   Allgemeine Vorschriften für die Beförderungseinheiten und das Bordgerät

Abschnitt 8.1.1   Beförderungseinheiten

Mit Gefahrgütern beladene Beförderungseinheiten dürfen auf keinen Fall **mehr als einen Anhänger** haben.

Abschnitt 8.1.2   Begleitpapiere

Es wird hier von kennzeichnungspflichtigen Beförderungseinheiten, also oberhalb „höchstzulässiger Mengen", ausgegangen. Die sogenannte 1000-Punkte-Regel (1.1.3.6) nimmt verschiedene Begleitpapiere aus, nicht jedoch das Beförderungspapier.

Es wird unterteilt

in unbedingt mitzuführende Papiere:

✓ Beförderungspapier(e) nach 5.4.1

✓ die schriftlichen Weisungen nach 5.4.3

✓ ein Lichtbildausweis für jedes Besatzungsmitglied nach 1.10.1.4

und bedingt mitzuführende Papiere:

✓ ADR-Zulassungsbescheinigung nach 9.1.3 für jede Beförderungseinheit oder jedes ihrer Teile

✓ ADR-Bescheinigung über die Schulung des Fahrers nach Abschnitt 8.2.1

✓ sofern nach Absatz 5.4.2.1.2 c) bis d) oder 5.4.1.2.3.3 vorgeschrieben, eine Kopie der Genehmigung der zuständigen Behörde (Klasse 1)

> **!** **Hier sind nicht alle Begleitpapiere aufgeführt, die bei einem Gefahrguttransport evtl. mitgeführt werden müssen**, wie z. B. die Beförderungsgenehmigung für multilaterale Transporte der Klasse 7 aus Absatz 5.1.5.1.2 oder speziell deutsche Begleitpapiere, wie die Fahrwegbestimmung nach § 35a GGVSEB oder eine Ausnahmegenehmigung nach § 5 GGVSEB.

Frage 67:

Nennen Sie sechs Begleitpapiere, die bei einer Beförderung nach ADR ggf. erforderlich sind!

Antwort: _____

_____

Abschnitt 8.1.4 Feuerlöschausrüstung

Hier werden in einer übersichtlichen Tabelle die Art und Anzahl sowie die Eigenschaften **(Norm EN 3)** der mitzuführenden Feuerlöscher festgelegt. Die Prüfvorschriften geben an, dass eine **Plombierung** vorhanden sein muss und das **Datum der nächsten Prüfung**. Die Prüfintervalle werden nationalen Normen unterstellt. In Deutschland ist ein **Zweijahres-Prüfintervall** festgelegt (*siehe dazu § 36 GGVSEB*). Die Anbringung muss an leicht erreichbarer Stelle und vor Witterungseinflüssen geschützt erfolgen.

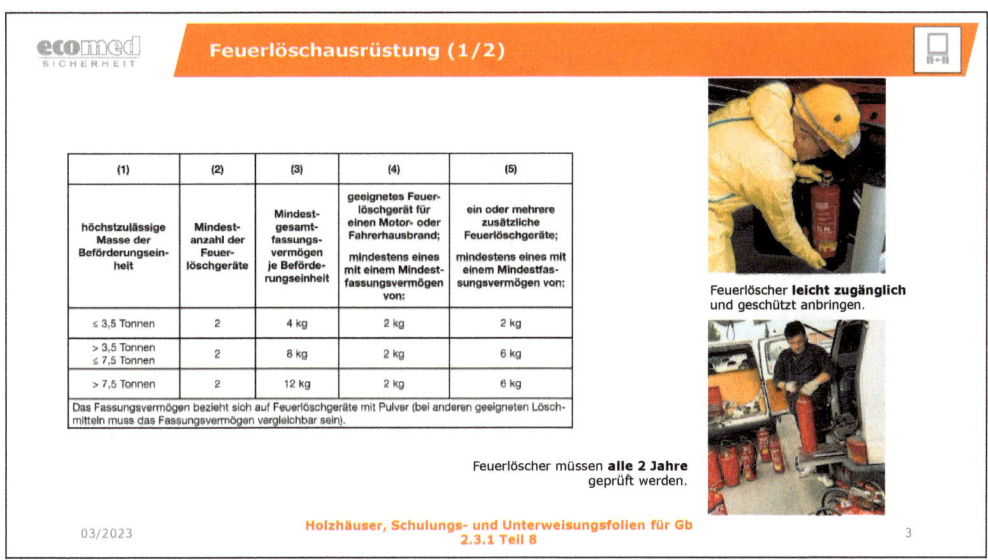

ecomed SICHERHEIT

Feuerlöschausrüstung (1/2)

(1)	(2)	(3)	(4)	(5)
höchstzulässige Masse der Beförderungseinheit	Mindestanzahl der Feuerlöschgeräte	Mindestgesamtfassungsvermögen je Beförderungseinheit	geeignetes Feuerlöschgerät für einen Motor- oder Fahrerhausbrand; mindestens eines mit einem Mindestfassungsvermögen von:	ein oder mehrere zusätzliche Feuerlöschgeräte; mindestens eines mit einem Mindestfassungsvermögen von:
≤ 3,5 Tonnen	2	4 kg	2 kg	2 kg
> 3,5 Tonnen ≤ 7,5 Tonnen	2	8 kg	2 kg	6 kg
> 7,5 Tonnen	2	12 kg	2 kg	6 kg

Das Fassungsvermögen bezieht sich auf Feuerlöschgeräte mit Pulver (bei anderen geeigneten Löschmitteln muss das Fassungsvermögen vergleichbar sein).

Feuerlöscher **leicht zugänglich** und geschützt anbringen.

Feuerlöscher müssen **alle 2 Jahre** geprüft werden.

03/2023

Holzhäuser, Schulungs- und Unterweisungsfolien für Gb
2.3.1 Teil 8

3

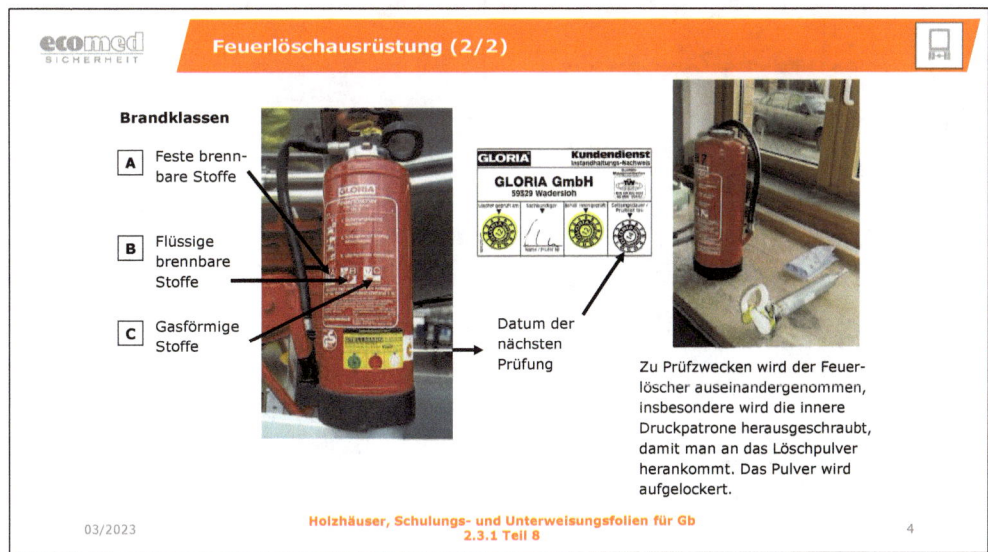

ecomed SICHERHEIT

Feuerlöschausrüstung (2/2)

Brandklassen

A Feste brennbare Stoffe

B Flüssige brennbare Stoffe

C Gasförmige Stoffe

GLORIA Kundendienst Instandhaltungs-Nachweis

GLORIA GmbH
59929 Wadersloh

Datum der nächsten Prüfung

Zu Prüfzwecken wird der Feuerlöscher auseinandergenommen, insbesondere wird die innere Druckpatrone herausgeschraubt, damit man an das Löschpulver herankommt. Das Pulver wird aufgelockert.

03/2023

Holzhäuser, Schulungs- und Unterweisungsfolien für Gb
2.3.1 Teil 8

4

? Frage 68:

Auf einem Lkw (zGM 7,5 t) sind 900 l Terpentin in Fässern geladen und im grenzüberschreitenden Verkehr nach ADR zu befördern. Mit welcher mindestens vorgeschriebenen Feuerlöschausrüstung (Anzahl Feuerlöschgeräte und Mindestfassungsvermögen) muss der Lkw ausgestattet werden?

Antwort: _____

Abschnitt 8.1.5   Sonstige Ausrüstung und persönliche Schutzausrüstung

In diesem Abschnitt wird die **Ausrüstung aufgezählt**, die für die Durchführung der Maßnahmen nach den schriftlichen Weisungen in Abschnitt 5.4.3 vorgeschrieben ist, unterteilt in Ausrüstung für alle Klassen und für bestimmte Klassen.

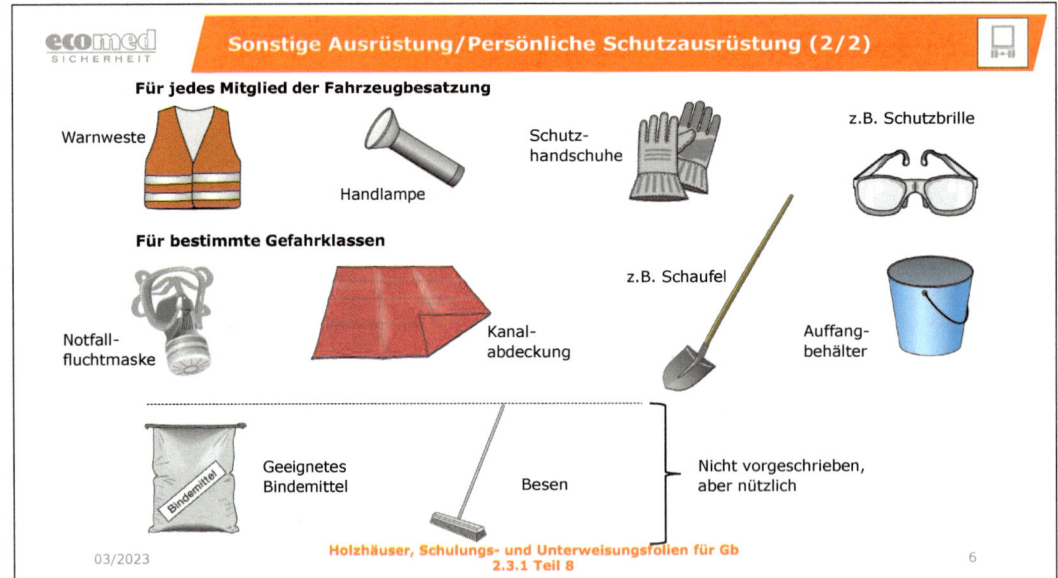

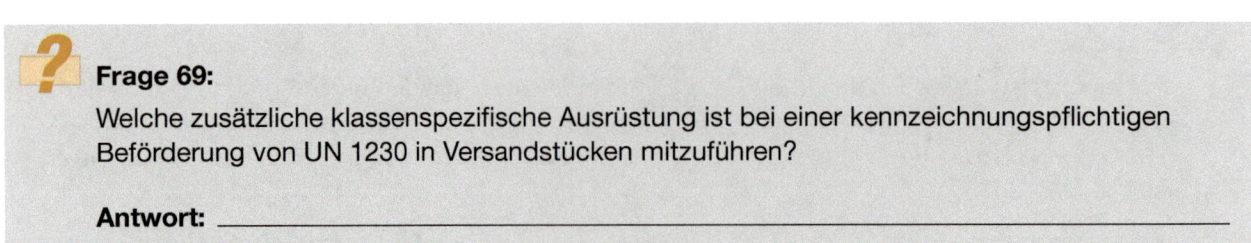

Frage 69:

Welche zusätzliche klassenspezifische Ausrüstung ist bei einer kennzeichnungspflichtigen Beförderung von UN 1230 in Versandstücken mitzuführen?

Antwort: _____

Kapitel 8.2 Vorschriften für die Ausbildung der Fahrzeugbesatzung

Das Kapitel ist unterteilt in 3 Abschnitte:

Abschnitt 8.2.1 Anwendungsbereich und allgemeine Vorschriften für die Ausbildung von Fahrzeugführern

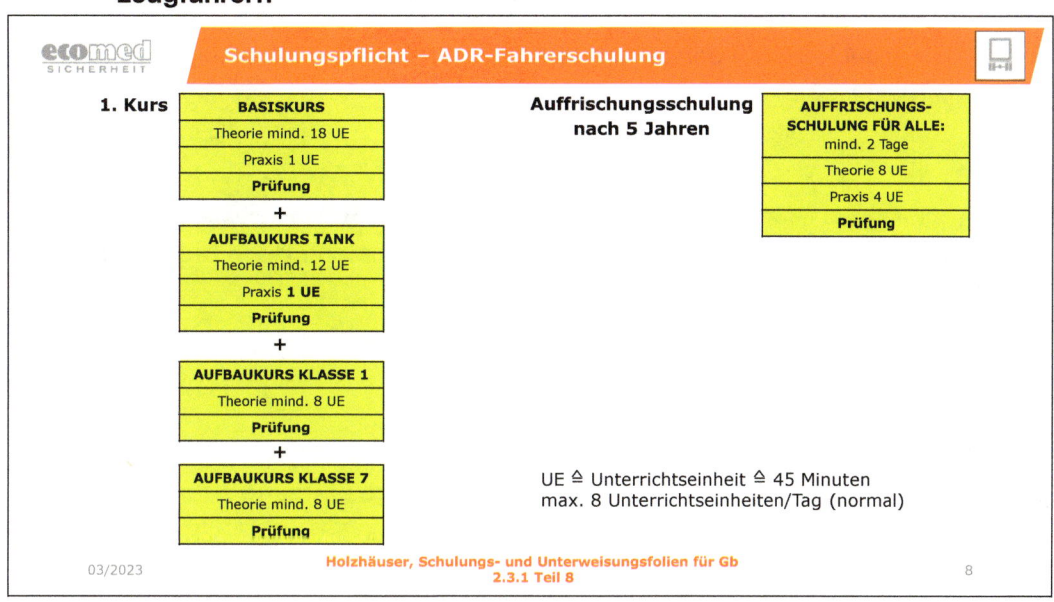

Abschnitt 8.2.2 Besondere Vorschriften für die Schulung von Fahrzeugführern

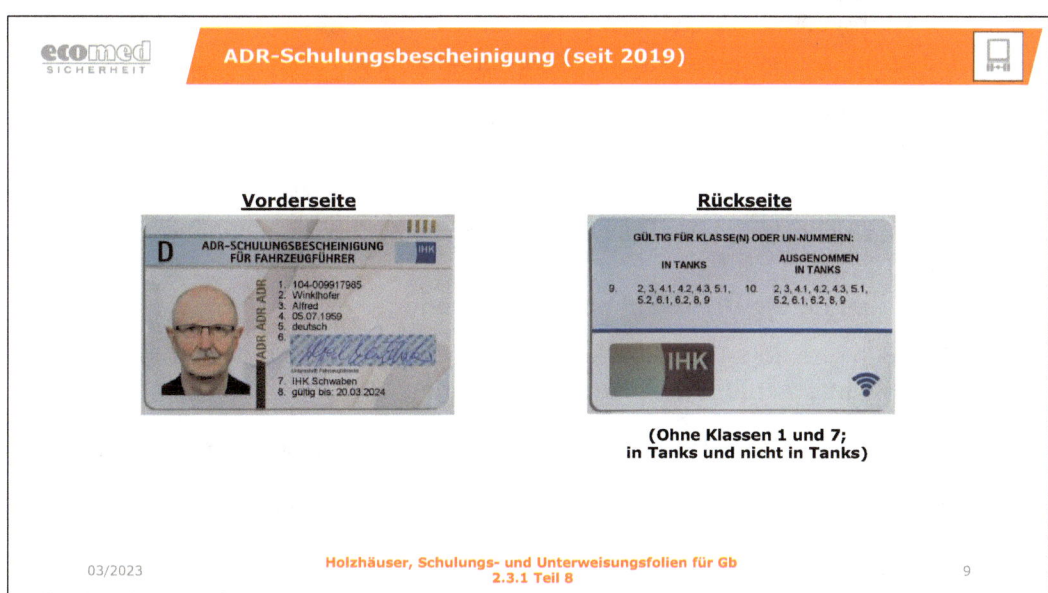

Seit 01.01.2013 müssen die Bescheinigungen in Kartenform mit Lichtbild ausgestellt werden.

Zum 1.4.2019 wurden die Karten mit weiteren Sicherheitsmerkmalen versehen. Unter anderem kann mit Hilfe eines über Smartphones auslesbaren NFC-Chips überprüft werden, ob die „ADR-Card" in einer Datenbank vorhanden und damit gültig ist.

Abschnitt 8.2.3 Unterweisungen aller Personen, die am Straßentransport von gefährlichen Gütern beteiligt sind (ausgenommen die Fahrzeugführer, die eine ADR-Bescheinigung haben)

Hierzu gehören die Fahrzeugführer, die Stückgut unterhalb der höchstzulässigen Mengen (1000-Punkte-Regel (1.1.3.6)) fahren und keine ADR-Bescheinigung benötigen (*siehe Ausführungen zu Kapitel 1.3 ADR*).

Bemerkenswert ist hier auch die Sondervorschrift S12 in Kap. 8.5 für Versandstücke mit radioaktiven Stoffen.

 Frage 70:

Es sollen Stoffe mit UN 3175 in loser Schüttung nach ADR befördert werden. Welchen Kurs im Rahmen der Schulung von Fahrzeugführern muss der Fahrer für diese Beförderung mindestens erfolgreich besucht haben?

Antwort: _____

Kapitel 8.3 Verschiedene Vorschriften, die von der Fahrzeugbesatzung zu beachten sind

Schon die Überschriften der acht Abschnitte geben Auskunft über die verschiedenen Pflichten nach diesem Kapitel:

8.3.1 Fahrgäste

8.3.2 Gebrauch der Feuerlöschgeräte

8.3.3 Verbot der Öffnung von Versandstücken

8.3.4 Tragbare Beleuchtungsgeräte (keine metallene Oberfläche)

8.3.5 Rauchverbot (während Ladearbeiten im und in der Nähe des Fahrzeugs)

8.3.6 Betrieb des Motors während des Beladens und Entladens

8.3.7 Verwendung der Feststellbremse und von Unterlegkeilen

8.3.8 Verwendung von elektrischen Anschlussverbindungen (ABV zum Anhänger über 3,5 t)

Kapitel 8.4 Vorschriften für die Überwachung der Fahrzeuge

Dieses Kapitel gilt für den **grenzüberschreitenden** Gefahrguttransport und den **innerstaatlichen** Gefahrguttransport, jedoch mit **unterschiedlichen Voraussetzungen**:

Grenzüberschreitende Gefahrgutbeförderung mit Fahrzeugen, gleichgültig, wo diese zugelassen sind:

Nach **Tabelle A** (Kapitel 3.2) **Spalte 19**, Sondervorschriften **S1 (Abs. 6), S14 bis S24** des Kapitels 8.5. Wenn diese Mengen im Fahrzeug überschritten sind, gelten die Überwachungsvorschriften.

Innerstaatliche Gefahrgutbeförderung in Deutschland mit in D zugelassenen Fahrzeugen:

Nach **Nr. 3.3 der Anlage 2 zur GGVSEB** für **alle kennzeichnungspflichtigen** Fahrzeuge mit orangefarbenen Tafeln (auch abgestellte Anhänger, mit Ausnahme UN 1202).

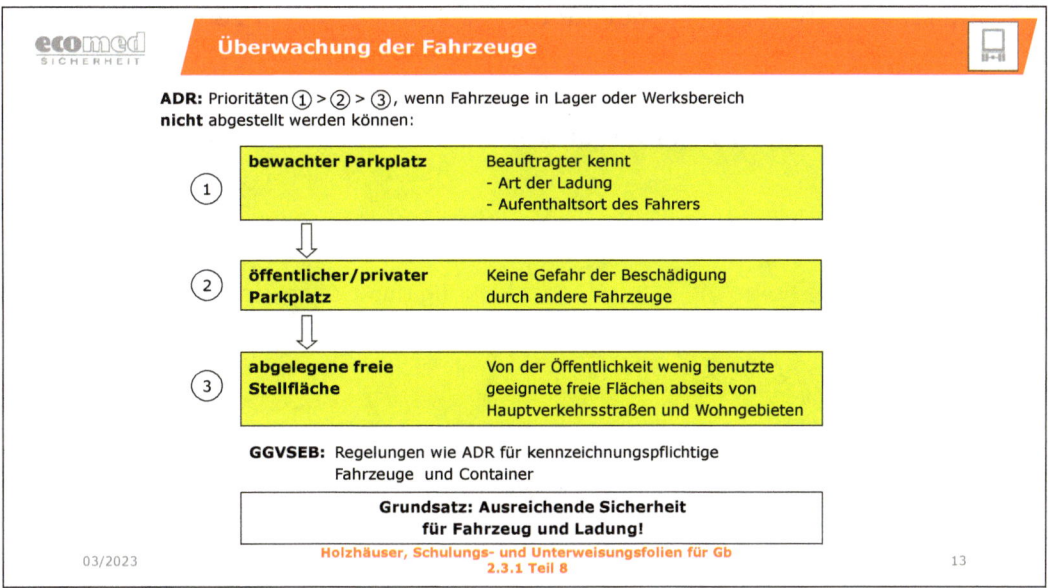

ecomed
SICHERHEIT

Überwachung der Fahrzeuge

ADR: Prioritäten ① > ② > ③, wenn Fahrzeuge in Lager oder Werksbereich **nicht** abgestellt werden können:

① **bewachter Parkplatz** — Beauftragter kennt
- Art der Ladung
- Aufenthaltsort des Fahrers

② **öffentlicher/privater Parkplatz** — Keine Gefahr der Beschädigung durch andere Fahrzeuge

③ **abgelegene freie Stellfläche** — Von der Öffentlichkeit wenig benutzte geeignete freie Flächen abseits von Hauptverkehrsstraßen und Wohngebieten

GGVSEB: Regelungen wie ADR für kennzeichnungspflichtige Fahrzeuge und Container

Grundsatz: Ausreichende Sicherheit für Fahrzeug und Ladung!

03/2023 — Holzhäuser, Schulungs- und Unterweisungsfolien für Gb 2.3.1 Teil 8 — 13

Frage 71:

Darf nach ADR ein in Österreich zugelassenes und mit 20 000 l UN 1202 Dieselkraftstoff befülltes Tankfahrzeug ohne Überwachung auf einem Parkplatz über Nacht abgestellt werden?

Antwort: _____

Kapitel 8.5 Zusätzliche Vorschriften für besondere Klassen und Güter

Wie oben zur Einleitung des Teils 8 bereits vermerkt, sind in diesem Kapitel Vorschriften enthalten, die zusätzlich zu den Vorschriften der Kapitel 8.1 bis 8.4 gelten.

In der **Tabelle A** (Kapitel 3.2) **Spalte 19** sind die Codes S1 bis S24 vermerkt, z. B. S1 für explosive Stoffe, S2 für entzündbare flüssige und gasförmige Stoffe usw.

Enthalten diese **codierten Sondervorschriften S1 bis S24** widersprüchliche Angaben zu den Kapiteln 8.1 bis 8.4, dann gelten die Sondervorschriften.

Frage 72:

Mehrere Beförderungseinheiten befördern in Kolonne Munition der Klasse 1 (UN 0362) in kennzeichnungspflichtigen Mengen. Wie groß muss nach ADR der Abstand zwischen den Beförderungseinheiten mindestens sein?

Antwort: _____

Kapitel 8.6   Straßentunnelbeschränkungen für die Durchfahrt von Fahrzeugen mit gefährlichen Gütern

Dieses Kapitel hat Verbindung mit dem **Kapitel 1.9 im Teil 1** des ADR, das den zuständigen Behörden der ADR-Vertragsstaaten die Kategorisierung der Straßentunnels nach einer der **fünf Tunnelkategorien A bis E** auferlegt.

Abschnitt 8.6.2   Verkehrszeichen

Im Abschnitt 8.6.2 werden die Vorschriften zur Kennzeichnung und Beschilderung der kategorisierten Tunnels außen an den Einfahrten festgelegt.

▶ *Siehe auch Abbildung auf Seite 66 oben*

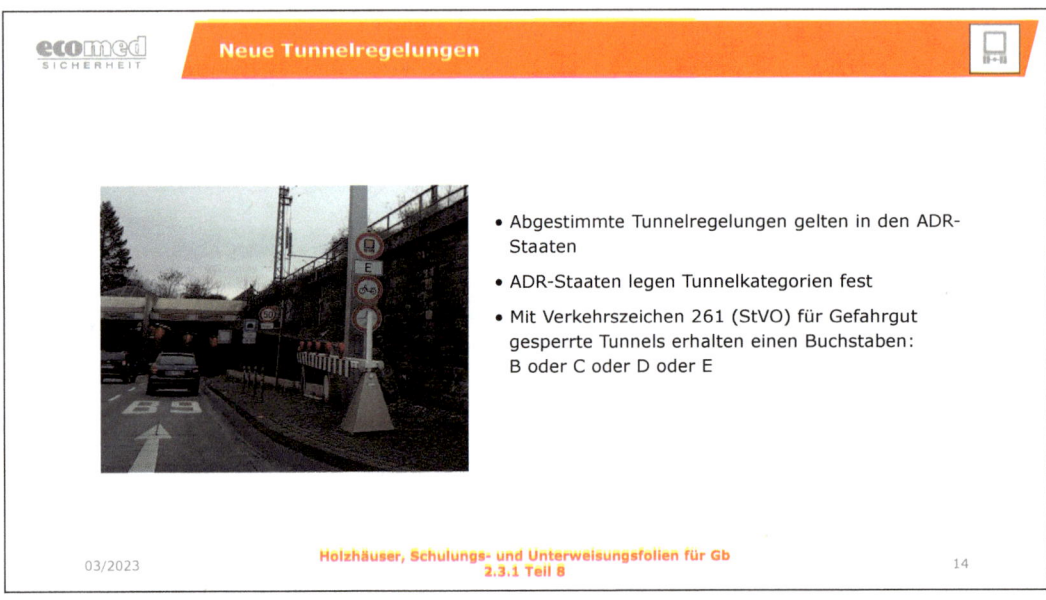

Dieses Kapitel kommuniziert mit der **Tabelle A** (Kapitel 3.2) **Spalte 15**, in der für die gefährlichen Güter bei jeder UN-Nummer ein **Tunnelbeschränkungscode** angegeben ist. Dieser Tunnelbeschränkungscode muss, wenn während der Beförderung Tunnels durchfahren werden, im Beförderungspapier in Klammern, z. B. (C/E), angegeben werden.

Bei mehreren Gütern in einer Beförderungseinheit gilt der restriktivste Tunnelbeschränkungscode.

> **!** **Wenn nach Freistellungen des Abschnitts 1.1.3 befördert wird, unterliegen diese Güter nicht den Tunnelbeschränkungen, mit Ausnahme von Gütern in begrenzten Mengen über 8 t brutto in Beförderungseinheiten > 12 t zGM, die nach Abschnitt 3.4.13 gekennzeichnet sind.**

Die Liste der Beschränkungscodes in 8.6.4 gibt Auskunft über die Beschränkungen:

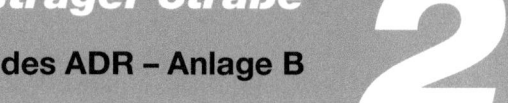
Tunnelbeschrän-kungscode der gesamten Ladung	Beschränkung
B	Durchfahrt verboten durch Tunnel der Kategorien B, C, D und E.
B1000C	Beförderungen, bei denen die Nettoexplosivstoffmasse je Beförderungseinheit – 1000 kg überschreitet: Durchfahrt verboten durch Tunnel der Kategorien B, C, D und E; – 1000 kg nicht überschreitet: Durchfahrt verboten durch Tunnel der Kategorien C, D und E.
B/D	Beförderungen in Tanks: Durchfahrt verboten durch Tunnel der Kategorien B, C, D und E. Sonstige Beförderungen: Durchfahrt verboten durch Tunnel der Kategorien D und E.
B/E	Beförderungen in Tanks: Durchfahrt verboten durch Tunnel der Kategorien B, C, D und E. Sonstige Beförderungen: Durchfahrt verboten durch Tunnel der Kategorie E.
C	Durchfahrt verboten durch Tunnel der Kategorien C, D und E
C5000D	Beförderungen, bei denen die Nettoexplosivstoffmasse je Beförderungseinheit – 5000 kg überschreitet: Durchfahrt verboten durch Tunnel der Kategorien C, D und E; – 5000 kg nicht überschreitet: Durchfahrt verboten durch Tunnel der Kategorien D und E.
C/D	Beförderungen in Tanks: Durchfahrt verboten durch Tunnel der Kategorien C, D und E. Sonstige Beförderungen: Durchfahrt verboten durch Tunnel der Kategorien D und E.
C/E	Beförderungen in Tanks: Durchfahrt verboten durch Tunnel der Kategorien C, D und E. Sonstige Beförderungen: Durchfahrt verboten durch Tunnel der Kategorie E.
D	Durchfahrt verboten durch Tunnel der Kategorien D und E.
D/E	Beförderungen in loser Schüttung oder in Tanks: Durchfahrt verboten durch Tunnel der Kategorien D und E. Sonstige Beförderungen: Durchfahrt verboten durch Tunnel der Kategorie E.
E	Durchfahrt verboten durch Tunnel der Kategorie E
–	Durchfahrt durch alle Tunnel gestattet (für die UN-Nummern 2919 und 3331 siehe auch Unterabschnitt 8.6.3.1).

 Hinweis: Für die Fahrer gibt es bereits kleine Taschenkärtchen zum Mitführen, in denen die einzuhaltenden Durchfahrtverbote bzw. beschränkten Durchfahrtverbote übersichtlich dargestellt sind (z. B. ecomed SICHERHEIT).

2.3.2 ADR Teil 9   Vorschriften für den Bau und die Zulassung der Fahrzeuge

Dieser Teil des ADR steht direkt in Verbindung mit der **Spalte 14** der Tabelle A (Kapitel 3.2) im Fall der **Beförderung flüssiger Stoffe in Tanks** (bei der Klasse 1 nur zwei Stoffe: UN 0331 und UN 0332).

Über die Codierung in der Spalte 14 (FL, AT, EX/III) wird der Typ des Fahrzeugs/der Fahrzeuge (Zulassung) festgelegt, mit dem die Tanks befördert werden dürfen.

Achtung: Bei Tanks, die **Tankcontainer, ortsbewegliche Tanks oder MEGC** sind, wird der Fahrzeugtyp mit Zulassung für das Trägerfahrzeug erst ab **mehr als 3 m³ Einzelfassungsraum** gefordert, bei den anderen Tanks (z. B. Tankfahrzeuge, Aufsetztanks) ab mehr als 1 m³ Fassungsraum.

Indirekt steht dieser Teil mit der Spalte 16 der Tabelle A (Kapitel 3.2) in Verbindung, im Fall des **Versandstücktransports von Stoffen der Klasse 1**. Über die Codierung V2 wird über den Abschnitt 7.2.4 (und die Mengenbegrenzung in 7.5.5.2) festgelegt, in welchem Typ von Fahrzeug die explosiven Stoffe und Gegenstände transportiert werden dürfen (EX/II oder EX/III).

Die Mengengrenzen der **explosiven Stoffe und Gegenstände** bei der Beförderung **in MEMU** werden in Absatz 7.5.5.2.3 festgelegt, für die Verwendung von MEMU für Klasse 1 und gefährliche Güter anderer Klassen siehe Verwendungsvorschrift Kapitel 4.7.

Der Teil 9 ist in 8 Kapitel gegliedert.

> Mit dem ADR 2017 fiel im Teil 9 die Codierung OX für Fahrzeuge zur Beförderung von Wasserstoffperoxid weg. Diese Fahrzeuge wurden der Codierung FL zugeschlagen. Die vorhergehenden Vorschriften des Teiles 9 können lt. **Übergangsvorschrift 1.6.5.4** bis März 2020 weiter angewendet werden. Fahrzeuge, die bis dahin mit der Codierung OX zugelassen wurden, dürfen auch danach weiterverwendet und nach den „alten" Vorschriften geprüft werden (**Übergangsvorschriften 1.6.5.18 bis 1.6.5.20**).

Kapitel 9.1   Anwendungsbereich, Begriffsbestimmungen und Vorschriften für die Zulassung von Fahrzeugen

Abschnitt 9.1.1   Begriffsbestimmungen und Anwendungsbereich

Der Abschnitt 9.1.1 bestimmt die Gültigkeit der Vorschriften des Teils 9 für die **Fahrzeugkategorien N und O**

> **N** = Fahrzeuge zur Güterbeförderung mit mindestens vier Rädern und dreirädrige über 1 t
> **O** = Anhänger und Sattelanhänger

sowie hinsichtlich **Bau, Typgenehmigung, ADR-Zulassung und jährlicher technischer Untersuchung**.

Der **Unterabsatz 9.1.1.2** definiert die Begriffe für die codierten **Fahrzeugtypen (EX/II, EX/III, FL, AT, MEMU)** und bestimmt sonstige Begriffe des Teils 9.

In diesen Begriffsbestimmungen sind die in der Einleitung genannten erleichterten Anforderungen an Trägerfahrzeuge für **Tankcontainer**, ortsbewegliche Tanks und MEGC enthalten.

Abschnitt 9.1.2 Zulassung der Fahrzeuge EX/II, EX/III, FL, AT und der MEMU

Der Abschnitt 9.1.2 befasst sich mit der Zulassung der Fahrzeuge,
Unterabschnitt 9.1.2.1 im Allgemeinen,
Unterabschnitt 9.1.2.2 für die Typgenehmigung (auch MEMU) und
Unterabschnitt 9.1.2.3 für die jährliche technische Untersuchung.

Abschnitt 9.1.3 Zulassungsbescheinigung

Der Abschnitt 9.1.3 regelt die ADR-Zulassungsbescheinigung **vom Grundsatz** her, gibt das **Muster** einer Zulassungsbescheinigung vor und bestimmt den **Gültigkeitszeitraum auf 1 Jahr**, taggenau. Eine neue technische Untersuchung darf bis zu einem Monat vor oder nach diesem Tag durchgeführt werden, der nächste Gültigkeitszeitraum beginnt jedoch mit dem Ablauftag der vorhergehenden Untersuchung.

Das Fahrzeug darf nach dem Tag des Ablaufs der Zulassungsbescheinigung nicht zur Beförderung gefährlicher Güter verwendet werden, bis das Fahrzeug wieder eine gültige Zulassungsbescheinigung besitzt.

Die technische Untersuchung in jedem Jahr gilt nur für das Fahrzeug. Bei der wiederkehrenden Untersuchung der Tanks bleibt es bei den Zeiträumen aus Kapitel 6.8 und 6.9 (3 bzw. 6 Jahre).

Die gültige Tankprüfbescheinigung muss bei der jährlichen Verlängerung der Zulassungsbescheinigung jedoch vorliegen.

▶ *Die RSEB gibt zur ADR-Zulassungsbescheinigung innerstaatliche Regelungen vor.*

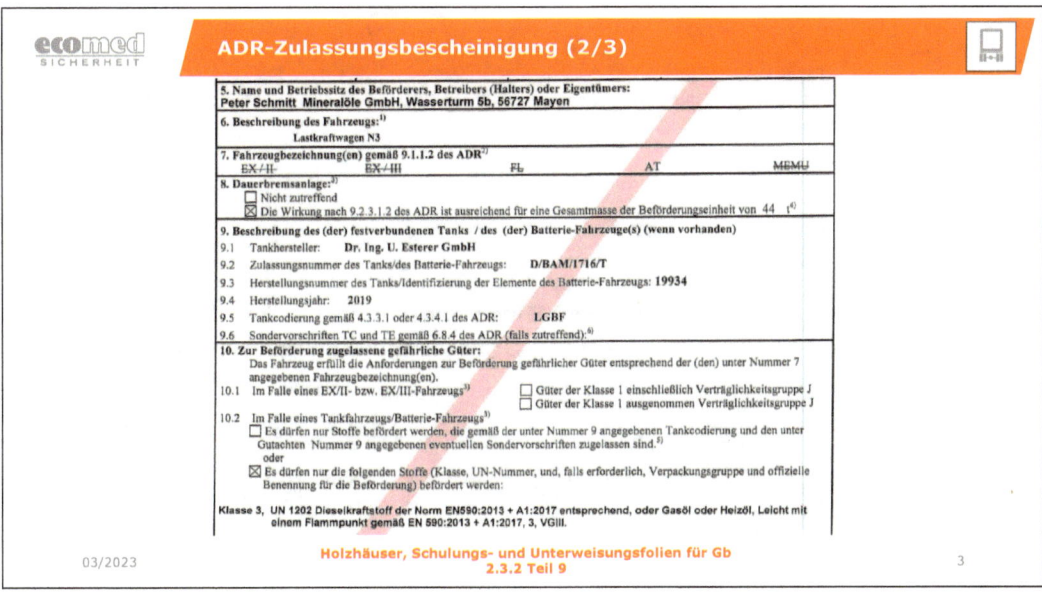

Der genaue Fahrzeugtyp geht aus der Nr. 7 in der Bescheinigung hervor. Aus Nr. 9.5 kann z. B. **die Tankcodierung** des Tanks herausgelesen werden und aus Nr. 9.6 die Sondervorschriften **TC und TE** nach 6.8.4 ADR.

Aus **Nr. 10.2** geht hervor, **für welche Stoffe** das **Tankfahrzeug/Batterie-Fahrzeug** zugelassen ist. Es gibt hier zwei Möglichkeiten: Entweder die Stoffe, die aufgrund der Tankcodierung zugelassen sind (inkl. die nach Tankhierarchie, Kapitel 4.3), oder die Stoffe, die auf der Zulassungsbescheinigung eingetragen sind, dürfen befördert werden.

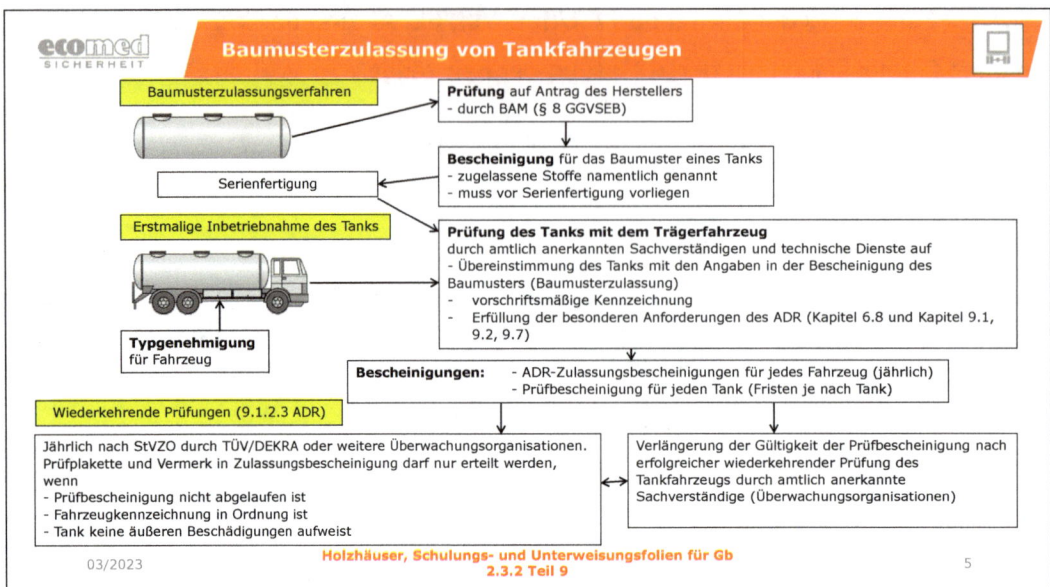

Frage 73:

Benötigt ein Fahrzeug zur Beförderung von Tankcontainern (Fassungsraum jeweils größer als 3000 l) nach ADR eine ADR-Zulassungsbescheinigung? Nennen Sie auch den Unterabschnitt für Ihre Lösung!

Antwort: _____

Kapitel 9.2   Vorschriften für den Bau von Fahrzeugen

Die Fahrzeuge EX/II, EX/III, FL und AT müssen den Vorschriften dieses Kapitels gemäß der in Unterabschnitt 9.2.1.1 abgedruckten Tabelle entsprechen. **Diese Tabelle gibt einen Überblick über die technischen Anforderungen.** Sie hilft bei der Frage, welche der Vorschriften des Kapitels 9.2 für welchen Fahrzeugtyp gilt.

Für bestimmte andere Fahrzeuge als EX/II, EX/III, FL und AT gelten aus diesem Kapitel nur die Vorschriften des Absatzes 9.2.3.1.1 bezüglich der Bremsausrüstung und die Vorschriften des Abschnitts 9.2.5 bezüglich des **Geschwindigkeitsbegrenzers**.

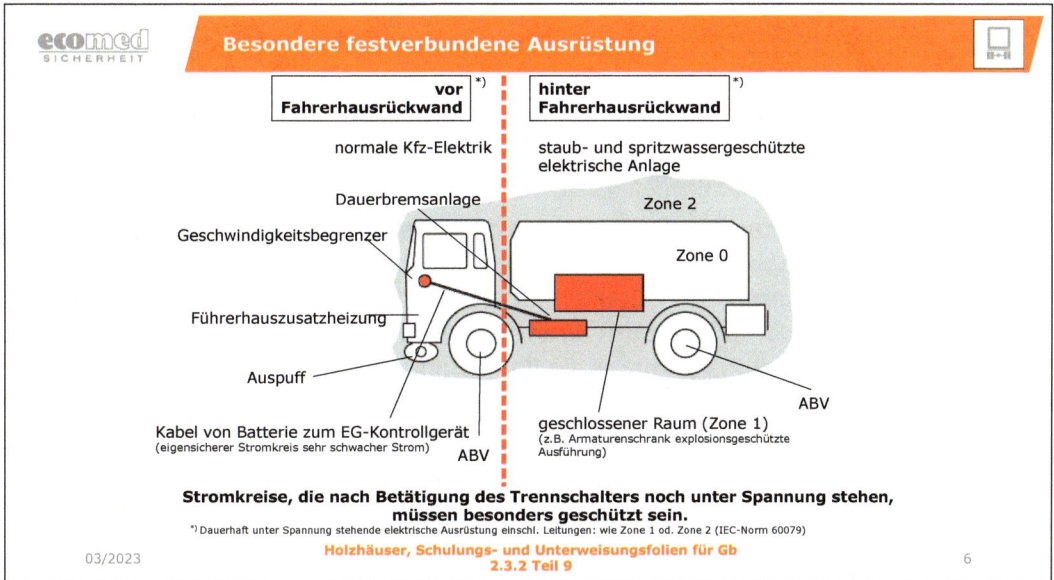

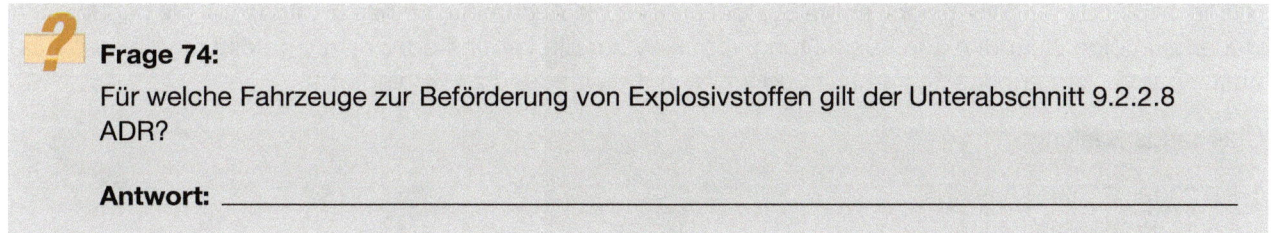

MEMU müssen den Vorschriften dieses Kapitels für Fahrzeuge **EX/III** entsprechen.

? Frage 74:

Für welche Fahrzeuge zur Beförderung von Explosivstoffen gilt der Unterabschnitt 9.2.2.8 ADR?

Antwort: _____

Kapitel 9.3   Ergänzende Vorschriften für vollständige und vervollständigte EX/II- und EX/III-Fahrzeuge zur Beförderung von explosiven Stoffen und Gegenständen mit Explosivstoff (Klasse 1) in Versandstücken

Schutz vor Wärmequellen, Auspuff, fugenlose Ladefläche und Fahrerhaustrennwand bei EX/III.

Dass der Motor bei EX/II- und EX/III-Fahrzeugen ein Dieselmotor (Kompressionszündung) sein muss, wird nicht hier, sondern in 9.2.4.4 geregelt.

Kapitel 9.4   Ergänzende Vorschriften für die Herstellung der Aufbauten vollständiger und vervollständigter Fahrzeuge (andere als EX/II- und EX/III-Fahrzeuge) zur Beförderung gefährlicher Güter in Versandstücken

Kapitel 9.5 Ergänzende Vorschriften für die Herstellung der Aufbauten vollständiger und vervollständigter Fahrzeuge zur Beförderung gefährlicher Güter in loser Schüttung

Kapitel 9.6 Ergänzende Vorschriften für vollständige und vervollständigte Fahrzeuge zur Beförderung von Stoffen unter Temperaturkontrolle

Kapitel 9.7 Ergänzende Vorschriften für Tankfahrzeuge (festverbundene Tanks), Batterie-Fahrzeuge und vollständige und vervollständigte Fahrzeuge für die Beförderung gefährlicher Güter in Aufsetztanks mit einem Fassungsraum von mehr als 1 m^3 oder in Tankcontainern, ortsbeweglichen Tanks oder MEGC mit einem Fassungsraum von mehr als 3 m^3 (Fahrzeuge EX/III, FL und AT)

In 9.7.9 gibt es ab 2023 zusätzliche Sicherheitsvorschriften für Fahrzeuge FL und EX/III:

✓ 1. automatische Brandunterdrückungsanlage Motorraum

✓ 2. Hitzeschutz - Verhinderung Ausbreitung Brand von Rädern

✓ FL zur Beförderung verflüssigter und verdichteter entzündbarer Gase (Klassifizierungscode F)

✓ FL zur Beförderung entzündbarer flüssiger Stoffe (VG I und II)

✓ EX/III

Hitzeschilde oder andere gleichwertige Systeme sollen die Ausbreitung eines Brandes auf die Ladung entweder a) infolge einer direkten Ausbreitung vom Rad auf die Ladung oder b) infolge einer indirekten Ausbreitung vom Rad auf das Fahrerhaus und weiter auf die Ladung zu verhindern.

Übergangsregelung:

1.6.5.23 für EX/III-Fahrzeuge
1.6.5.24 für FL-Fahrzeuge
1.6.5.25 für FL-Fahrzeuge

Kapitel 9.8 **Ergänzende Vorschriften für vollständige oder vervollständigte MEMU**

2.4 Fallstudien im Sinne von Absatz 1.8.3.12.4 b) ADR für die Beförderung auf der Straße

Für den zweiten Teil der schriftlichen Prüfung für Gefahrgutbeauftragte ist die Bearbeitung von Fallstudien vorgesehen. Solche Fallstudien sind im Prüfungsfundus des DIHK enthalten. Hier zwei Beispiele zur Vorbereitung auf die Prüfung:

Frage 75:

Mineralölhändler M. will seine Heizöllagertanks wieder auffüllen. Dazu beauftragt er seinen Fahrzeugführer F., mit dem betriebseigenen Tankfahrzeug mit Tankanhänger (Tankcodierung jeweils LGBF) Heizöl, leicht (Sondervorschrift 640L – umweltgefährdend), bei der Raffinerie R. befüllen zu lassen und zu M. zu transportieren.

1. Während der Fahrt wird der Fahrzeugführer durch einen Vorwegweiser auf einen Tunnel mit der Tunnelkategorie C hingewiesen. Darf der Fahrzeugführer diesen Tunnel durchfahren?

2. Wie lauten die stoffspezifischen Angaben im Beförderungspapier nach ADR?

3. Welche Nummer zur Kennzeichnung der Gefahr und UN-Nummer sind auf der orangefarbenen Tafel bei dieser Beförderung zu verwenden?

4. Wie viele Großzettel und Kennzeichen werden an dieser Beförderungseinheit benötigt und an welchen Stellen sind diese anzubringen?

5. Welche einzelnen Begleitpapiere außer dem Beförderungspapier muss der Fahrzeugführer bei dieser Beförderung nach ADR mitführen?

6. Welcher Großzettel und welches Kennzeichen sind an den beiden Tankfahrzeugen anzubringen?

7. Wer muss bei diesem Beförderungsfall die Beförderungseinheit mit den erforderlichen orangefarbenen Tafeln ausrüsten? Nennen Sie den Verantwortlichen nach GGVSEB!

Antwort: _____

_____

_____

_____

_____

_____

_____

_____

_____

 Frage 76:

Ein Umschmelzbetrieb befördert gemäß ADR flüssige Aluminiumlegierung (Transporttemperatur ca. 800 °C, 15 t, UN 3257) in drei Tiegeln (gemäß § 36 b i.V.m. Anlage 3 GGVSEB) auf einem Fahrzeug.

1. Wie lauten die stoffspezifischen Angaben im Beförderungspapier nach ADR?

2. Welche Sondervorschrift gemäß Kapitel 3.3 ADR ist bei dieser Beförderung zu beachten?

3. Welche Kennzeichen und Großzettel sind am Fahrzeug anzubringen?

4. An welchen Stellen sind Kennzeichen und Großzettel an der Beförderungseinheit anzubringen?

5. An welchen Stellen sind die orangefarbenen Tafeln an der Beförderungseinheit anzubringen?

6. An der geplanten Fahrstrecke liegt ein beschränkter Tunnel der Tunnelkategorie E. Kann der Tunnel mit dieser Ladung passiert werden?

7. Muss der Beförderer für diese Beförderung einen Sicherungsplan erstellen? Nennen Sie auch die Fundstelle im ADR für Ihre Lösung!

Antwort: _____

_____

_____

_____

_____

_____

_____

_____

_____

3 Vorschriften für den Verkehrsträger Eisenbahn (weiterer VT)

3.1 Inhalte der GGVSEB zum VT Eisenbahn

Auf der Grundlage des § 3 GGBefG können Verordnungen nach Zustimmung des Bundesrates in Kraft gesetzt werden. Für den Eisenbahnverkehr gilt die Gefahrgutverordnung Straße, Eisenbahn und Binnenschifffahrt (GGVSEB). Allerdings verweist die GGVSEB bezüglich Einzelheiten auf die Teile 1–7 des RID (wie auch auf die Anlagen A und B zum ADR).

Die Verpflichtung, auch für innerstaatliche Beförderungen das RID (das ja grundsätzlich für grenzüberschreitende Beförderung gilt) anwenden zu müssen, ergibt sich aus Art. 71 des EG-Vertrages, wonach die EU-Staaten eine gemeinsame Verkehrspolitik betreiben sollen und gemeinsame Maßnahmen zur Verbesserung der Verkehrssicherheit erlassen. Durch die neue Gefahrgutrichtlinie Binnenland (2008/68/EG) wird deshalb festgeschrieben, dass für innerstaatliche Beförderungen in den EU-Staaten das RID anzuwenden ist.

Die Verordnungen werden durch **Verwaltungsrichtlinien** erläutert, die in der Regel aber **unverbindlich** sind. Nur dann, wenn beispielsweise in einer Verordnung auf eine Richtlinie verwiesen wird, ist diese verbindlich. Es gibt eine gemeinsame Richtlinie für Straße, Schiene und Binnenschifffahrt (RSEB) und die nationalen Verordnungen wie GbV, GGAV, ODV.

Auf der Grundlage des § 6 Nr. 1 GGVSEB und Abschnitt 1.5.1 RID können RID-Vertragsstaaten Übereinkommen mit erleichternden Bedingungen abschließen. Diese werden in Deutschland im Rahmen einer Ausnahmeverordnung (nicht GGAV) in Kraft gesetzt, sie können aufgrund des § 5 Abs. 9 GGVSEB auch für innerstaatliche Beförderung in Anspruch genommen werden.

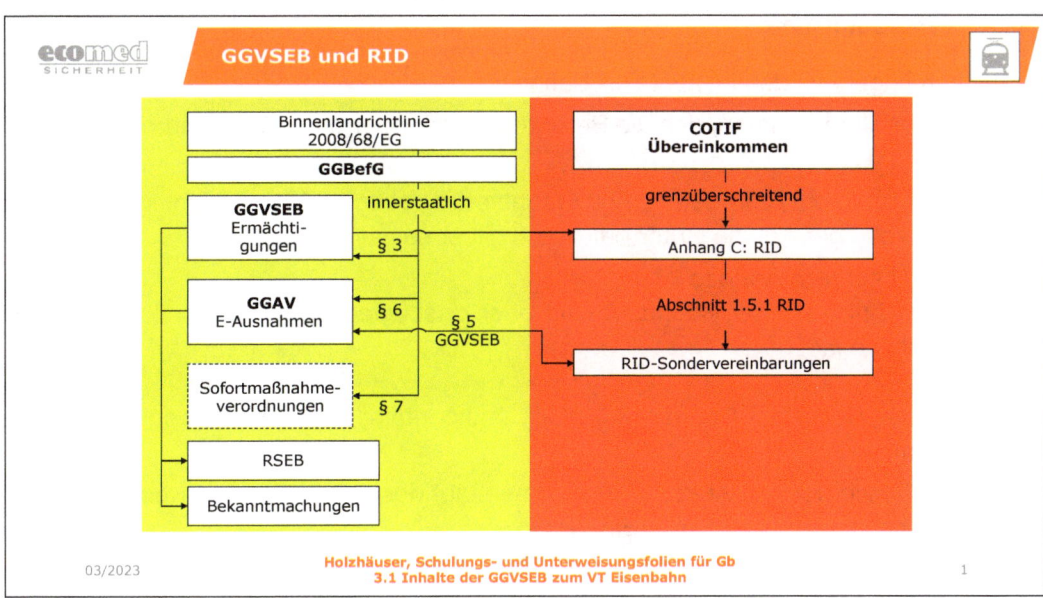

03/2023

Holzhäuser, Schulungs- und Unterweisungsfolien für Gb
3.1 Inhalte der GGVSEB zum VT Eisenbahn

1

Besonderheiten in der GGVSEB, die den Eisenbahnverkehr betreffen

In der GGVSEB gibt es in den §§ 2, 4, 5, 15, 30, 30a, 31, 31a, 32 sowie in der Anlage 2 Regelungen, die speziell für den Eisenbahnverkehr von Bedeutung sind.

Im § 36b wird die Beförderung erwärmter flüssiger und fester Stoffe in Verbindung mit der Anlage 3 geregelt.

Genannt werden muss hier in § 4 Absatz 2 und 3 die **Meldepflicht bei Unregelmäßigkeiten und Unfällen**. Dies betrifft zum einen das jeweilige Eisenbahninfrastrukturunternehmen im Eisenbahnverkehr sowie die Maßnahmen zum Anhalten bei Verstößen durch den Beförderer im Eisenbahnverkehr.

Für **Ausnahmen** nach § 5 ist im Eisenbahnverkehr grundsätzlich das Eisenbahn-Bundesamt (EBA) zuständig. In § 15 sind die Zuständigkeiten des EBA u. a. bezogen auf die Durchführung der behördlichen Gefahrgutkontrollen, die Entgegennahme der Berichte über die Meldung von Ereignissen mit gefährlichen Gütern, das Vorschreiben von Versuchen für Kesselwagen, die Baumusterzulassung und -prüfung von Batteriewagen, Kesselwagen, abnehmbaren Tanks und Schüttgut-Containern sowie die Verfolgung und Ahndung von Ordnungswidrigkeiten geregelt. Konkrete „Eisenbahnpflichten" gibt es für:

✓ den Betreiber eines Kesselwagens, abnehmbaren Tanks und Batteriewagens

✓ den Eisenbahninfrastrukturunternehmer

✓ den Reisenden

Innerhalb der weiteren Struktur sind die Pflichten in den §§ 17 bis 35b und 36b GGVSEB den Absätzen zugeordnet, wie in der Tabelle auf Seite 30 dargestellt.

Zu jeder Pflicht gibt es einen Tatbestand im § 37 sowie das Inhaltsverzeichnis zur besseren Übersicht.

► *Siehe hierzu die Abbildungen auf Seite 53*

Verantwortlichkeiten im Schienenverkehr

Der sichere Eisenbahntransport beginnt nicht erst auf der Eisenbahn, sondern, wie bei den anderen Verkehrsträgern, bereits in den Betrieben. Die Ausführungen im Abschnitt „Straßenverkehr" treffen sinngemäß auch auf den Eisenbahnverkehr zu.

Die allgemeinen Sicherheitspflichten sind in der GGVSEB enthalten. Sicherheitspflichten der Beteiligten sind auch in 1.4.1 RID aufgeführt.

Die Begriffsbestimmungen werden in 1.2.1 RID definiert:

✓ **Beförderer** ist das Unternehmen, das die Beförderung mit oder ohne Beförderungsvertrag durchführt (die Eisenbahn).

✓ **Absender** ist, wer mit dem Beförderer einen Frachtvertrag abschließt; in Fällen, in denen der Beförderer für eigene Zwecke gefährliche Güter befördert, gilt er selbst als Absender.

✓ **Verlader** ist das Unternehmen, das
   a) verpackte gefährliche Güter, Kleincontainer oder ortsbewegliche Tanks in oder auf einen Wagen oder Container verlädt
   oder
   b) einen Container, Schüttgut-Container, MEGC, Tankcontainer oder ortsbeweglichen Tank auf einen Wagen verlädt.

✓ **Betreiber** eines Kesselwagens ist das Unternehmen, auf dessen Namen der Kesselwagen eingestellt oder zum Verkehr zugelassen ist (sog. „Einsteller").

✓ **Entlader** ist das Unternehmen, das

   • Umschließungen wie Container, Tanks von Wagen (Fahrzeugen) absetzt,
   • Versandstücke entlädt oder
   • gefährliche Güter und Tanks entleert (auch lose Schüttung).

✓ **Für die Instandhaltung zuständige Stelle (ECM)**

   • Instandhaltung von Tanks und Ausrüstung
   • Aufzeichnung Instandhaltungsarbeiten Tanks und Ausrüstung in Instandhaltungsunterlage

In § 2 GGVSEB werden die Begriffsbestimmungen für Deutschland teilweise angepasst, z.B. beim Absender, Verlader, Verpacker, Befüller. Der Auftraggeber des Absenders ist im § 2 GGVSEB aufgenommen worden (nicht in 1.2.1 RID vorhanden).

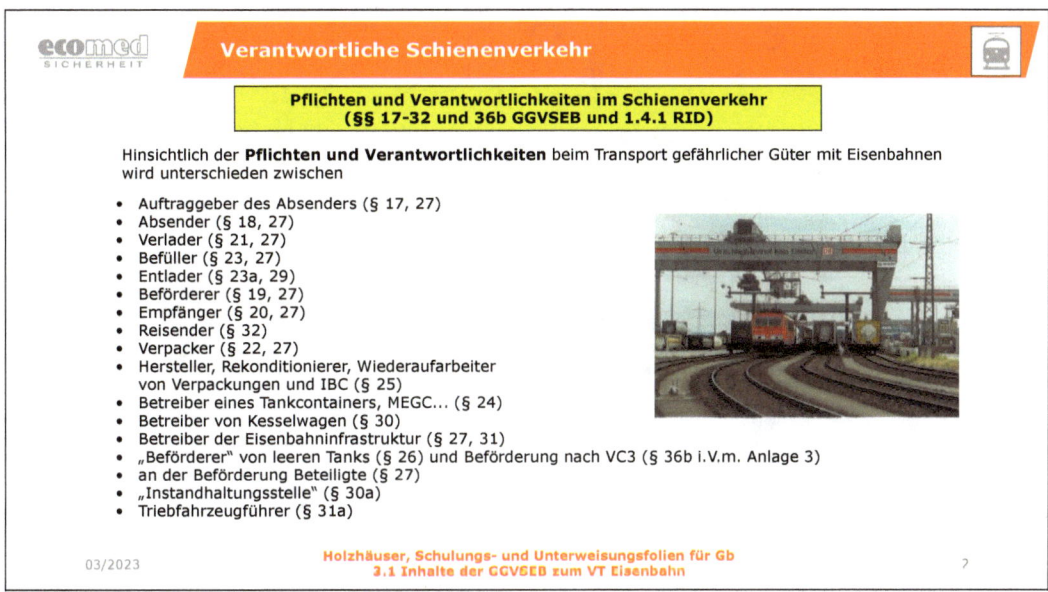

Hinweis zu den Paragrafen mit Verantwortlichkeiten:

Die §§ 17 bis 23a enthalten Regelungen für Straße, Eisenbahn und Binnenschifffahrt und sind untergliedert in jeweils vier Absätze.

Gliederung innerhalb der Pflichten (je nach Erfordernis):

✓ Absatz 1: S, E, B

✓ Absatz 2: S

✓ Absatz 3: E

✓ Absatz 4: B

Abweichungen hiervon stehen in den §§ 24, 26 bis 36b.

Damit kann der Anwender sofort die Verkehrsträger zuordnen.

Die nachfolgende Darstellung der Pflichten stellt nur Auszüge aus der GGVSEB dar.

Auftraggeber des Absenders

Der **Auftraggeber des Absenders** ist nur im § 2 GGVSEB definiert. Beim Huckepackverkehr hat er den Absender schriftlich oder elektronisch zu informieren.

Auftraggeber des Absenders ist das Unternehmen, das einen Absender beauftragt, als solcher aufzutreten und Gefahrgut selbst oder durch einen Dritten zu versenden.

Absender

Absender ist das Unternehmen, das gefährliche Güter versendet, also praktisch derjenige, der mit der Eisenbahn einen Beförderungsvertrag abschließt. Wird kein Beförderungsvertrag abgeschlossen (Beförderung für eigene Zwecke), so ist der Beförderer auch Absender.

Die Pflichten des Absenders ergeben sich aus dem Vorschriftentext des RID (1.4.2.1) sowie aus den §§ 18 und 27 GGVSEB.

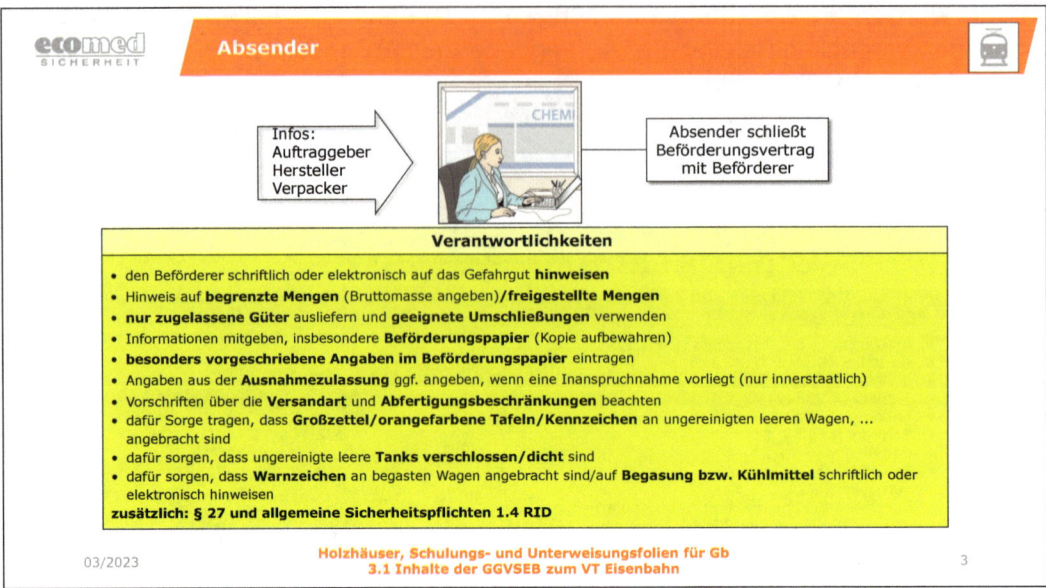

Befüller

Befüller ist das Unternehmen, das die gefährlichen Güter in einen Tank (Kesselwagen, Aufsetztank, ortsbeweglicher Tank oder Tankcontainer), in einen Batteriewagen oder MEGC und/oder in einen Wagen, Großcontainer oder Kleincontainer für Güter in loser Schüttung einfüllt. Befüller ist nach § 2 GGVSEB jetzt auch das Unternehmen, das als unmittelbarer Besitzer das gefährliche Gut dem Beförderer zur Beförderung übergibt oder selbst befördert.

Beim Befüllen von Tanks sind bestimmte Füllungsgrade einzuhalten, außerdem muss das Füllgut mit dem Tankwerkstoff verträglich sein. Hierauf hat der Befüller zu achten. Angaben über Füllungsgrade und Verträglichkeiten sind in Teil 4 RID enthalten.

▶ *Weitere Pflichten siehe §§ 23, 26 und 27 sowie mittelbar beteiligt in den §§ 24, 30, 30a, 35 und 36 GGVSEB und 1.4.3.3 RID.*

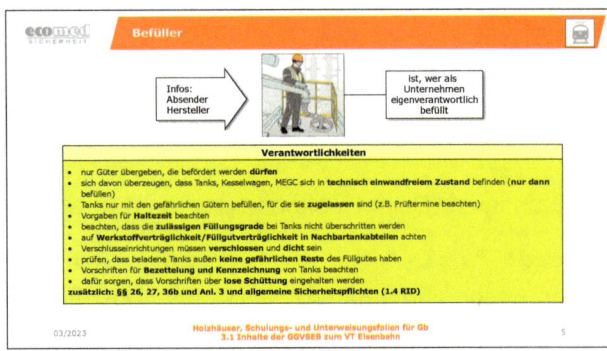

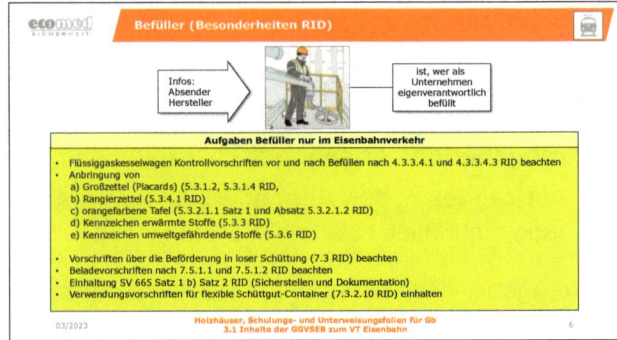

Beförderer

Beförderer ist die Eisenbahn. Sie hat eine Vielzahl von Verantwortlichkeiten, damit eine sichere Beförderung gewährleistet ist (§§ 19, 27 GGVSEB).

Der Beförderer

✓ darf nur Güter befördern, die auch zur Beförderung zugelassen sind. Er hat dies bei der Übernahme, z.B. anhand der Frachtbriefeintragungen, zu überprüfen,

✓ hat sicherzustellen, dass sein mit der Beförderung befasstes Personal über die bei Unfällen oder Unregelmäßigkeiten zu treffenden Maßnahmen unterrichtet ist,

✓ hat an Wagen die dort vorgeschriebenen Großzettel anzubringen, wenn er selbst verlädt,

✓ hat dem Triebfahrzeugführer schriftliche Weisungen zur Verfügung zu stellen.

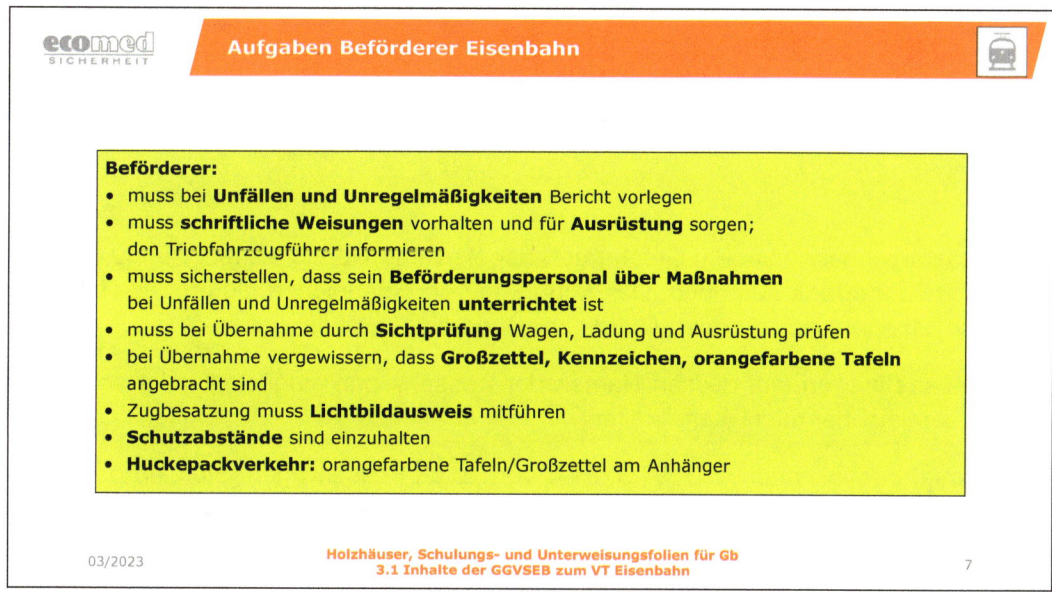

Weitere Verantwortliche

Empfänger

✓ muss Unfälle und Unregelmäßigkeiten melden,

✓ darf Annahme nicht ohne zwingende Gründe verweigern,

✓ muss vor Zurückstellen von Wagen/Containern prüfen, ob Vorschriften eingehalten wurden.

Betreiber der Eisenbahninfrastruktur

✓ hat dafür zu sorgen, dass sein Personal unterwiesen wird

✓ hat dafür zu sorgen, dass interne Notfallpläne für Rangierbahnhöfe aufgestellt werden

✓ hat sicherzustellen, dass er bei Beförderung schnellen und uneingeschränkten Zugriff über Gefahrgut im Zug hat

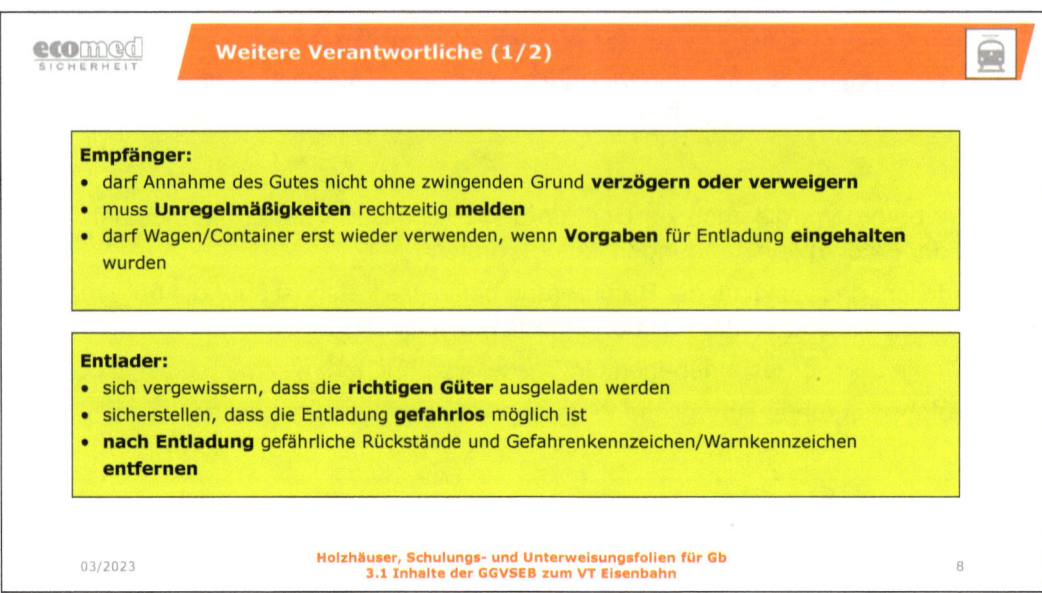

Reisende

Sie haben im Zusammenhang mit dem Gefahrguttransport Verantwortlichkeiten: Sie dürfen keine gefährlichen Güter als **Reisegepäck** aufgeben. Das Mitführen von gefährlichen Gütern als Handgepäck (z. B. Laborchemikalien) ist ebenfalls verboten. Allerdings gelten die Freistellungen nach 1.1.3.8.

Betreiber von Kesselwagen (auf dessen Namen der Kesselwagen eingestellt oder sonst zum Verkehr zugelassen ist – vergleichbar mit Halterpflichten)[*]

Sogenannte Vermietgesellschaften (z. B. VTG, EVA) vermieten Kesselwagen. Sie sind dann dafür verantwortlich, dass Vorschriften über Bau, Ausrüstung, Prüfung und Kennzeichnung beachtet werden.

Sie müssen als Betreiber die Tankakte nach 4.3.2.1.7 RID führen und aufbewahren.

Wer leere Tanks übergibt, versendet oder selbst befördert, hat Pflichten: auf Dichtheit und Füllgutreste achten; Sichtprüfung (§ 26 Sonstige Pflichten). Ebenso sind die Vorgaben für die Anbringung von Großzetteln (Placards) und Kennzeichen an leeren ungereinigten Tanks zu beachten.

---

[*] Der „Halter" ist die Person oder Stelle, die als Eigentümer oder sonst Verfügungsberechtigter das Fahrzeug als Beförderungsmittel wirtschaftlich nutzt und als solcher in das Fahrzeugregister gemäß Art. 13 der Einheitliche Rechtsvorschriften für die technische Zulassung von Eisenbahnmaterial, das im internationalen Verkehr verwendet wird (ATMF - Anhang G zum Übereinkommen) eingetragen ist.

Weitere Pflichten

Für die Instandhaltung zuständige Stelle im Eisenbahnverkehr, ECM (entity in charge of maintenance) (§ 30a)

- Instandhaltung des Tanks und seiner Ausrüstung sicherstellen (Kesselwagen muss unter normalen Betriebsbeanspruchungen die Vorschriften des RID erfüllen)
- Informationen für den Tank und seine Ausrüstung erfassen
- Aufzeichnungen über Instandhaltungsarbeiten (Tank, Ausrüstung) in Instandhaltungsunterlagen

1.2.1 RID, 1.4.3.8 RID

Pflichten des Triebfahrzeugführers im Eisenbahnverkehr (§ 31a)

- muss die schriftlichen Weisungen wegen der bei einem Unfall oder Zwischenfall zu ergreifenden Maßnahmen vor Fahrtantritt einsehen

Pflichten des Reisenden im Eisenbahnverkehr (§ 32)

- gefährliche Güter als Handgepäck oder Reisegepäck nur gemäß 1.1.3.8 RID
- Beförderung im Rahmen von Freistellungen

03/2023   Holzhäuser, Schulungs- und Unterweisungsfolien für Gb
3.1 Inhalte der GGVSEB zum VT Eisenbahn   10

Frage 1:

Nennen Sie zwei zuständige Stellen nach GGVSEB, die Aufgaben für den Eisenbahnverkehr nach RID haben!

Antwort: _____

Frage 2:

Wer hat nach GGVSEB dafür zu sorgen, dass eine außerordentliche Prüfung des Tanks von Kesselwagen durchgeführt wird, wenn die Sicherheit des Tanks oder seiner Ausrüstung beeinträchtigt ist?

Antwort: _____

3.2 Besondere Inhalte des RID

GGVSEB/RID – Aufbau

Die GGVSEB mit ihren 38 Paragraphen enthält grundsätzliche Rechtsvorschriften sowohl für innerstaatliche als auch für grenzüberschreitende Transporte mit gefährlichen Gütern. In der GGVSEB wird bezüglich allgemeiner und technischer Vorschriften für den Eisenbahnverkehr auf das RID verwiesen.

Das RID besteht aus 7 Teilen, die Teile 1 bis 6 sind bei allen Verkehrsträgern annähernd gleich. Der Teil 7 unterscheidet sich verkehrsträgerspezifisch, die Teile 8 und 9 sind im RID nicht enthalten.

Teil 1 – Allgemeine Vorschriften

Teil 2 – Klassifizierung

Teil 3 – Verzeichnisse der gefährlichen Güter (UN-numerisch und alphabetisch), Sondervorschriften sowie Freistellungen in Zusammenhang mit der Beförderung von in begrenzten Mengen verpackten gefährlichen Gütern

Teil 4 – Verwendung von Verpackungen, Großpackmitteln (IBC), Großverpackungen, ortsbeweglichen Tanks, Metalltanks (wie Kesselwagen) und ortsbeweglichen Tanks aus faserverstärkten Kunststoffen

Teil 5 – Vorschriften für den Versand

Teil 6 – Bau- und Prüfvorschriften für Verpackungen, Großpackmittel (IBC), Großverpackungen, ortsbewegliche Tanks, Metalltanks (wie Kesselwagen) und ortsbeweglichen Tanks aus faserverstärkten Kunststoffen

Teil 7 – Vorschriften für die Beförderung, die Be- und Entladung und die Handhabung

Das Herzstück der Vorschriften ist Teil 3, der eine Tabelle der gefährlichen Güter enthält. Hier ist insbesondere aufgeführt, welche Vorschriften für welchen Stoff gelten. Das RID enthält ein Verzeichnis B, in dem die Stoffe alphabetisch mit zugehöriger UN-Nummer aufgeführt sind.

Jeder der 7 Teile ist (wie beim ADR) in Kapitel und jedes Kapitel in Abschnitte, Unterabschnitte und Absätze unterteilt.

In den Teilen 4, 6 und 7 gibt es Besonderheiten, die sich auf Güterwagen wie Kesselwagen beziehen.

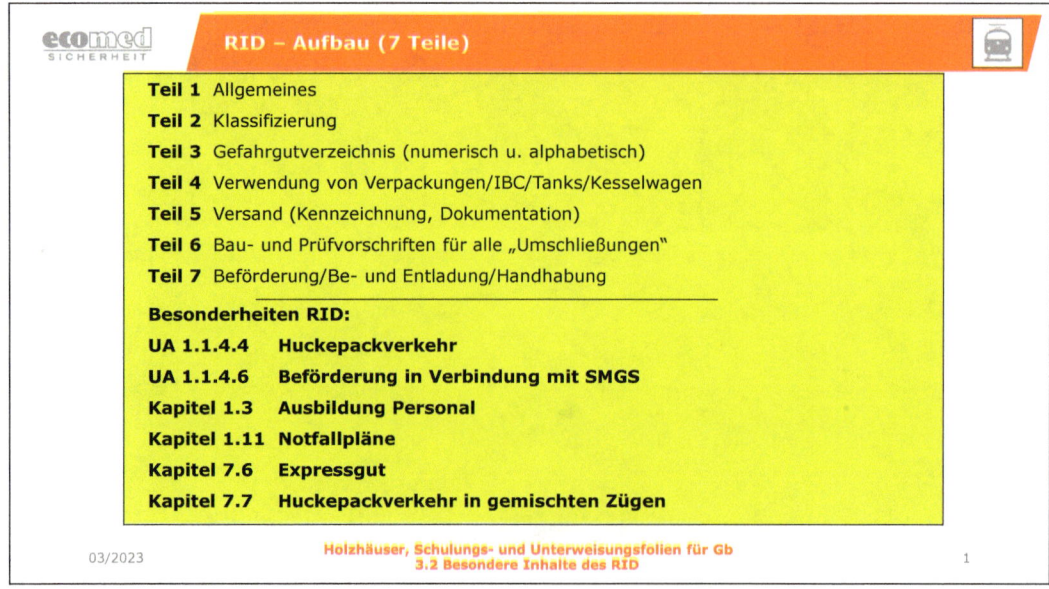

Im **Teil 1 Allgemeine Vorschriften** sind in folgenden Kapiteln spezielle Eisenbahn-Vorschriften zu finden:

1.3 Unterweisung von Personen, die an der Beförderung gefährlicher Güter beteiligt sind

1.9 Beförderungseinschränkungen durch die zuständigen Behörden

1.11 Notfallpläne Rangierbahnhöfe

Wo findet der Anwender alle Freistellungsregelungen?

1.1.3.1 Freistellungen in Zusammenhang mit der Art der Beförderungsdurchführung und Tabelle 1.1.3.6 zu 1.1.3.1 c)

Die Tabelle in 1.1.3.6 dient nur der Anwendung von 1.1.3.1 c) im RID.

Beförde-rungs-kate-gorie	Stoffe oder Gegenstände Verpackungsgruppe oder Klassifizierungscode/-gruppe oder UN-Nummer	Höchst-zulässige Gesamtenge je Wagen oder Großcontainer
0	Klasse 1: 1.1 L, 1.2 L, 1.3 L, UN 0190 Klasse 2: UN-Nummer 3343 Klasse 4.2: Stoffe, die der Verpackungsgruppe I zugeordnet sind Klasse 4.3: UN-Nummern 1183, 1242, 1295, 1340, 1390, 1403, 1928, 2813, 2965, 2968, 2988, 3129, 3130, 3131, 3132, 3134, 3148, 3396, 3398 und 3399 Klasse 5.1: UN-Nummer 2426 Klasse 6.1: UN-Nummern 1051, 1600, 1613, 1614, 2312, 3250 und 3294 Klasse 6.2: UN-Nummern 2814, 2900 und 3549 Klasse 7: UN-Nummern 2912 bis 2919, 2977, 2978, 3321 bis 3333 Klasse 8: UN-Nummer 2215 (MALEINSÄUREANHYDRID, GESCHMOLZEN) Klasse 9: UN-Nummern 2315, 3151, 3152 und 3432 sowie Gegen-stände, die solche Stoffe oder Gemische enthalten sowie ungereinigte leere Verpackungen, die Stoffe dieser Beförderungs-kategorie enthalten haben, ausgenommen Verpackungen, die der UN-Nummer 2908 zugeordnet sind.	0

1.1.3.2 Freistellungen im Zusammenhang mit der Beförderung von Gasen

1.1.3.3 Freistellungen in Zusammenhang mit der Beförderung von flüssigen Kraftstoffen (Abweichungen zum ADR)

1.1.3.4

Freistellungen in Zusammenhang mit		
Sondervorschriften	Kapitel 3.3	Spalte 6
in begrenzten Mengen verpackten Gütern	Kapitel 3.4	Spalte 7a
freigestellten Mengen (E0 bis E5)	Kapitel 3.5	Spalte 7b

1.1.3.5 Freistellungen in Zusammenhang mit ungereinigten leeren Verpackungen

Huckepackverkehr (1.1.4.4 RID)

Gefährliche Güter dürfen nur unter bestimmten Bedingungen im Huckepackverkehr befördert werden *(siehe auch Kapitel 7.7 RID)*.

Die aufgegebenen Beförderungseinheiten und Anhänger sowie deren Inhalt müssen den Vorschriften des ADR entsprechen.

Bestimmte gefährliche Güter sind im Huckepackverkehr **nicht zugelassen**. Diese Güter sind:

- ✓ explosive Stoffe der Klasse 1, Verträglichkeitsgruppe A (UN-Nummern 0074, 0113, 0114, 0129, 0130, 0135, 0224 und 0473);
- ✓ selbstzersetzliche Stoffe der Klasse 4.1, die eine Temperaturkontrolle erfordern (UN-Nummern 3231–3240);
- ✓ polymerisierende Stoffe der Klasse 4.1, die eine Temperaturkontrolle erfordern (UN-Nummern 3533 und 3534);
- ✓ organische Peroxide der Klasse 5.2, die eine Temperaturkontrolle erfordern (UN-Nummern 3111–3120);
- ✓ Schwefeltrioxid der Klasse 8 mit einem Reinheitsgrad von mindestens 99,95 %, das ohne Inhibitoren in Tanks befördert wird (UN-Nummer 1829).

 Die oben genannten gefährlichen Güter sind damit generell nach RID nicht zur Beförderung zugelassen und in der Tabelle A mit „Beförderung verboten" dargestellt.

Weitere Regelungen gibt es für:

1. die Anbringung von Großzetteln (Placards), Kennzeichen oder orangefarbenen Tafeln an Tragwagen, auf denen Straßenfahrzeuge befördert werden
2. Beförderung von Anhängern, in denen Versandstücke befördert werden
3. Wiederholung von Großzetteln (Placards), Kennzeichen oder orangefarbenen Tafeln an Tragwagen, auf denen Straßenfahrzeuge befördert werden

Wenn im Huckepackverkehr befördert wird, dann muss im Beförderungspapier folgende Angabe erfolgen:
„BEFÖRDERUNG GEMÄSS UNTERABSCHNITT 1.1.4.4"
Achtung: Beförderung in Tanks oder in loser Schüttung (orangefarbene Tafeln mit Nummer zur Kennzeichnung der Gefahr)
Angabe der Nummer zur Kennzeichnung der Gefahr vor den Buchstaben „UN"
336 UN1230 METHANOL, 3 (6.1), II

Alle übrigen Vorschriften des RID bleiben davon unberührt.

 Frage 3:

Ein Gefahrgut soll im Huckepackverkehr befördert werden. Wo finden Sie im RID die Bedingungen dafür? Nennen Sie die genauen Fundstellen!

Antwort: _____

Unterweisung Schiene (1.3 RID)

Die Unterweisung muss vor der Übernahme einer gefahrgutrechtlichen Tätigkeit stattfinden und Aufgaben, für die eine erforderliche Unterweisung noch nicht stattgefunden hat, dürfen nur unter der direkten Überwachung einer unterwiesenen Person wahrgenommen werden.

Es muss in regelmäßigen Abständen durch Auffrischungskurse ggf. betrieblichen Änderungen und Änderungen in den Vorschriften Rechnung getragen werden.

Die Aufzeichnungen über die Unterweisungen sind durch den Unternehmer aufzubewahren. Nach der GGVSEB sind dies in Deutschland 5 Jahre.

Die aufgabenbezogene Unterweisung in 1.3.2.2 RID bezieht eine Basisunterweisung für das gesamte Personal und eine fachbezogene Aufbauunterweisung für das betriebliche Personal ein.

Basisunterweisung:

Über die Bedeutung der Gefahrzettel und der orangefarbenen Kennzeichnung, Meldeverfahren bei Unregelmäßigkeiten

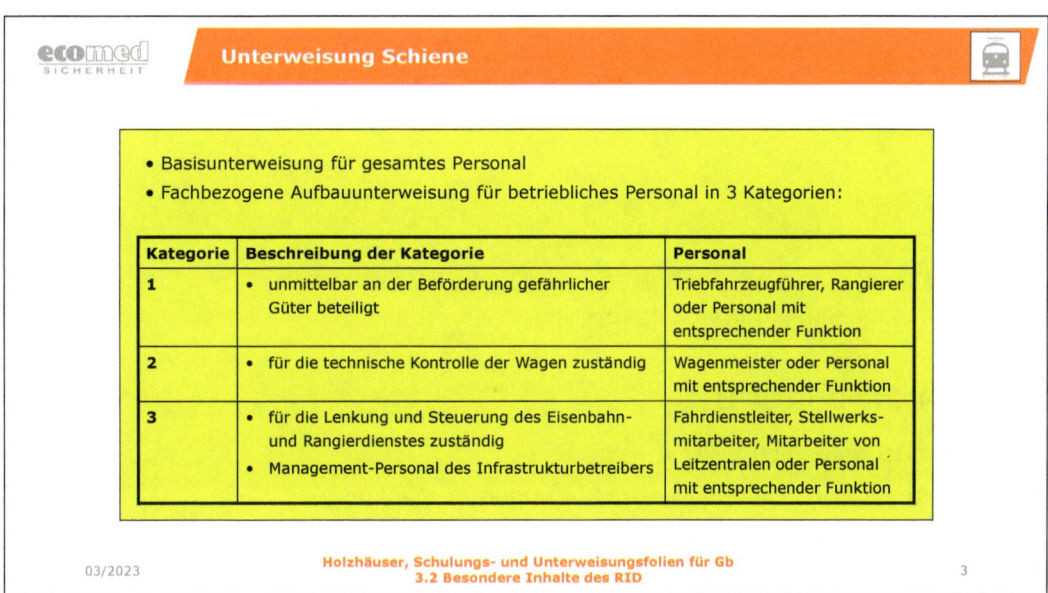

Fachbezogene Aufbauunterweisung: (abhängig vom Tätigkeitsbereich)

Das Personal wird dazu in drei Kategorien eingeteilt und mindestens in den folgenden Themenbereichen unterwiesen:

✓ Kategorie 1
- Triebfahrzeugführer und entspr. Personal
  - Zusammensetzung des Zuges, Vorhandensein gefährlicher Güter sowie die entspr. Stelle im Zug
  - Arten von Unregelmäßigkeiten
  - Handeln in kritischen Situationen, Maßnahmen für eigenen Zug und Nachbargleise

- Rangierer und entspr. Personal
  - Bedeutung der Rangierzettel
  - Schutzabstände Klasse 1
  - Arten von Unregelmäßigkeiten
- ✓ Kategorie 2
  - Wagenmeister und entspr. Personal
    - Prüfungen nach Anl. 9 des AVV (Vertrag zur Verwendung von Güterwagen)
    - Umsetzung UIC-Merkblatt 471-3
    - Erkennen von Unregelmäßigkeiten
- ✓ Kategorie 3
  - Fahrdienstleiter, Stellwerksmitarbeiter, Mitarbeiter von Leitzentralen und entspr. Personal
    - Bewältigung kritischer Situationen bei Unregelmäßigkeiten
    - interne Notfallpläne für Rangierbahnhöfe (1.11 RID)

Kapitel 1.4

Sicherheitspflichten werden auch im RID für folgende Beteiligte festgelegt:

- ✓ Absender
- ✓ Beförderer
- ✓ Empfänger
- ✓ Verlader
- ✓ Entlader
- ✓ Verpacker
- ✓ Befüller
- ✓ Betreiber eines Tankcontainers, ortsbeweglichen Tanks, Kesselwagens
- ✓ für die Instandhaltung zuständige Stelle (ECM)

Kapitel 1.6 Übergangsregelungen

- ✓ Allgemeine Übergangsregelung RID
- ✓ Gefahrzettel/orangefarbene Tafeln/Kennzeichnungen/Verpackungen
- ✓ Detaillierte Übergangsregelungen, z. B. für
  - Tanks (ortsbewegliche Tanks/Tankcontainer)
  - Verpackungen
  - Typ B-Verpackungen (Klasse 7)
  - **Kesselwagen**
  - Druckgefäße für Gase der Klasse 2

Kapitel 1.8

Für die Meldung von Ereignissen mit gefährlichen Gütern nach 1.8.5 RID ist das gleiche Formular wie im ADR vorgesehen (Muster-Formular in 1.8.5.4).

Besonderheiten Teil 2 RID

Im RID gibt es bestimmte Stoffe, die im Gegensatz zum ADR nicht zur Beförderung zugelassen sind. Diese Stoffe sind in der Tabelle A RID entsprechend mit dem Wort „Verboten" dargestellt.

▶ *Weitere Informationen gibt es hierzu in 1.1.4.4 (Huckepackverkehr), weil diese Stoffe dort nicht zur Beförderung zugelassen sind.*

Besonderheiten Teil 3 RID (Tabelle A)

Die Tabelle A weicht in folgenden Spalten vom ADR ab:

✓ Es gibt keine Spalte 14 – (nur im ADR FL, AT)

✓ Spalte 19 für Expressgut – CE x (im ADR S x)

✓ Spalte 20 – immer ein Eintrag der „Gefahrnummer"

✓ Codierungen in Spalten 16 und 18: mit „W = Waggon" – W xx, CW xx

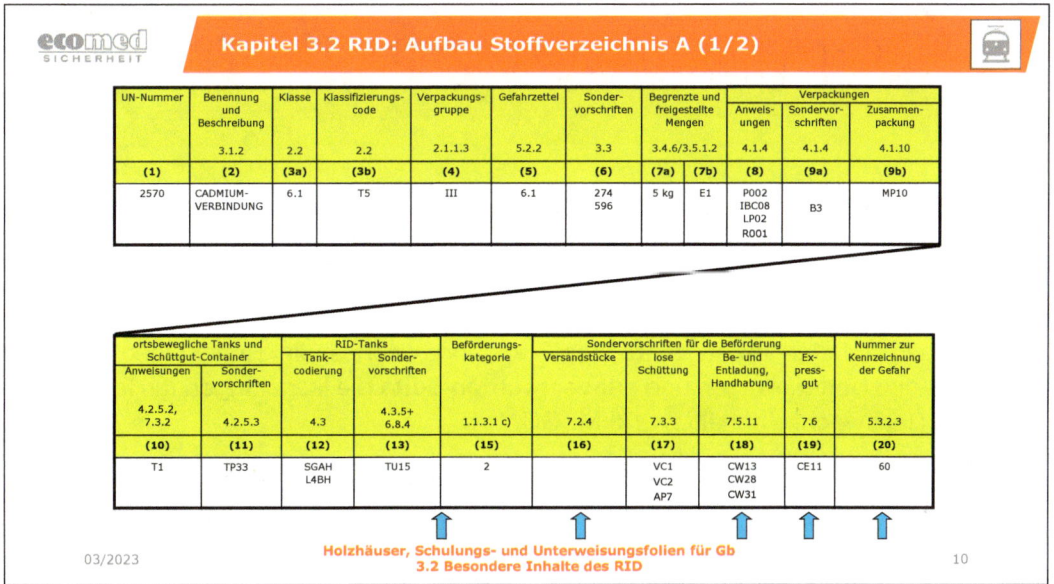

 Temperaturkontrollierte Güter sind im RID nicht zugelassen:

3231	SELBSTZERSETZLICHER STOFF TYP B, FLÜSSIG, TEMPERATURKONTROLLIERT	4.1	SR2	verboten
3232	SELBSTZERSETZLICHER STOFF TYP B, FEST, TEMPERATURKONTROLLIERT	4.1	SR2	verboten

Stoffverzeichnis B im RID

Das Stoffverzeichnis B ist eine alphabetische Stoffliste mit zugeordneten UN-Nummern. Mit diesem Stoffverzeichnis als amtlichem Teil im RID wird dem Anwender bei Bekanntgabe von Stoffnamen die Suche nach der UN-Nummer wesentlich vereinfacht.

Besonderheiten Kapitel 3.4

Kennzeichnung im Schienenverkehr bei Beförderung begrenzter Mengen

Die Kennzeichnung im RID bei der Beförderung begrenzter Mengen unterscheidet sich von der Kennzeichnung im ADR nur in der Anbringung an den Wagen für Versandstücke. Im RID erfolgt die **Kennzeichnung** an **beiden Längsseiten** des Wagens.

Wagen (RID): Kennzeichnung auf beiden Seiten ◇
Ausnahme: wenn bereits nach 5.3.1 mit Großzetteln (Placards) gekennzeichnet*)

Großcontainer: Kennzeichnung auf allen vier Seiten ◇
Ausnahme: wenn bereits nach 5.3.1 (5.3 ADR) mit Großzetteln (Placards) gekennzeichnet*)

Tragwagen (RID): Kennzeichnung an beiden Längsseiten, wenn Kennzeichnung ◇ am Großcontainer außerhalb des Tragwagens nicht sichtbar

Teil 4 Beförderung in Tanks

Wie im ADR wird im RID in Kapitel 4.3 auch zwischen festverbundenen Tanks (hier Kesselwagen) und Tankcontainern in der Verwendung unterschieden. Dies gilt auch für Kapitel 6.8.

Entsprechend stehen auf der **linken Seite** des Trennungsstriches die Regelungen für Kesselwagen, abnehmbare Tanks und Batteriewagen und auf der **rechten Seite** die Regelungen für Tankcontainer, Tankwechselaufbauten (Tankwechselbehälter) und MEGC.

Dort, wo kein Trennungsstrich vorhanden ist, gibt es auch keine Unterschiede bei der Verwendung.

4.3.1.2 Diese Vorschriften gelten für

Kesselwagen, abnehmbare Tanks und Batteriewagen	Tankcontainer, Tankwechselaufbauten (Tankwechselbehälter) und MEGC

zur Beförderung gasförmiger, flüssiger, pulverförmiger und körniger Stoffe.

In Unterabschnitt 4.3.3.4 gibt es spezielle Kontrollvorschriften rund um das Befüllen von Flüssiggaskesselwagen. Hierbei wird unterschieden nach:

Kontrollmaßnahmen vor dem Befüllen
a) Angaben am Tankschild prüfen und ggf. Klapptafeln überprüfen (höchstzulässige Masse der Füllung am Tankschild darf Lastgrenzen nicht übersteigen)
b) Letztes Ladegut ermitteln (ggf. Tank reinigen)
c) Masse der Restladung feststellen
d) Dichtheit des Tankkörpers, der Ausrüstungsteile sowie ihre Funktionstüchtigkeit überprüfen

*) Ggf. Sonderregelung für die Anbringung von Großzetteln und Kennzeichen für begrenzte Mengen berücksichtigen.

Befüllvorgang

Für das Befüllen sind die Bestimmungen der Betriebsanleitung des Kesselwagens einzuhalten.

Kontrollmaßnahmen nach dem Befüllen

a) Überprüfung, ob Wagen überfüllt oder überladen wurde.

b) Überprüfung des Partialdrucks von inerten Gasen

c) Überprüfung, ob innenliegende Absperreinrichtungen ausreichend geschlossen sind

d) Ventile auf Dichtheit kontrollieren und etwaige Undichtheiten beseitigen

e) Auslauf der Ventile ist z. B. durch Blindflansche zu schützen

f) Visuelle Endkontrolle des Wagens, der Ausrüstung und der Kennzeichnung; Überprüfung, ob kein Füllgut austritt

 Für den Befüller und Entlader gibt es folgende Hilfestellungen in Kapitel 1.4:

Für den Befüller:

Bem. Der Befüller muss Verfahren erarbeiten, mit denen sichergestellt wird, dass er alle seine Pflichten erfüllt. Leitlinien in Form von Checklisten für Kesselwagen für flüssige Stoffe und für Gase sind auf der Website der OTIF (www.otif.org) eingestellt, um dem Befüller von Kesselwagen für flüssige Stoffe und für Gase dabei zu helfen, seine Sicherheitspflichten, insbesondere in Bezug auf die Dichtheit von Kesselwagen, zu erfüllen.

Für den Entlader:

Bem. Der Entlader muss Verfahren erarbeiten, mit denen sichergestellt wird, dass er alle seine Pflichten erfüllt. Leitlinien in Form von Checklisten für Kesselwagen für flüssige Stoffe und für Gase sind auf der Website der OTIF (www.otif.org) eingestellt, um dem Entlader von Kesselwagen für flüssige Stoffe und für Gase dabei zu helfen, seine Sicherheitspflichten, insbesondere in Bezug auf die Dichtheit von Kesselwagen, zu erfüllen.

Für die Angabe über das beförderte Gefahrgut gibt es im Schienenverkehr in der Regel an Kesselwagen Klapptafeln (4.3.3.4.1 a)), um die wechselweise Verwendung (Angabe Lastgrenze in Verbindung mit der Angabe des beförderten Gases; siehe auch 6.8.3.5) darzustellen. Die Klapptafeln müssen gegen unbeabsichtigtes Herunterfallen oder Aufklappen während der Beförderung gesichert sein.

Vorgaben für die Beförderung nach Ablauf der Frist für die wiederkehrenden Prüfungen (4.3.2.3.7 RID) (Kesselwagen, abnehmbare Tanks, Batteriewagen, Tankcontainer, Tankwechselaufbauten (Tankwechselbehälter) und MEGC):

✓ **Nicht befüllt zur Beförderung aufgeben!**

Vorgehensweise bei Befüllung nach dem festgelegten Datum die wiederkehrende Prüfung:

✓ Beförderung innerhalb eines Zeitraums von höchstens einem Monat nach dem festgelegten Datum

✓ Beförderung innerhalb eines Zeitraums von höchstens drei Monaten nach dem festgelegten Datum, um die Rücksendung von gefährlichen Stoffen zur ordnungsgemäßen Entsorgung oder zum ordnungsgemäßen Recycling zu ermöglichen (Achtung: Behördenregelung möglich)

Hinweis im Beförderungspapier auf diese Ausnahme.

Für die Tanks nach Kapitel 4.3 und 6.8 gibt es Vorgaben für die Berechnung der tatsächlichen Haltezeit für die Beförderung tiefgekühlt verflüssigter Gase.

4.3.3.5 Für jede Beförderung eines Tanks mit tiefgekühlt verflüssigten Gasen muss die tatsächliche Haltezeit bestimmt werden, und zwar unter Berücksichtigung von:

✓ Referenzhaltezeit des zu befördernden tiefgekühlt verflüssigten Gases (siehe Schild 6.8.3.5.4)

✓ tatsächlicher Fülldichte

✓ tatsächlichem Fülldruck

✓ niedrigstem Ansprechdruck der Druckbegrenzungseinrichtung(en)

✓ Verschlechterung der Isolierung

Datum, an dem die tatsächliche Haltezeit endet, muss im Beförderungspapier angegeben werden.

4.3.3.6 Tanks dürfen nicht zur Beförderung aufgegeben werden:

✓ mit Füllungsgrad, bei dem Schwallbewegungen im Tankkörper unzulässige hydraulische Kräfte hervorrufen können

✓ wenn sie undicht sind

✓ bei Beschädigungen, die die Unversehrtheit des Tanks beeinträchtigen können

✓ bei fehlerhafter Bedienungsausrüstung

✓ wenn tatsächliche Haltezeit nicht bestimmt wurde

✓ wenn Dauer der Beförderung die tatsächliche Haltezeit übersteigt

✓ wenn Druck nicht konstant und tatsächliche Haltezeit nicht erreicht werden kann.

Hinweis: Für ortsbewegliche Tanks sind die Regelungen in 6.7.2.19.6, 6.7.3.15.6 und 6.7.4.14.6 mit einem Hinweis in 4.2.3.7.3 enthalten.

Frage 4:

Nennen Sie die genaue Fundstelle im RID für die Berechnung des höchstzulässigen Füllungsgrades für UN 1170 Ethanol, 3, II, in einem Kesselwagen (Tankcodierung LGBF)!

Antwort: _____

Frage 5:

Welche Erklärung muss nach RID im Beförderungspapier bei Beförderungen von tiefgekühlt verflüssigten Gasen in Kesselwagen zusätzlich zu den allgemeinen Angaben eingetragen werden?

Antwort: _____

_____

Frage 6:

Ungereinigte leere Kesselwagen dürfen gemäß 4.3.2.4.4 RID auch nach Ablauf der Fristen für die Prüfungen nach den Absätzen 6.8.2.4.2 und 6.8.2.4.3 RID befördert werden, um sie der Prüfung zuzuführen. Welche zusätzliche Angabe ist diesbezüglich im Beförderungspapier gemäß RID anzugeben?

Antwort: _____

Frage 7:

An einem ungereinigten leeren Kesselwagen ist die Prüffrist überschritten. Der Absender will den Wagen zu der für die Prüfung zuständigen Stelle befördern. Ist diese Beförderung zulässig? Nennen Sie auch den Unterabschnitt für Ihre Entscheidung!

Antwort: _____

Teil 5

5.3.1 Anbringen von Großzetteln (Placards)

Für das Anbringen von Großzetteln (Placards) wird im RID wie im ADR unterschieden, an welcher „Umschließung" die Großzettel angebracht werden.

5.3.1.2 Anbringen von Großzetteln (Placards) an Großcontainern, MEGC, Tankcontainern und ortsbeweglichen Tanks

5.3.1.3 Anbringen von Großzetteln (Placards) an Tragwagen, auf denen Großcontainer, MEGC, Tankcontainer oder ortsbewegliche Tanks befördert werden

5.3.1.4 Anbringen von Großzetteln (Placards) an Wagen für die Beförderung in loser Schüttung, Kesselwagen, Batteriewagen und Wagen mit abnehmbaren Tanks

5.3.1.5 Anbringen von Großzetteln (Placards) an Wagen, in denen nur Versandstücke befördert werden

5.3.1.6 Anbringen von Großzetteln (Placards) an leeren Kesselwagen, Batteriewagen, MEGC, Tankcontainern und ortsbeweglichen Tanks sowie an leeren Wagen und Großcontainern für die Beförderung in loser Schüttung

Besonderheit der Verantwortlichkeit für die Anbringung von Kennzeichen bei ungereinigten Tanks (Kesselwagen):

Wer ungereinigte leere Tanks zur Beförderung übergibt, versendet oder selbst befördert, hat dafür zu sorgen, dass die nach 5.3.1.6 und 5.3.2, 5.3.4 und 5.3.6 RID vorgeschriebenen Großzettel (Placards) und Kennzeichen ebenso angebracht sind, wie sie für den gefüllten Zustand vorgeschrieben sind (§ 26 Abs. 1 Nr. 3 GGVSEB).

5.3.1.7 Beschreibung der Großzettel (Placards)

Besonderheiten:

Werden Güter in Versandstücken in Wagen befördert, dann müssen die auf den Versandstücken angebrachten Gefahrzettel auf den beiden Seiten des Wagens als Großzettel wiederholt werden.

Für Wagen darf die Größe der Großzettel (Placards) auf bis zu 150 mm × 150 mm verkleinert werden, sofern die verfügbare Fläche für die Anbringung der vorgeschriebenen Großzettel (Placards) wegen der Größe und der Bauweise des Wagens nicht ausreicht.

Bei bestimmten gefährlichen Gütern, z. B. der Klassen 1 und 2, gibt es in Spalte 5 der Tabelle A die Eintragungen 13 oder 15. Das sind sogenannte Rangierzettel, mit denen dann am Wagen eine besondere Behandlungsweise im Rangierbetrieb dargestellt wird.

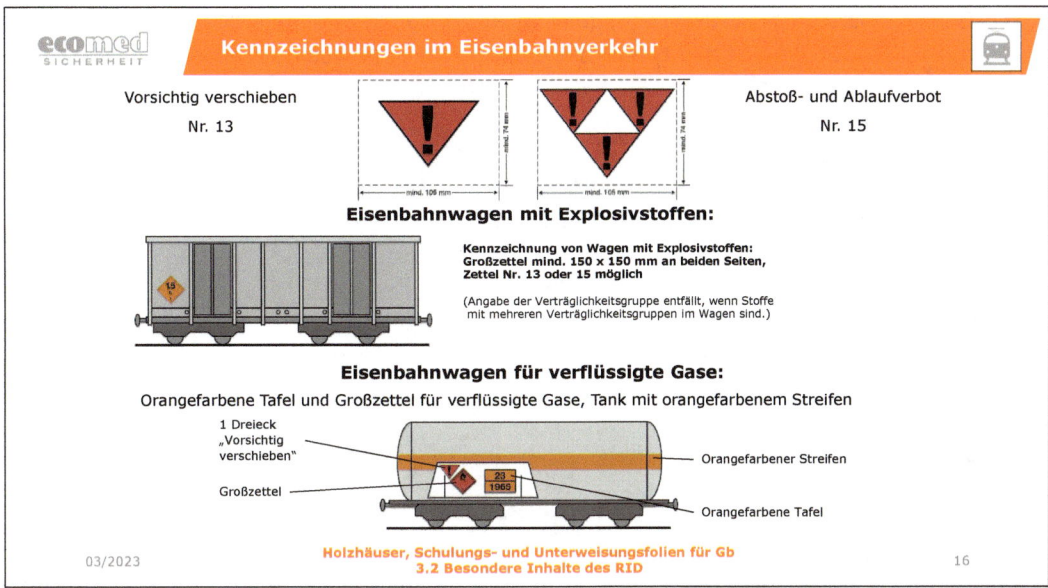

Besonderheiten bei der Kennzeichnung von Kesselwagen

Bei der Kennzeichnung von Kesselwagen gibt es Besonderheiten, die in den Teilen 5 und 6 enthalten sind.

Die Kennzeichnungsvorschriften nach Abschnitt 5.3.1 und 5.3.2 sind mit denen des ADR vergleichbar.

Flüssiggaskesselwagen sind zusätzlich mit einem orangefarbenen Längsstreifen zu versehen, der die besondere Berstgefahr darstellt. Aus der Spalte 13 der Tabelle A erhält der Anwender mit der Sondervorschrift TM 6 den Hinweis auf Abschnitt 5.3.5 RID.

Eine weitere „Kennzeichnungsvorschrift" ergibt sich aus 6.8.2.5 und 6.8.3.5. Diese Kennzeichnungsvorschrift ist nicht mit der nach Kapitel 5.3 (Großzettel, orangefarbene Tafeln) vergleichbar.

Für bestimmte Güter ist die Angabe des beförderten Ladegutes vorgeschrieben. Hier wird zwischen flüssigen gefährlichen Gütern und Gütern in gasförmigem Zustand unterschieden.

Frage 8:

Welche besondere Kennzeichnung gemäß Teil 5 RID müssen nur Tanks von Kesselwagen für verflüssigte, tiefgekühlt verflüssigte oder gelöste Gase aufweisen?

Antwort: _____

Frage 9:

Mit welchem Großzettel (Nummer), welchem Kennzeichen und welcher Nummer zur Kennzeichnung der Gefahr und UN-Nummer auf der orangefarbenen Tafel muss gemäß RID ein Kesselwagen versehen sein, der Benzin enthält? Der Stoff erfüllt zusätzlich die Kriterien des Absatzes 2.2.9.1.10 RID.

Antwort: _____

_____

Beförderungspapier

Nach § 18 (1) Nr. 8 GGVSEB und 1.4.2.1.1 RID hat der Absender dafür zu sorgen, dass jeder Sendung mit gefährlichen Gütern ein Beförderungspapier beigegeben wird.

Angaben im Beförderungspapier (auszugsweise aus 5.4.1.1.1 RID):

✓ UN-Nummer mit Buchstaben „UN" davor

✓ offizielle Benennung für die Beförderung (3.1.2), sofern zutreffend (3.1.2.8.1), ergänzt durch die technische Benennung (3.1.2.8.1.1)

✓ für Stoffe und Gegenstände der Klasse 1: Klassifizierungscode nach Tabelle A Spalte 3b und zusätzliche Angaben aus Spalte 5

✓ für radioaktive Stoffe der Klasse 7: siehe Absatz 5.4.1.2.5

✓ für Lithiumbatterien der UN 3090, 3091, 3480, 3481 die Nummer der Klasse 9

✓ für Stoffe und Gegenstände der übrigen Klassen: die Nummern der Gefahrzettelmuster aus Tabelle A Spalte 5 (zweite und weitere Nummern in Klammern)

✓ ggf. zugeordnete Verpackungsgruppe „VG" (z. B. „VG II"), evtl. auch in den Sprachen Englisch oder Französisch

✓ Anzahl und Beschreibung der Versandstücke (außer für ungereinigte leere Umschließungsmittel)

✓ die Gesamtmenge jedes gefährlichen Guts mit unterschiedlicher UN-Nummer, unterschiedlicher offizieller Benennung für die Beförderung oder unterschiedlicher Verpackungsgruppe (als Volumen bzw. als Brutto- oder Nettomasse)

✓ Name/Anschrift von Absender und Empfänger

Beispiel für zugelassene Beschreibungen: **UN 1230 Methanol, 3 (6.1), VG II**

 Hinweis: Bei Beförderung in „Tanks" und „loser Schüttung": Angabe der Nummer zur Kennzeichnung der Gefahr:
663, UN 1098 ALLYLALKOHOL, 6.1 (3), I

Verantwortlichkeiten für die Angaben im Beförderungspapier:

✓ Der Absender ist verantwortlich für die Richtigkeit der Angaben im Beförderungspapier und die Übergabe an den Beförderer.

✓ Die Eisenbahn als Beförderer hat nur eine Mitführpflicht im Hinblick auf die Beförderungspapiere und schriftlichen Weisungen.

✓ Tritt das Eisenbahn-Bundesamt (EBA) im Rahmen der behördlichen Überwachung auf, so werden ggf. weitergehende Prüfungen durchgeführt.

 Frage 10:

Ein Tanksattelanhänger mit UN 1993, VG II soll im Huckepackverkehr auf der Eisenbahn befördert werden. Welche zusätzlichen Angaben sind gemäß RID im Beförderungspapier einzutragen? Nennen Sie auch die genaue Fundstelle im RID!

Antwort: _____

_____

 Frage 11:

UN 2078 wird in einen Kesselwagen gefüllt. Der Stoff ist zusätzlich umweltgefährdend. Wie lauten die stoffspezifischen Angaben im Beförderungspapier nach RID?

Antwort: _____

Schriftliche Weisungen

Mit dem RID 2011 wurden auch für den Bereich der Eisenbahn in Abschnitt 5.4.3 schriftliche Weisungen eingeführt. Diese entsprechen in der Grundstruktur denen des ADR. Bezogen auf die Maßnahmen, die nach einem Unfall oder Zwischenfall zu treffen sind, gibt es natürlich Besonderheiten.

Damit ergeben sich Pflichten für den Beförderer nach § 19 Abs. 3 Nummern 5 bis 7 GGVSEB.
Hiernach muss der **Beförderer**

✓ vor Antritt der Fahrt dem Triebfahrzeugführer die schriftlichen Weisungen in einer Sprache bereitstellen, die der Triebfahrzeugführer lesen und verstehen kann;

✓ den Triebfahrzeugführer nach Unterabschnitt 5.4.3.3 RID vor Antritt der Fahrt über die geladenen gefährlichen Güter informieren;

✓ dafür sorgen, dass die in den schriftlichen Weisungen nach 5.4.3.4 RID vorgeschriebene Ausrüstung auf dem Führerstand mitgeführt wird.

✓ Vor Antritt der Fahrt muss der Triebfahrzeugführer unter Berücksichtigung der ihm vom Beförderer zur Verfügung gestellten Informationen über gefährliche Güter im Zug die schriftlichen Weisungen wegen der bei einem Unfall oder Zwischenfall zu ergreifenden Maßnahmen einsehen (siehe auch § 31a).

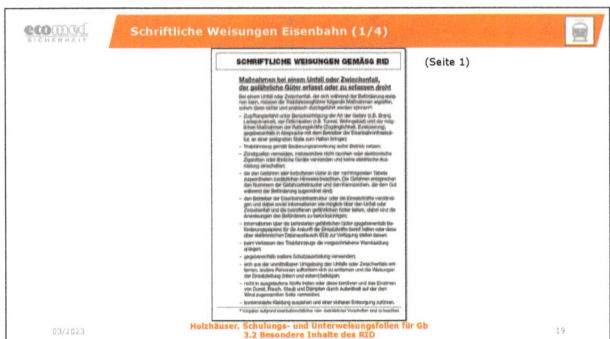
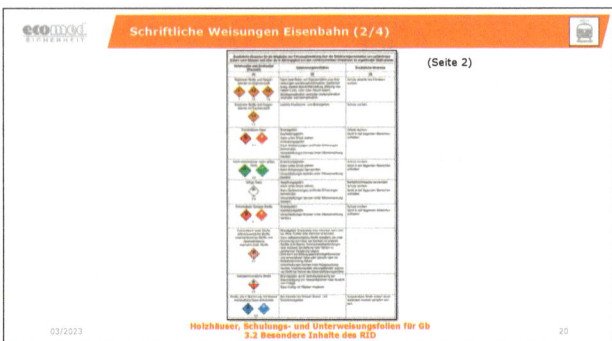
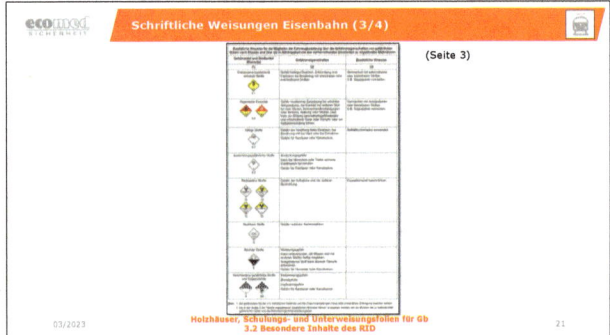
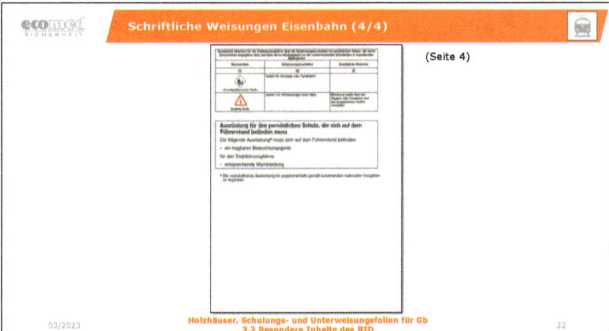

Teil 6 Bau und Prüfung von Kesselwagen

Kesselwagen werden wie Tankfahrzeuge nach bestimmten Vorschriften hergestellt und geprüft. Im Gegensatz zum Tankfahrzeug (Kapitel 6.8, 9.1, 9.2, 9.7 ADR) gibt es für Kesselwagen nur das Kapitel 6.8 im RID. Die Fahrzeugtechnik ist über die entsprechenden Bau- und Betriebsordnungen in den einzelnen Staaten geregelt. Zuständig in Deutschland ist das Eisenbahn-Bundesamt (EBA) in Bonn. In den UIC-Merkblättern werden dann internationale Standards durch den internationalen Eisenbahnverband (UIC) festgelegt.

In den Begriffsbestimmungen sind der Kesselwagen, der Tank und der Tankkörper näher beschrieben. Die Unterscheidung von Tank und Tankkörper ist insbesondere von Bedeutung für den Bau und die Ausrüstung sowie die Prüfungen:

> **Tank** = Tankkörper mit Bedienungsausrüstung und baulicher Ausrüstung
>
> **Tankkörper** = Tankmantel mit Öffnungen und Deckeln und Tankböden

Im Kapitel 6.8 sind die Bauvorschriften mit den Werkstoffen, Wanddickenberechnungen, Mindestwanddicken sowie die Ausrüstung und Prüfungen näher beschrieben. Für Kesselwagen und Tankcontainer gibt es an verschiedenen Stellen unterschiedliche Vorgaben. Hier befindet sich in der Vorschrift in der Mitte ein Trennungsstrich.

Vorschriften über den Bau und die Ausrüstung, die sich über die gesamte Textbreite erstrecken, gelten sowohl für Kesselwagen, abnehmbare Tanks und Batteriewagen als auch für Tankcontainer, Tankwechselaufbauten (Tankwechselbehälter) und MEGC. Vorschriften, die in der linken Spalte erscheinen, gelten nur für Kesselwagen, abnehmbare Tanks und Batteriewagen; die rechte Spalte gilt für Tankcontainer, Tankwechselaufbauten (Tankwechselbehälter) und MEGC.

6.8.1.2 Diese Vorschriften gelten für

Kesselwagen, abnehmbare Tanks und Batterie- wagen	Tankcontainer, Tankwechselaufbauten (Tank- wechselbehälter) und MEGC

zur Beförderung gasförmiger, flüssiger, pulverförmiger und körniger Stoffe.

 Merke: Text-Trennung bei der Anwendung beachten! Unterschiedliche Vorschriften für „Tanks", insbesondere Prüfungen, Wanddicke und Kennzeichnungen.

Nach § 23 (1) und (3) GGVSEB (Befüller) und § 30 (Betreiber) sind diese Personen auch für den ordnungsgemäßen Zustand der Kesselwagen zuständig. Insbesondere der Betreiber muss die Dicke der Tankwände und zwischen den Prüfterminen die Bau-, Ausrüstungs- und Kennzeichnungsvorschriften beachten. Dies gilt auch für die außerordentlichen Prüfungen.

Für Gaskesselwagen gibt es noch zusätzliche Vorschriften für die Ausrüstung (6.8.3.2), Wärmeisolierung 6.8.3.2.14 (siehe auch 4.3.3.2.5), Prüfungen 6.8.3.4 und den Betrieb 4.3.2.3 sowie Kontrollvorschriften für Flüssiggaskesselwagen in 4.3.3.4 (Nachprüfung während des Be- und/oder Entladevorgangs).

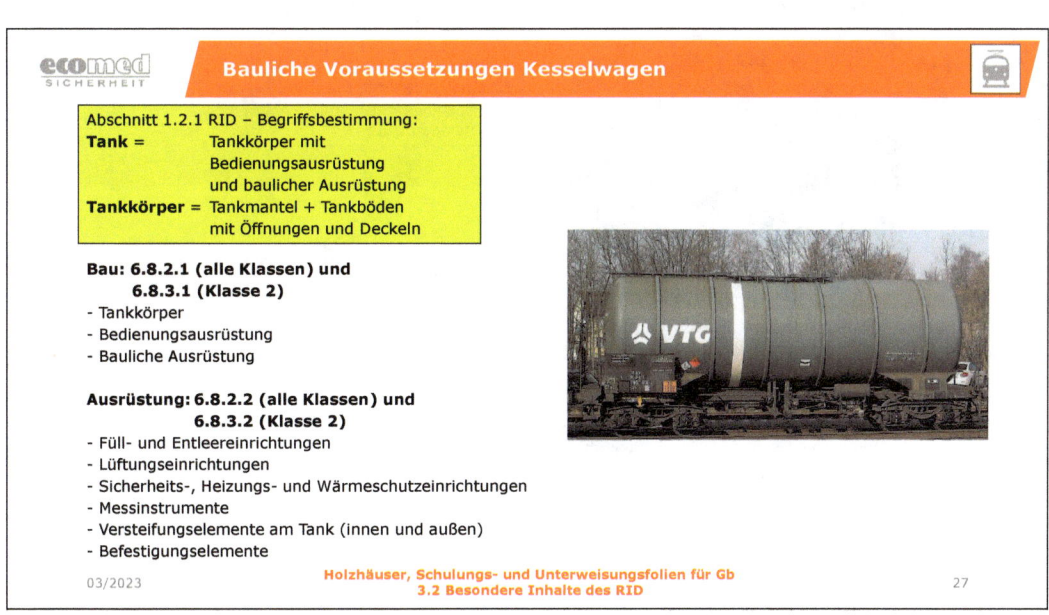

Baumusterzulassung von Kesselwagen

In Deutschland ist die zuständige Behörde das Eisenbahn-Bundesamt (EBA) in Bonn für

- ✓ die Baumusterzulassung und -prüfung von Batteriewagen, Kesselwagen und abnehmbaren Tanks nach Kapitel 6.8 RID,
- ✓ die Anerkennung der Befähigung der Hersteller für die Ausführung von Schweißarbeiten und die Anordnung zusätzlicher Prüfungen nach 6.8.2.1.23 RID.

Außerdem erkennt das EBA Sachverständige für bestimmte Aufgabenbereiche an (auch internationale Anerkennung), damit ersichtlich ist, welche Sachverständige am Kesselwagen bestimmte Tätigkeiten ausgeübt haben, wie

- ✓ Baumusterprüfungen von Kesselwagen, Batteriewagen und abnehmbaren Tanks,
- ✓ Prüfungen der Kesselwagen, Batteriewagen und abnehmbaren Tanks,
- ✓ Festlegung von Anforderungen bei der Prüfung von Kesselwagen, Batteriewagen und abnehmbaren Tanks jeweils im Benehmen mit der Bundesanstalt für Materialforschung und -prüfung.

Die Baumusterzulassung ist grundsätzlich in 6.8.2.3 RID geregelt. Für die durchgeführte Baumusterzulassung ist eine Bescheinigung zu fertigen, die Folgendes beinhaltet:

- ✓ Prüfergebnisse
- ✓ Zulassungsnummer für Baumuster
- ✓ Tankcodierung
- ✓ Codes für erforderliche Sondervorschriften nach 6.8.4
- ✓ soweit erforderlich, die Angabe der zugelassenen Stoffe

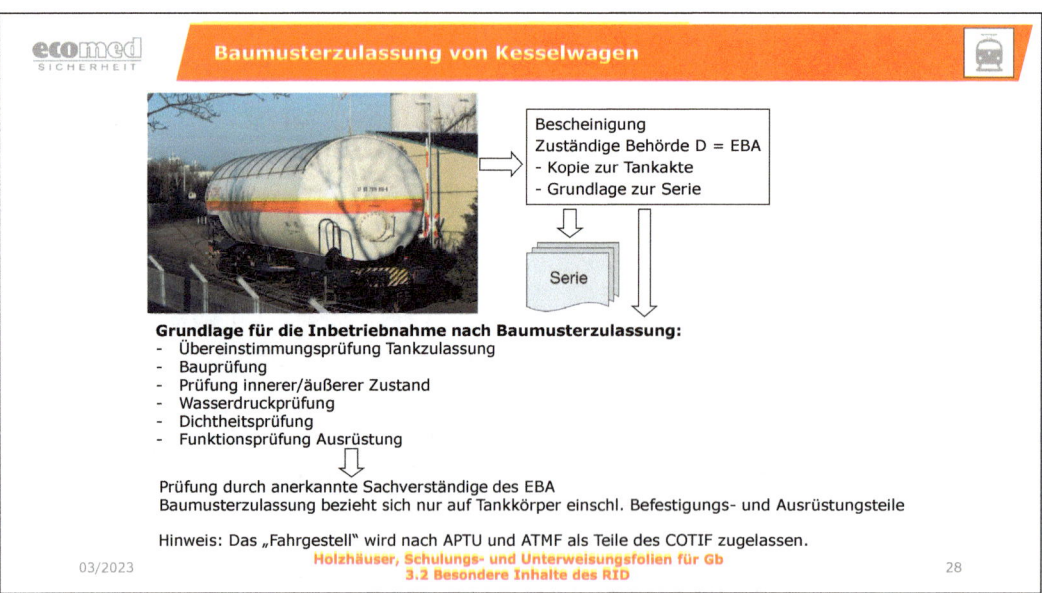

Bei der Herstellung in Serie gilt die Zulassung auch für die hiernach gebaute Serie. Die entsprechenden Prüfungen (6.8.2.4) unterscheiden sich ggf. nach den Stoffen, wie bei Gasen der Klasse 2. Gleiches gilt auch für die Angabe auf dem Tankschild (6.8.2.5). Das „Fahrgestell" des Kesselwagens wird nach der Verbindlicherklärung technischer Normen und Annahme einheitlicher technischer Vorschriften für Eisenbahnmaterial (APTU) und der Verfahren für die technische Zulassung von Eisenbahnfahrzeugen und sonstigem Eisenbahnmaterial zur Verwendung im internationalen Verkehr (ATMF) zugelassen.

Eisenbahnkesselwagen (Checkliste)

Zunächst ist zu prüfen, ob das Füllgut überhaupt in den Eisenbahnkesselwagen verladen werden darf, einschließlich Verträglichkeit mit dem Tankwerkstoff und den Dichtungen.

Die generelle Zulässigkeit ist zunächst über den Eintrag in Spalte 12 der Tabelle A festzustellen.

Weitere Überprüfungen

✓ Prüffristen noch nicht abgelaufen? (6.8.2.4; 6.8.3.4; 6.8.4 (TT))

✓ Undichtigkeiten, Risse, Befestigung? (Kapitel 6.8)

✓ Auslaufrohre geschlossen (Blindflansche)? (Kapitel 4.3)

✓ Kesselwagen gegen Verschieben gesichert?

✓ Befüllung langsam beginnen!

✓ Füllungsgrad einhalten! (Kapitel 4.3)

✓ Domdeckel, Ventile usw. dicht verschließen!

✓ Ladegutreste beseitigt? (Kapitel 4.3)

✓ Großzettel und orangefarbene Kennzeichnung mit Kennzeichnungsnummer angebracht? (Kapitel 5.3)

✓ Lastgrenzenraster richtig eingestellt?

✓ ggf. Erdungskabel angeschlossen?

✓ Füllbedingungen und Prüfdrücke einhalten! (Kapitel 4.3)

✓ Angaben auf Tankschild und -tafel beachten! (Kapitel 6.8)

✓ Besonderheiten für Flüssiggaskesselwagen beachtet? (Kapitel 4.3)

✓ Haltezeiten für Tanks mit tiefkalt verflüssigten Gasen (Kapitel 4.3, 5.4, 6.8)

 Auf den Internetseiten von VCI und OTIF gibt es Checklisten dazu. (siehe Bemerkung zu 1.4.3.3 RID)

Lastgrenzenraster

Das Lastgrenzenraster ist an allen Frachtwagen, d.h., auch an Kesselwagen und Batteriewagen, angebracht. Die Angaben darin resultieren u. a. aus den Eigenschaften des Wagens und sind die Grundlage für die höchstzulässige Gesamtmasse, die ein Wagen auf einer bestimmten zu befahrenden Strecke haben darf. Die Angabe der Lastgrenzen ist z. B. auch in **6.8.2.5.2 RID** gefordert.

Wagen, bei denen das Gewicht der Ladung die am Fahrzeug angeschriebene Lastgrenze überschreitet, werden bei der Zugbildung ausgeschlossen, denn der Beförderer ist verpflichtet, nicht zu befördern, wenn er eine Überladung feststellt.

Die zu befahrenden Strecken oder Streckenabschnitte sind in Streckenklassen eingeteilt: A ist die niedrigste Streckenklasse, D 4 die am höchsten belastbare.

Die „90" steht für die zulässige Geschwindigkeit. Ebenso das „S", hier wird die Geschwindigkeit allerdings in verschlüsselter Form angegeben.

Die minimale Belastbarkeit des zu befahrenden Streckennetzes entscheidet über die maximale Zuladung pro Wagen. Je mehr Achsen ein Wagen hat, desto größere Lasten können mit ihm befördert werden. Die maximale Zuladung eines Wagens kann auch durch technische Merkmale oder durch die zu befördernden Güter eingeschränkt werden. So wird z. B. in 6.8.3.5.7 RID gefordert, dass die Lastgrenzen für verschiedene Gase abhängig vom beförderten Stoff zu ermitteln sind.

Tankschild/Tanktafel

Neben der Kennzeichnung mit Großzetteln und orangefarbenen Tafeln gibt es im Kapitel 6.8 RID zusätzliche Vorschriften für Angaben auf Kesselwagen und Batteriewagen.

Bei diesen Angaben handelt es sich um „technische" Angaben, die auf einem Tankschild anzubringen sind. Weitere Angaben sind für eine Tanktafel oder auf dem Tank selbst vorgesehen.

Die technischen Angaben auf dem **Tankschild** werden anhand der Baumusterzulassung eingetragen und begleiten den Tank während seines „Tanklebens".

Für den Anwender ist dieses Schild wichtig, weil hier die zuletzt durchgeführten Prüfungen nach 6.8.2.4 und 6.8.3.4 eingetragen werden müssen. Somit ist erkennbar, ob der Kesselwagen weiterhin verwendet werden darf.

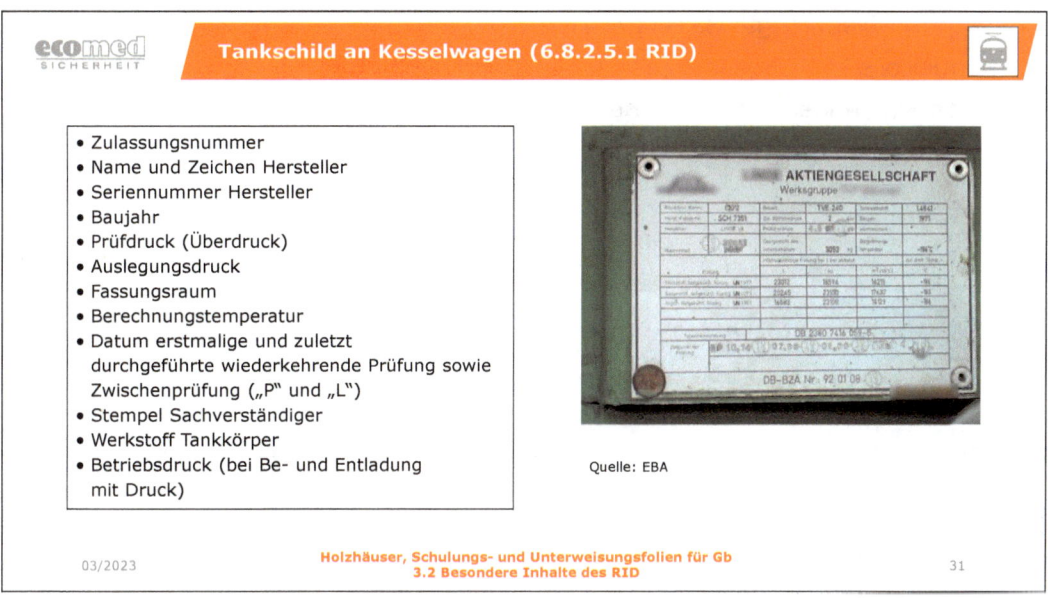

Die „**Tanktafel**" enthält weitere technische Angaben. Hierbei sind die Besonderheiten für Stoffe gemäß 4.3.4.1.3 zu beachten. Bei den sogenannten „(+)-Stoffen" muss deren offizielle Benennung für die Beförderung auf der Tanktafel angegeben werden; ebenso die Tankcodierung (Spalte 12) der Tabelle A und, soweit erforderlich, für andere Stoffe als die in 4.3.4.1.3 genannten die Codes aller anwendbaren Sondervorschriften TC, TE und TA aus 6.8.4.

Fundstellen: 6.8.2.5 und 6.8.3.5 (Gase) und ggf. die Sondervorschriften TM in 6.8.4. Ein Hinweis ist hier über die Spalte 13 für den Anwender vorhanden.

Besonderheit: Batteriewagen mit MEGC aus ortsbeweglichen Druckgeräten nach Kapitel 6.2.

Weitere Besonderheiten gibt es für Gaskesselwagen:

6.8.3.5.1 und 6.8.3.5.2

6.8.3.5.3 offizielle Benennung des Gases

6.8.3.5.4 tiefgekühlt verflüssigte Gase (z. B. Haltezeit)

6.8.3.5.5 wärmeisoliert

6.8.3.5.6 zusätzliche Angaben auf dem Kesselwagen

6.8.3.5.7 Lastgrenzen

▶ *Für Batteriewagen und MEGC siehe 6.8.3.5.10*

Frage 12:

Nennen Sie zwei Arten von Prüfungen an Tanks von Kesselwagen gemäß RID!

Antwort: _____

Frage 13:

In welchen zeitlichen Abständen ist die Zwischenprüfung an Tanks von Kesselwagen für Stoffe der Klasse 8 gemäß RID spätestens durchzuführen?

Antwort: _____

Teil 7

Der Teil 7 spiegelt sich in den Spalten der Tabelle A wie folgt wider:
Zusätzliche Vorschriften in codierter Form

7.2 Vorschriften für die Beförderung in Versandstücken W xx (Spalte 16)

7.3 Vorschriften für die Beförderung in loser Schüttung VC x und AP x (Spalte 17) und BK x (Spalte 10)

7.4 (bleibt offen) – nur ADR

7.5 Vorschriften für Be- und Entladung, Handhabung CW xx (Spalte 18)

7.6 (nur RID:) Vorschriften für den Versand als Expressgut CE xx (Spalte 19)

7.7 Huckepackverkehr in gemischten Zügen (kombinierter Personen- und Güterverkehr)

Kapitel 7.2 Beförderung in Versandstücken (Spalte 16)

Begriffsbestimmungen für gedeckte, bedeckte oder offene Wagen und Container

✓ Art der Beförderung von Versandstücken

✓ ggf. Aufbauten mit Wärmedämmung

✓ klassenbezogene Vorschriften

RID: „W" wie für „W"aggon.

Kapitel 7.3 Beförderung in loser Schüttung (Spalte 17)

Ein Gut darf in loser Schüttung in Wagen und Containern befördert werden, wenn in der Spalte 17 der Eintrag VC 1, 2 oder 3 erfolgt. Bei VC 1 und VC 2 ist bei bestimmten Stoffen noch ein Eintrag AP x erforderlich. Diese Vorgaben stimmen mit denen im ADR überein.

Kapitel 7.5 Be- und Entladung sowie Handhabung

Die Unterschiede zum ADR sind nur noch geringfügig.

7.5.1 Allgemeine Vorschriften
Kontrollen vor und nach dem Beladen (wie ADR)

7.5.2 Zusammenladeverbote (Darstellung in Tabelle)

7.5.3 **Schutzabstand (Gefahrzettel 1, 1.5 und 1.6)**

7.5.4 Vorsichtsmaßnahmen bei Nahrungs-, Genuss- und Futtermitteln
In der Spalte 18 ist die Codierung CW 28 angegeben.

7.5.5 Begrenzung der beförderten Mengen
Die Mengen nach Kapitel 3.4 bleiben unberücksichtigt!

7.5.7 Handhabung und Verstauung
Ladungssicherung

7.5.7.6 Verladung von flexiblen Schüttgut-Containern

7.5.8 Reinigung nach dem Entladen

7.5.9 (nur ADR:) Rauchverbot

7.5.10 (nur ADR:) Maßnahmen zur Vermeidung elektrostatischer Aufladung

7.5.11 Zusätzliche Vorschriften für bestimmte Klassen oder Güter – Spalte 18
CW 1 bis CW 37

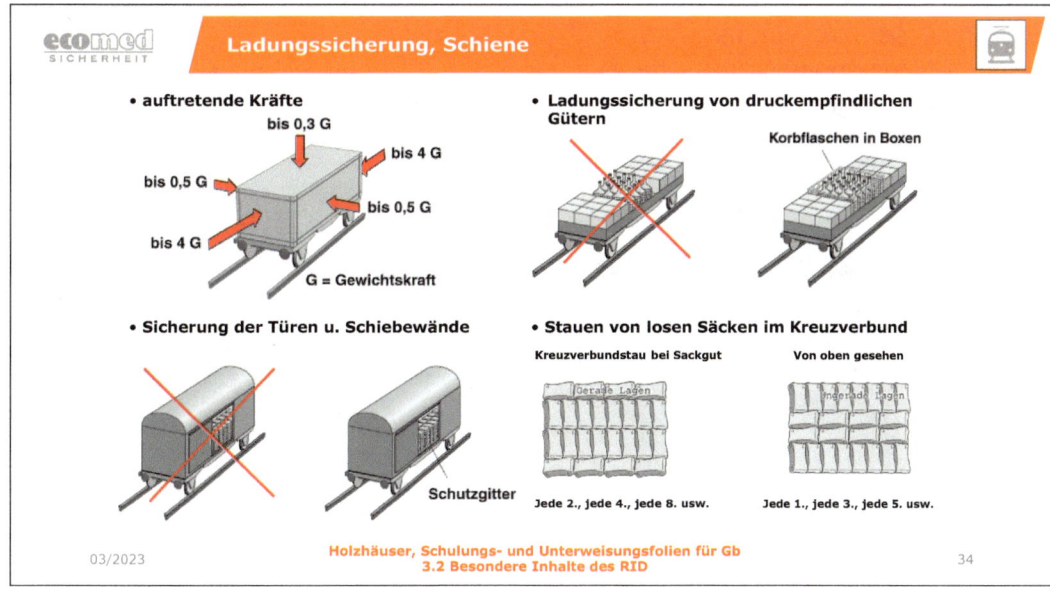

Kapitel 7.5.3 Schutzabstand

Jeder Wagen, Großcontainer, ortsbewegliche Tank oder jedes Straßenfahrzeug, der/das Stoffe oder Gegenstände der Klasse 1 enthält und mit Großzetteln (Placards) nach Muster 1, 1.5 oder 1.6 versehen ist, muss in demselben Zugverband von Wagen, Großcontainern, ortsbeweglichen Tanks, Tankcontainern, MEGC oder Straßenfahrzeugen mit Großzetteln (Placards) nach Muster 2.1, 3, 4.1, 4.2, 4.3, 5.1 oder 5.2 oder von Straßenfahrzeugen (mit Gefahrzettel-Angaben im Beförderungspapier) durch einen Schutzabstand getrennt sein.

Die Bedingung „Schutzabstand" ist erfüllt, wenn der Zwischenraum (Bezug zum Pufferteller oder zur Wand des Großcontainers) sich wie folgt darstellt:

a)   mindestens 18 Meter oder

b)   durch zwei zweiachsige oder einen vier- oder mehrachsigen Wagen ausgefüllt

 Frage 14:

Muss gemäß RID ein Wagen mit dem Großzettel nach Muster 1.4 von einem Wagen mit dem Großzettel nach Muster 3 durch einen Schutzabstand getrennt sein? Geben Sie auch die Rechtsquelle für Ihre Lösung an!

Antwort: _____

3.3 Fallstudie im Sinne von Absatz 1.8.3.12.4 b) RID für die Beförderung mit der Eisenbahn

Frage 15:

Essigsäureanhydrid soll gemäß RID in einem Kesselwagen (Tankcodierung L4BN) befördert werden.

1. Die letzte wiederkehrende Prüfung des Kesselwagens wurde gemäß Tankschild 12/2020 durchgeführt. Wann ist gemäß RID die nächste Zwischenprüfung fällig?
2. Ist die Verwendung eines Kesselwagens mit der Tankcodierung LGAH zulässig? Nennen Sie auch den Absatz für Ihre Lösung!
3. Ist die Beförderung in RID-Tanks zulässig und an welcher Stelle des RID ist die Zulässigkeit geregelt?
4. An welcher Stelle im RID befinden sich die Vorschriften über den zulässigen Füllungsgrad? Nennen Sie den Unterabschnitt!
5. Welche Großzettel und orangefarbene Tafeln sind nach Teil 5 RID am Kesselwagen anzubringen?
6. Wie lauten die stoffspezifischen Angaben im Beförderungspapier gemäß RID?

Antwort: _____

_____

_____

_____

_____

_____

_____

_____

_____

_____

_____

_____

_____

_____

_____

_____

_____

4 Vorschriften für den Verkehrsträger See (weiterer VT) 🖥

4.1 Hinweis zum Download

Die Inhalte zum Verkehrsträger See konnten aus Umfangsgründen leider nicht in dieses Heft aufgenommen werden.

Sie können sich diese auf www.ecomed-storck.de/mein-konto herunterladen.

Bitte beachten Sie das erste Blatt in diesem Buch.

5   Anhang

5.1   Gesetz über Ordnungswidrigkeiten (OWiG) (Auszug)

i. d. F. der Bek. vom 19.2.1987 (BGBl.I S. 602),
zuletzt geändert durch Art. 23 G vom 25.6.2021 (BGBl. I S. 2099), geändert durch Art. 31 G vom 5.10.2021 (BGBl. I S. 4607)

§ 9 Handeln für einen anderen

(1) Handelt jemand

1. als vertretungsberechtigtes Organ einer juristischen Person oder als Mitglied eines solchen Organs,
2. als vertretungsberechtigter Gesellschafter einer rechtsfähigen Personengesellschaft oder
3. als gesetzlicher Vertreter eines anderen,
   so ist ein Gesetz, nach dem besondere persönliche Eigenschaften, Verhältnisse oder Umstände (besondere persönliche Merkmale) die Möglichkeit der Ahndung begründen, auch auf den Vertreter anzuwenden, wenn diese Merkmale zwar nicht bei ihm, aber bei dem Vertretenen vorliegen.

(2) Ist jemand von dem Inhaber eines Betriebes oder einem sonst dazu Befugten

1. beauftragt, den Betrieb ganz oder zum Teil zu leiten, oder
2. ausdrücklich beauftragt, in eigener Verantwortung Aufgaben wahrzunehmen, die dem Inhaber des Betriebes obliegen,
   und handelt er auf Grund dieses Auftrages, so ist ein Gesetz, nach dem besondere persönliche Merkmale die Möglichkeit der Ahndung begründen, auch auf den Beauftragten anzuwenden, wenn diese Merkmale zwar nicht bei ihm, aber bei dem Inhaber des Betriebes vorliegen. Dem Betrieb im Sinne des Satzes 1 steht das Unternehmen gleich. Handelt jemand auf Grund eines entsprechenden Auftrages für eine Stelle, die Aufgaben der öffentlichen Verwaltung wahrnimmt, so ist Satz 1 sinngemäß anzuwenden.

(3) Die Absätze 1 und 2 sind auch dann anzuwenden, wenn die Rechtshandlung, welche die Vertretungsbefugnis oder das Auftragsverhältnis begründen soll, unwirksam ist.

Anmerkung:
§ 14 Abs. 2 Strafgesetzbuch (StGB) ist gleichlautend.

5.2 Musterantworten zu den Fragen aus dem Fundus des DIHK (Stand: 1.1.2021)[*]

5.2.1 Antworten Teil 1

Antwort 1: Nach § 3 Abs. 1 Gefahrgutbeförderungsgesetz wurden zahlreiche Verordnungen verkündet, z. B. GGVSEB, GGVSee, GbV, GGAV, GGKontrollV.

Antwort 2: Zählen Sie aus § 2 GbV von den dort genannten 7 Möglichkeiten 2 auf.

Antwort 3: Antwortmöglichkeiten:
- Überwachung der Einhaltung der Vorschriften für die Beförderung gefährlicher Güter
- Aufzeichnungen über seine Überwachungstätigkeit erstellen
- Anzeige von Mängeln, die die Sicherheit beim Transport gefährlicher Güter beeinträchtigen, an den Unternehmer
- Beratung des Unternehmers im Zusammenhang mit allen Fragen der Gefahrgutbeförderung
- Erstellen eines Jahresberichts
- Prüfung von Vorgehen und Verfahren im Unternehmen, die Gefahrgut betreffen

Antwort 4: Nein, nach § 9 Absatz 2 Nummer 1 und § 3 Absatz 3 GbV darf nur derjenige für den jeweiligen Verkehrsträger tätig werden, der eine entsprechende Schulungsbescheinigung vorweisen kann. Eine Befreiungsregelung nach § 2 GbV kann aufgrund der Menge und Tätigkeit nicht in Anspruch genommen werden.

Antwort 5: Nach § 10 Nr. 3 GbV ist bußgeldbewehrt, wer als Gefahrgutbeauftragter
- einen Jahresbericht nicht, nicht richtig, nicht vollständig oder nicht rechtzeitig erstellt,
- Aufzeichnungen über Überwachungen nicht, nicht richtig oder nicht vollständig führt,
- nicht dafür sorgt, dass ein Unfallbericht erstellt wird,
- seine Aufzeichnungen nicht oder nicht mindestens 5 Jahre aufbewahrt oder nicht oder nicht rechtzeitig vorlegt,
- seinen Schulungsnachweis nicht oder nicht rechtzeitig vorlegt.

Antwort 6: §§ 21, 27, 29 GGVSEB

Antwort 7: Verlader

Antwort 8: Z. B. Verlader, Befüller, Beförderer, Empfänger (§ 27 Abs. 1 Nr. 1 GGVSEB)

Antwort 9: Fahrzeugführer

Antwort 10: Verlader und Fahrzeugführer

Antwort 11: Nein.
Der Stoff UN 1745 Brompentafluorid ist ein Gefahrgut der Klasse 5.1, diese UN-Nummer finden wir in der Tabelle in § 35b GGVSEB. Allerdings gilt diese Regelung nur bei Beförderung in Tanks. Das Gut ist in Fässern verpackt und unterliegt damit als Beförderung in Versandstücken nicht den Regelungen für die Fahrwegbestimmung.

---

[*] *Musterantworten und zusätzlich die Lösungswege zu **allen** Fragen des DIHK-Fragenfundus finden Sie in der Broschüre „Gb-Prüfung" von ecomed SICHERHEIT.*

Antwort 12: Entspricht dem Verkehrsträger See, also dem Geltungsbereich der GGVSee (aber nur innerhalb Deutschlands)

Antwort 13:
- Atomgesetz (AtG)
- Strahlenschutzverordnung (StrlSchV)
- Wasserhaushaltsgesetz (WHG)
- Kriegswaffenkontrollgesetz
- Straßenverkehrsgesetz (StVG)
- Straßenverkehrsordnung (StVO)
- Chemikaliengesetz (ChemG)
- Bundes-Immissionsschutzgesetz (BImSchG)
- Sprengstoffgesetz (SprengG)
- Kreislaufwirtschaftsgesetz (KrWG)
- Betriebssicherheitsverordnung (BetrSichV)

5.2.2 Antworten Teil 2

Antwort 1: Absender, Beförderer, Empfänger, Verlader, Verpacker, Befüller, Betreiber eines Tankcontainers oder eines ortsbeweglichen Tanks

Antwort 2: Die Beförderung kann unter den Erleichterungen in der Freistellung nach 1.1.3.1 Buchstabe f) ADR erfolgen, weil es sich um einen Lagerbehälter handelt, der zuletzt brennbare Gase der Klasse 2 (UN 1965) enthalten hat. Die Bedingungen in 1.1.3.1 Buchstabe f) sind jedoch einzuhalten.

Antwort 3: Nein. Das Gas ist dem Klassifizierungscode 2 A zugeordnet, wie der Tabelle in Kap. 3.2 (numerische Gefahrgutliste), Spalte 3b zu entnehmen ist.
Die Ziffer 2 steht für verflüssigtes Gas nach Absatz 2.2.2.1.2 ADR. Damit ist der Buchstabe A für die Freistellungsregelung nach 1.1.3.2 c) nicht mehr von Bedeutung, weil die Freistellung u. a. nicht für verflüssigtes Gas gilt.

Antwort 4: Ja. Die Summe 1000 wird überschritten und damit die Erleichterung nach 1.1.3.6 nicht mehr anwendbar.

Stoffe	Menge	Beförderungskategorie	Multiplikator	Summe
Benzin	200	2	3	= 600
Diesel	500	3	1	= 500
				1000 < 1100

Antwort 5: Unterabschnitt 1.1.4.2

Antwort 6: Eine Gruppe, der gewisse Stoffe aufgrund ihres Gefahrengrades während der Beförderung für Verpackungszwecke zugeordnet sind.

Antwort 7:
- Allgemeines Sicherheitsbewusstsein
- Aufgabenbezogene Unterweisung
- Sicherheitsunterweisung

Antwort 8: Zum Beispiel:
- Radioaktive Stoffe, die integraler Bestandteil der Beförderungsmittel sind;
- radioaktive Stoffe in Konsumgütern, die eine vorschriftsmäßige Genehmigung erhalten haben; ...

Antwort 9: Bundesamt für Logistik und Mobilität

Antwort 10: Nein.
Über die Tabelle A ist feststellbar, dass UN 1005 Ammoniak ein giftiger und ätzender Stoff (verflüssigtes Gas) ist. Damit fällt er in die Tabelle 1.10.3.1.2. In 1.10.3.2.1 wird auf die Tabelle 1.10.3.1.2 Bezug genommen. Jedoch wird diese Regelung in 1.10.4 eingeschränkt auf Beförderungen oberhalb der Mengengrenze nach 1.1.3.6.3, und diese liegt für UN 1005 bei 50 kg netto (Fußnote a) zur Tabelle 1.1.3.6.3).

Antwort 11: Unterabschnitt 2.1.3.10 ADR/RID/ADN
Unterabschnitt 2.0.3.6 IMDG-Code

Antwort 12: Klassifizierungscode: 1.1G; Aufschrift: UN 0049 Patronen, Blitzlicht; Gefahrzettel Nr. 1 mit Unterklasse und Verträglichkeitsgruppe

Antwort 13: 300 kPa (3 bar)

Antwort 14: Fassungsraum von höchstens 450 Litern – Absatz 2.2.3.1.5

Antwort 15: Das Entwickeln entzündbarer Gase in Berührung mit Wasser

Antwort 16: 7 Typen

Antwort 17: Verpackungsgruppe III

Antwort 18: I1 Ansteckungsgefährliche Stoffe, gefährlich für Menschen
I2 Ansteckungsgefährliche Stoffe, gefährlich nur für Tiere
I3 Klinische Abfälle
I4 Biologische Stoffe

Antwort 19: Sie ist eine Zahl, anhand derer die Ansammlung von Versandstücken, Umverpackungen oder Containern mit spaltbaren Stoffen überwacht wird.
Hinweis: Würde man zu viele spaltbare Stoffe zusammen befördern, könnte es zu einer Kettenreaktion kommen.

Antwort 20: Maximal 3 Minuten (von 3 Minuten oder weniger)

Antwort 21: Klasse 9

Antwort 22: 2.3.4 ADR/RID/ADN

Antwort 23: ADR/RID/ADN/IMDG-Code: Nein. – Sondervorschrift 39
Nur Ferrosilicium mit mindestens 30 Masse-% oder höchstens 90 Masse-% Silicium ist Gefahrgut nach ADR/RID/ADN/IMDG-Code.

Antwort 24: Nein.
Verpackungsanweisung P406, Sondervorschrift PP25 ADR/RID/IMDG-Code, ADN verweist auf ADR

Antwort 25: Für Druckgaspackungen mit giftigem Inhalt (UN 1950 5T) beträgt die höchstzulässige Menge je Innenverpackung 120 ml.
Für Druckgaspackungen mit ätzendem Inhalt (UN 1950 5C) beträgt die höchstzulässige Menge je Innenverpackung 1 Liter.
Die höchstzulässige Menge für die Außenverpackung beträgt 30 kg Bruttomasse.

Antwort 26: Abschnitt 3.5.2
– Innenverpackung
– Zwischenverpackung mit Polstermaterial
– Außenverpackung

Antwort 27: Mögliche Antworten:
Unterabschnitte 4.1.1.1, 4.1.1.2, 4.1.1.4, 4.1.1.5, 4.1.1.6, 4.1.1.7, 4.1.1.8

Antwort 28: Salpetersäure

Antwort 29: Bis einschließlich Juli 2020

Antwort 30: 3 m^3

Antwort 31: Fass aus Pappe (1G)

Antwort 32: BEFÖRDERUNG GEMÄSS UNTERABSCHNITT 4.1.6.10

Antwort 33: Ja.
In der Tabelle A Spalte 10 ist der Tankcode T1 für ortsbewegliche Tanks und in Spalte 12 der Tankcode S2,65AN(+) aufgeführt. Außerdem wird in den Verwendungsvorschriften in Kapitel 4.2.1 und 4.3.4 auf die Klasse 1 hingewiesen. Fundstelle: Kapitel 3.2 Tabelle A Spalte 10 und Spalte 12, 4.2.1 und 4.3.4 ADR

Antwort 34: Füllungsgrade von mindestens 80 % bis zum maximalen Füllungsgrad nach 4.3.2.2.1 oder Füllungsgrad von höchstens 20 % nach 4.3.2.2.4

Antwort 35: „Beförderung nach Absatz 4.3.2.4.3"

Antwort 36: Nein. In Tabelle A ist in Spalte 12 nur ein RxBN-Tank für UN 1073 zugelassen. Über die Tankcodierung und die Tankhierarchie in 4.3.3.1 ist dann auch eindeutig festzustellen, dass ein C22BN-Tank für UN 1073 tiefgekühlt flüssig nicht zulässig ist.

Antwort 37: LGBF; LGBH; L1,5BN; L4BN; L4BH; L4DH usw.

Antwort 38: UN 1133
Gefahrzettel Nr. 3
Ausrichtungspfeile auf zwei gegenüberliegenden Seiten sowie das Wort „Umverpackung"

Antwort 39: Transportkennzahl und Oberflächendosisleistung

Antwort 40: Industrieversandstück des Typs 1 (Typ IP-1)
Industrieversandstück des Typs 2 (Typ IP-2)
Industrieversandstück des Typs 3 (Typ IP-3)
Typ A-Versandstück
Typ B(U)-Versandstück
Typ B(M)-Versandstück
Typ C-Versandstück

Antwort 41:	Auf zwei gegenüberliegenden Seiten
Antwort 42:	– Aufschrift „UMVERPACKUNG" – Alle UN-Nummern mit vorangestelltem „UN"
Antwort 43:	Kennzeichnung mit Ausrichtungspfeilen ist erforderlich bei: – zusammengesetzten Verpackungen mit Innenverpackungen, die flüssige Stoffe enthalten – Einzelverpackungen, die mit Lüftungseinrichtungen ausgerüstet sind – Kryo-Behältern zur Beförderung tiefgekühlt verflüssigter Gase – Maschinen oder Geräten, die flüssige gefährliche Güter enthalten, wenn sichergestellt werden muss, dass die flüssigen gefährlichen Güter in ihrer vorgesehenen Ausrichtung verbleiben Die Nennung eines Falles wäre ausreichend.
Antwort 44:	UN 1814 An zwei gegenüberliegenden Seiten
Antwort 45:	Die höchste Dosisleistung in Millisievert pro Stunde (mSv/h) in einem Abstand von 1 m von den Außenflächen des Versandstücks ist zu ermitteln. Der ermittelte Wert ist mit 100 zu multiplizieren; diese Zahl ist die Transportkennzahl.
Antwort 46:	Quadrat auf der Spitze, mindestens 100 x 100 mm
Antwort 47:	Ja. Absatz 5.2.2.2.1.2 ADR/RID/ADN/IMDG-Code
Antwort 48:	An beiden Längsseiten und hinten am Fahrzeug die Großzettel Nr. 7D
Antwort 49:	Am Container sind die Großzettel an allen vier Seiten und an der Beförderungseinheit sind die orangefarbenen Tafeln ohne Kennzeichnungsnummern vorn und hinten anzubringen.
Antwort 50:	Die orangefarbenen Tafeln mit den Kennzeichnungsnummern des Tankcontainers sind an beiden Längsseiten des Trägerfahrzeugs nach 5.3.2.1.5 ADR zu wiederholen, weil die orangefarbenen Tafeln des TC nicht mehr deutlich sichtbar sind.
Antwort 51:	5.3.2.3 ADR/RID/ADN
Antwort 52:	Leerer Aufsetztank, letztes Ladegut: UN 1824 Natriumhydroxidlösung, 8, II *), (E)
Antwort 53:	Das Container-/Fahrzeugpackzertifikat muss dem Seebeförderer vorliegen (Abschnitt 5.4.2)
Antwort 54:	In den schriftlichen Weisungen
Antwort 55:	Abschnitt 5.5.2 ADR
Antwort 56:	Bis Januar 2023
Antwort 57:	10 Jahre
Antwort 58:	Dichtheitsprüfung alle 2,5 Jahre und Inspektion alle 2,5 bzw. 5 Jahre
Antwort 59:	Alle 6 Jahre eine wiederkehrende Prüfung und alle 3 Jahre eine Zwischenprüfung (Dichtheits- und Funktionsprüfung).

---

*) Die Verpackungsgruppe könnte auch III sein. Die Frage ist im Fundus nicht eindeutig.

Antwort 60: Unterabschnitt 7.5.1.2 ADR

Antwort 61: Nein.
Über die Tabelle A wird bei UN 3141 in der Spalte 16 für die Beförderung in Versandstücken die Sondervorschrift V12 genannt.
In Kapitel 7.2 steht in der Sondervorschrift V12, dass UN 3141 in Großpackmitteln des Typs 31HZ2 nur in gedeckten Fahrzeugen oder geschlossenen Containern befördert werden darf. Es handelt sich aber um ein bedecktes Fahrzeug.

Antwort 62: Nein, da nur mit ge- oder bedeckten Fahrzeugen erlaubt (Sondervorschriften VC 1, VC 2 ADR).

Antwort 63: Ja, Unterabschnitt 7.5.2.1 ist in der Nichtanwendung in 1.1.3.6.2 nicht angeführt.
Die Zusammenladeverbote sind grundsätzlich anzuwenden.

Antwort 64: Versandstücke mit Zetteln 6.1 oder 6.2 oder 9 (UN-Nr. 2212, 2315, 2590, 3151, 3152 oder 3245)
– vollwandige Trennwände
– Abstand von mindestens 0,8 m

Antwort 65: Das Fahrzeug ist sobald wie möglich, auf jeden Fall aber vor dem erneuten Beladen zu reinigen; Abschnitt 7.5.8.

Antwort 66: Das Fahrzeug muss nicht vor erneuter Beladung gereinigt werden, da die neue Ladung aus dem gleichen gefährlichen Gut besteht. Fundstelle: 7.5.8.2 ADR

Antwort 67: – Beförderungspapier
– ggf. ADR-Zulassungsbescheinigung
– ADR-Schulungsbescheinigung
– schriftliche Weisungen
– ggf. Beförderungsgenehmigung (für bestimmte radioaktive Stoffe)
– für jedes Mitglied der Fahrzeugbesatzung Lichtbildausweis

Antwort 68: Nach Absatz 1.1.3.6.3 in Verbindung mit Unterabschnitt 8.1.4.2 ADR reicht ein Feuerlöschgerät mit einem Mindestfassungsvermögen von 2 kg aus.

Antwort 69: Die zusätzliche klassenspezifische Ausrüstung sind Notfallfluchtmaske für jedes Mitglied der Fahrzeugbesatzung, die Schaufel, die Kanalabdeckung und der Auffangbehälter.

Antwort 70: Basiskurs

Antwort 71: Ja.

Antwort 72: 50 m

Antwort 73: Ja, nach Unterabschnitt 9.1.3.1 ADR (Begriffsbestimmungen in 9.1.1.2)

Antwort 74: EX/III-Fahrzeuge

Antwort 75: 1. Ja, da für diese Gefahrgüter in Tanks der Tunnelbeschränkungscode D beachtet werden muss.
2. UN 1202 Heizöl, leicht, 3, III, (D/E), umweltgefährdend
3. Es sind die Kennzeichnungsnummern 30/1202 erforderlich.
4. Es sind insgesamt 6 Großzettel und 6 Kennzeichen „umweltgefährdend" erforderlich, die jeweils an den beiden Längsseiten und hinten am Tankfahrzeug und Tankanhänger anzubringen sind.
5. Es sind mitzuführen:
– schriftliche Weisungen,
– ADR-Schulungsbescheinigung,
– Lichtbildausweis,
– ADR-Zulassungsbescheinigung jeweils für beide Fahrzeuge.
6. Es sind der Großzettel Nr. 3 und das Kennzeichen „umweltgefährdend" anzubringen.
7. Der Mineralölhändler M. als Beförderer ist gemäß § 19 Abs. 2 Nr. 11 GGVSEB für die Ausrüstung mit orangefarbenen Tafeln verantwortlich.

Antwort 76: 1. UN 3257 Erwärmter flüssiger Stoff, n. a. g. (Aluminiumlegierung), 9, III, (D)
Nach 5.4.1.1.1 k) ist bei Durchfahrung einer Tunnelstrecke der Tunnelcode aus Spalte 15 in Klammern anzugeben.
2. SV 274
3. Kennzeichen für Beförderung bei erhöhter Temperatur nach 5.3.3 ADR, Großzettel nach Muster 9
4. Das Kennzeichen für Beförderung bei erhöhter Temperatur nach 5.3.3 an beiden Längsseiten und hinten, Großzettel Nr. 9 an beiden Längsseiten und hinten
5. Vorn und hinten an der Beförderungseinheit
6. Nein.
7. Nein. Fundstelle: 1.10.3.2.1 ADR

5.2.3 Antworten Teil 3

Antwort 1: Eisenbahn-Bundesamt, die nach Landesrecht zuständigen Behörden und für die Instandhaltung zuständige Stelle im Eisenbahnverkehr

Antwort 2: Betreiber eines Kesselwagens (§ 30 Nr. 3 GGVSEB)

Antwort 3: Unterabschnitt 1.1.4.4 RID

Antwort 4: 4.3.2.2.1a RID

Antwort 5: Ende der Haltezeit: ... (TT/MM/JJJJ)
5.4.1.2.2 d) RID

Antwort 6: Beförderung nach Absatz 4.3.2.4.4

Antwort 7: Ja. Unterabschnitt 4.3.2.4 RID

Antwort 8: Orangefarbener Streifen (TM 6 Tabelle A Spalte 13)

Antwort 9: Gefahrzettel (Großzettel) Nr. 3
Kennzeichen für umweltgefährdende Stoffe
Nummer zur Kennzeichnung der Gefahr: 33
UN-Nummer: 1203

Antwort 10:
- Beförderung gemäß Unterabschnitt 1.1.4.4 RID
- Nummer zur Kennzeichnung der Gefahr vor der UN-Nummer
- Fundstelle: 1.1.4.4.5 RID und 5.4.1.1.9 RID

Antwort 11: 60, UN 2078 Toluendiisocyanat, 6.1, II, umweltgefährdend

Antwort 12: Antwortmöglichkeiten:
- erstmalige Prüfung
- wiederkehrende Prüfung spätestens nach 8 Jahren
- Zwischenprüfung (Dichtheits- und Funktionsprüfung) spätestens nach 4 Jahren
- außerordentliche Prüfung

Antwort 13: Alle vier Jahre

Antwort 14: Nein. – 7.5.3 RID

Antwort 15:
1. Alle 4 Jahre
   12/2024 (Fundstelle: 6.8.2.4.3)
2. Nein. Absatz 4.3.4.1.2 RID
   Nach der Tankcodierung in 4.3.4.1.1 RID und der Tankhierarchie in 4.3.4.1.2 RID ist immer das jeweilige gleiche oder höhere Sicherheitsniveau anzuwenden. Bei dem LGAH-Tank ist das „A" niedriger als das „B" im geforderten L4BN-Tank aus Spalte 12. Beim Mindestberechnungsdruck werden 4 bar gefordert, das G ist geringer.
3. Ja.
   Tabelle A RID Spalte 12 in Verbindung mit Kapitel 4.3 RID. Ist in der Spalte 12 eine Tankcodierung enthalten, ist die Beförderung in RID-Tanks zulässig. Absatz 4.3.2.1.1 RID.
4. Unterabschnitt 4.3.2.2 RID
5. Großzettel Nr. 3 und 8 und orangefarbene Tafel mit der Nummer zur Kennzeichnung der Gefahr „83" und der UN-Nummer „1715"
6. 83, UN 1715 Essigsäureanhydrid, 8 (3), II
   Fundstelle: 5.4.1.1 RID

5.3   Checkliste: Überwachung durch den Gb

Begleitpapiere

☐ Beförderungspapier liegt vor.

- Prüfung der Angaben auf Richtigkeit vornehmen
- Angabe im Beförderungspapier entspricht Kennzeichnung am Transportgefäß.
- UN-Nummer, Bezeichnung und Verpackungsgruppe entsprechen Tabelle 3.2.
- Hinweis auf §§ 35, 35a GGVSEB vorhanden, schriftlich oder elektronisch
- Hinweis auf Ausnahmegenehmigung/Sondervereinbarung

☐ Abfallbegleitschein liegt vor.

☐ Nummer zur Kennzeichnung der Gefahr richtig angegeben bei Tanks und loser Schüttung (nur RID)

☐ Stabilisierungshinweis angegeben

☐ Schriftliche Weisungen dem Fahrer mitgegeben

☐ Schriftliche Weisungen: in der Sprache, die er lesen und verstehen kann/vorgeschriebene Form/ Angaben richtig und vollständig/Fahrer hat vom Inhalt Kenntnis genommen

☐ Letztes Ladegut richtig angegeben

☐ Gültige ADR-Zulassungsbescheinigung liegt vor.

☐ Gültige ADR-Schulungsbescheinigung des Fahrzeugführers liegt vor.

☐ Gültige Ausnahme/Sondervereinbarung liegt vor.

☐ Gültige §-35-Bescheinigung liegt vor, schriftlich oder elektronisch.

☐ Gültige Fahrwegbestimmung liegt vor und wurde dem Fahrer übergeben.

Auftraggeber-/Absenderpflichten

☐ Absender auf Gefahrgut hingewiesen

☐ Beförderer auf Gefahrgut hingewiesen

☐ Absender auf §§ 35, 35a GGVSEB hingewiesen, schriftlich oder elektronisch

☐ Beförderer auf §§ 35, 35a GGVSEB hingewiesen, schriftlich oder elektronisch

☐ Disposition: Zusammenladeverbot beachtet

Klassifizierung

☐ Klassifizierung plausibel

☐ Klassifizierungsangaben richtig und vollständig

Transportgefäße (Versandstücke, Großpackmittel und Großverpackungen)

☐ Dicht verschlossen und unbeschädigt

☐ Außen nicht mit Gefahrgut verunreinigt

☐ Richtig bezettelt

☐ Richtige UN-Nr. vorhanden

❑ Bauartkennzeichnung vorhanden

❑ Für Füllgut zulässig

❑ Versandstücke: Zusammenpackvorschriften eingehalten

❑ Großpackmittel:
- Schild lesbar
- Datum der nächsten Prüfung/Inspektion im Schild enthalten
- Prüffrist eingehalten

❑ Umverpackungen richtig gekennzeichnet

Tanks (inklusive Tankcontainer)

❑ Dicht, verschlossen und unbeschädigt

❑ Außen nicht mit Gefahrgut verunreinigt

❑ Großzettel am Tank richtig angebracht

❑ Für Füllgut zugelassen

❑ Orangefarbene Tafeln: mit richtigen Ziffern (UN-Nummer, Gefahrnummer) angebracht/sichtbar gemacht

❑ Bau und Ausrüstung entsprechen Baumusterzulassung

❑ Tankschild lesbar

❑ Tankcontainer: Ladegut im Tankschild enthalten

❑ Zulassungsnummer vorhanden

❑ Prüftermin im Tankschild enthalten

❑ Prüffristen eingehalten

❑ Keine offensichtlichen technischen Mängel vorhanden

Container (Frachtcontainer)

❑ Container sauber, trocken und bautechnisch geeignet

❑ Keine offensichtlichen technischen Mängel vorhanden

❑ Zusammenladevorschriften eingehalten

❑ Trennvorschriften für Nahrungs- und Genussmittel eingehalten

❑ CTU-Code beachtet

❑ CSC-Schild richtig

❑ Großzettel an allen 4 Seiten vorhanden und richtig

❑ Großzettel nach Entladung entfernt

Fahrzeugausrüstung

❑ Fahrzeug für Ladung geeignet

❑ Fahrzeug technisch geeignet (TÜV/DEKRA, Sicherheitsprüfung, Reifen)

❑ Handlampe (ohne metallene Oberflächen) für jedes Besatzungsmitglied vorhanden

- ☐ Warnweste für jedes Besatzungsmitglied vorhanden
- ☐ 2 selbststehende Warnzeichen vorhanden
- ☐ Feuerlöschgerät:
  - • vorhanden
  - • Inhalt ausreichend
  - • plombiert
  - • Datum der nächsten Prüfung ersichtlich
- ☐ Schutzausrüstung gemäß schriftlichen Weisungen (Unfallmerkblatt) vorhanden und funktionstüchtig
- ☐ Unterlegkeile vorhanden
- ☐ Orangefarbene Tafeln/Großzettel/Kennzeichen vorhanden
- ☐ Geeignete Ladungssicherungsmittel vorhanden

Be- und Entladen

- ☐ Beförderungsart zugelassen
- ☐ Beförderung in loser Schüttung zugelassen
- ☐ Schulungsnachweis des Fahrers vorlegen lassen
- ☐ Fahrer-/Fahrzeugausrüstung überprüft
- ☐ Einweisung des Fahrers vorgenommen
- ☐ Max. Füllungsgrad dem Fahrer angegeben
- ☐ Füll- und Entleereinrichtung: Fahrer eingewiesen
- ☐ Offene Zündquelle: Vorschriften beachtet
- ☐ Rauchverbot beachtet
- ☐ Tank für Füllgut zugelassen
- ☐ Zusammenladeverbot beachtet
- ☐ Trennvorschriften für Nahrungs- und Genussmittel eingehalten
- ☐ Öffnen der orangefarbenen Tafeln überwacht
- ☐ Vorhandensein der Gefahr-/UN-Nummer auf orangefarbenen Tafeln kontrolliert
- ☐ Vorhandensein der Großzettel/Kennzeichen an Transport-/Beförderungsmittel kontrolliert
- ☐ Vorhandensein der Ladegutangaben am Tank kontrolliert
- ☐ Zuverlässige Ladungssicherung durchgeführt
- ☐ Fahrer auf Gefahrgut und §§ 35, 35a GGVSEB hingewiesen
- ☐ Fahrzeugbesatzung: Vorschriften beachtet

6 Stichwortverzeichnis